依据《师范生信息化教学能力标准》
《中小学教师信息技术应用能力标准（试行）》等编写

基于标准的教师教育新教材
首批国家级一流本科课程教材

信息化教学设计与实践

主　编◎闫寒冰
副主编◎魏　非　宋雪莲　杜龙辉

Design and Practice for ICT-supported instruction

华东师范大学出版社
·上海·

图书在版编目(CIP)数据

信息化教学设计与实践/闫寒冰主编. —上海:华东师范大学出版社,2020

ISBN 978-7-5760-0506-6

Ⅰ.①信… Ⅱ.①闫… Ⅲ.①计算机辅助教学-教学设计 Ⅳ.①G434

中国版本图书馆 CIP 数据核字(2020)第 153950 号

信息化教学设计与实践

主　　编	闫寒冰
责任编辑	李恒平　赵建军
责任校对	时东明
版式设计	庄玉侠
封面设计	俞　越

出版发行	华东师范大学出版社
社　　址	上海市中山北路 3663 号　邮编 200062
网　　址	www.ecnupress.com.cn
电　　话	021-60821666　行政传真 021-62572105
客服电话	021-62865537　门市(邮购)电话 021-62869887
地　　址	上海市中山北路 3663 号华东师范大学校内先锋路口
网　　店	http://hdsdcbs.tmall.com
印 刷 者	杭州日报报业集团盛元印务有限公司
开　　本	787 毫米×1092 毫米　1/16
印　　张	26.75
字　　数	611 千字
版　　次	2020 年 9 月第 1 版
印　　次	2023 年 8 月第 6 次
书　　号	ISBN 978-7-5760-0506-6
定　　价	59.80 元

出版人　王　焰

(如发现本版图书有印订质量问题,请寄回本社客服中心调换或电话 021-62865537 联系)

前言
QIAN YAN

随着科技的进步,信息技术已不仅仅是提高教育效率的工具,而是从本质上助推着教学模式的变革和发展。当前主流应用技术本身所传递的民主、协作、共享、创新的"精神内核"也更深刻地影响着教育的思想、观念、内容和方法。教师作为教育教学的组织者和引导者,是推动教育信息化的中坚力量。教师的信息化教学能力对优化课堂教学、转变学生的学习方式具有重大影响,是教师必须掌握的核心技能之一。《中国教育现代化2035》指出要加快信息化时代教育变革,党的二十大报告提出"推进教育数字化",明确了教育强国建设中数字化发展的战略地位。这不仅体现在教育理念的变革和教育模式的改革上,也体现在资源与平台建设和教师数字素养提升上,且已在实践中形成诸多共识,例如:"以教育信息化推动教育现代化,积极促进信息技术与教育的融合创新发展","鼓励教师利用新技术提升教学水平,创新教学模式"。师范生作为未来教师的预备力量,其信息化教学能力将直接影响未来教育的质量,理应在职前阶段对其进行良好培养,以适应信息化时代对教师提出的新要求。

基于对信息化教学重要性的认识,师范院校始终将"现代教育技术"(或者称"教育技术学"、"教育技术基础"等)课程作为公共课来开设。长期以来,各个师范院校在此公共课的开设风格上有两大取向:第一,学术取向,作为"现代教育技术学"来学习,重视其学术梳理与前沿介绍;第二,实践取向,作为"现代教育技术实践"来学习,重视现代教育技术的方法应用与实践习得。随着教育信息化的发展以及相关教育技术能力标准的出台,人们对于教师的信息化教学能力有了更清晰的认识,"学术取向"的课程已逐渐淡出,课程的"实践取向"成为教学者的共识。具体来讲,这意味着:课程目标不应满足于理念感悟、知识获得或技术掌握,而应帮助师范生学习如何将信息技术有效地整合到教学之中,"信息化教学设计"也就成为教育技术公共课中最为基本也最为核心的内容。

从研究层面上,本教材主编作为核心主持人之一参与了教育部2014年5月27日发布的《中小学教师信息技术应用能力标准(试行)》体系(包括能力标准、课程标准与测评指南)的研制。同时,也作为核心主持人之一参与了《师范生信息化教学能力标准》的研制,该标准于2018年6月29日对外发布。在实践层面上,本教材的编写者主持了面向在职教师的相应培训课程的研发,并长期从事师范生教育技术公共课的教学工作。研究与实践两个层面的积累与体验,使我们深知师范生在教学实践与技术准备方面的特点。与中小学教师相比,师范生"毫无教学经验",没有从自己的专业背景与学科教学的视野来设计与解决教学问题的习惯和经验,他们虽然能够跳出羁绊产生创新的想法,却常常难有好的解决方案;但另一方面,师范生正是"生而有网"的一代,对于新技术有着天赋般的敏感与接受能力。此外,未入职者实践匮乏的现实,以及"以学生为中心"的可迁移体验不足等,都是当代师范生在信息化教学能力培养方面不容忽视的特点。

本教材充分考虑教育改革对教师信息化教学能力的要求,同时又遵循师范生的特点,为实现教育技术公共课的教学目标,力图在结构上尝试有别于传统教材的新模式,将课程内容分成活动篇、讲座篇以及资源篇三大部分。

- **活动篇:** 这是本教材内容教学展开的主线。我们提炼了中小学教师开展信息化教学活动时需要面对的场景,以实践逻辑为线索,将课程内容转换为多样化的课堂教学活动步骤,使师范生能够通过"模块—活动—步骤"的学习序列达到课程的学习目标。
- **讲座篇:** 为保证活动篇线索的清晰化,本教材将需要师范生重点掌握的专题知识放到了讲座篇。这些讲座与具体的活动模块环环相扣,为师范生开阔视野、桥接理论与实践两个维度、掌握实用方法和模式提供了充分的支持。
- **资源篇:** 资源篇主要提供与本教材任务完成相关的案例资源、技术使用指南以及其他相关资源。每一个资源均经过精心挑选,与活动篇的内容联系紧密。

基于上述三个部分的安排,本教材在具体内容设计和教学安排上体现了以下特点:

特点1,设定有限的教学范域。 在实践课堂中,中小学教师必然会有机运用多种教学模式,包括授导型学习、问题化学习、项目学习、模拟学习、协作学习、案例学习等,各种模式互有关联。祝智庭教授将这种多种教学模式和谐共生、优势互补的状态称为教法生态。由于课时的限制,师范生的教学实践准备有限,这门课程不追求在学习和体验所有教学模式下的技术应用,而是寻求重点突破。鉴于师范生普遍对传统教学方式(如授导型学习)有深刻的体验,而对"项目学习"虽然在理念上有所习得,体验上却比较欠缺,因此这门课程将信息化教学设计的教学范域锁定为"项目学习",这既能发挥师范生的创意优势,又能在课程的开展过程中不断补充师范生的教学构想,为师范生未来的教学实践做好铺垫。同时,将经典且可操作的项目学习设计模型作为设计框架来开展设计,有助于师范生顺利找到自己在信息化教学设计方面的"最近发展区"。

特点2,在"项目学习"的框架下放大了基于资源的学习。 近年来,自主学习、混合学习、翻转课堂等学习模式都含纳了基于资源的学习。而微课程成为基于资源学习的一个重要载体,它在很多情况下替代了数字化教育资源,诸多学校采用教师自我开发与制作的方式来生成本校的微课程。为此,本教材中,在数字化教学资源部分,除了利用素材、出版物[①]等方式帮助学生开发整体资源外,还特别利用了大量篇幅介绍微课程及其应用,并设置了微课程开发的作业要求,将其巧妙地整合在项目学习的活动框架中。这样,师范生在使用教材时,可以习得入职工作后马上易用的技术;同时,不同学科的师范生在使用本教材时,也可以根据学科的特点,在教材内容的选择上有所侧重。大部分学科可以按照本教材的顺序和活动内容的比重进行学习,但对于部分专业,如学前教育专业的师范生,由于他们难以对所面对的教学对象——幼儿开展复杂的项目学习,而是需要更好的学习内容展示,那他们就可以在有限的课时里,更多地学习微课程资源的开发内容。

特点 3,任务驱动的课程设计。 本教材根据课程学习目标,设计了贯穿课程学习始终的绩效任务——完成项目学习活动设计,并为这个设计创建一系列技术支持文档。该任务又分解为多个子任务,与课程中各模块的要求相匹配。这样,通过完成系列任务,学习者将经历和体会信息化教学设计的各个环节,并能深化对信息技术支持的课堂教学的系统认知。

特点 4,兼顾常规与前沿的技术学习。 为了满足师范生在技术学习方面的需求,本教材将技术分为需要"掌握"的技术、需要"了解"的技术和需要"知道"的技术三类,课程中所给出的技术学习时间在这三类技术中是递减的,以便在有限的课时中安排更多的技术体验,并且每项技术都强调它在教学应用上的特色。其中,需要"掌握"的技术是指课程中的核心技术,师范生不但要在课堂中学习、练习,还要用这些技术完成作品;需要"了解"的技术主要是通过体验、自主探究和与学友分享来学习的;需要"知道"的技术主要是指一些技术概念,如大数据与学习分析、云计算、物联网、1 对 1 数字化学习等,在本教材中将通过简介、提及等方式来呈现,旨在扩大师范生的技术视野。

特色 5,面向学习过程的多元评估。 在教育技术公共课中,面向电子作品的"绩效评估"已颇有历史。在本教材中,我们将评估方式多元化,以便关注整个学习过程的质量。在整个课程的学习评估中,我们设计了师范生信息化教学能力诊断、作品集评价量规、独立作品评价指南、基于评价量规(或指南)的作品互评、关于学习策略的反思、关于所学技术的回顾与反思、博客回顾与反思等一系列评价活动,支持学生们完成高质量的过程学习。

第一版教材即《师范生教育技术》是于 2012 年底推出的,在第一版教材推出前,我们曾经在华东师范大学面向师范生开展了为期两个学年的"信息化教学设计"教学实践,十五名教师参加了教学。学期末的问卷调查表明,该课程赢得了非常高的学生满意率。根据实践体会与学生建议,我们进一步提升了教学立意、改进了教学内容、丰富了教学案例,并对本教材的教学方法进行了重新梳理。2017 年起,我们在使用第一版教材的过程中,不断向适应学科差异化和资源立体化的方向深入,针对部分学科重点加入了面向微课程的设计与开发,并将一些技术类资源制作成了网络课程,供学生自学。这些努力所取得的成效,再加上我们在研

---

① 本书中的"出版物"是指利用 Microsoft Office Publisher 软件制作完成的新闻稿、小册子和海报等。

发《师范生信息化教学能力标准》以及相应培养方案实证方面的成果与心得,促使我们改版了整个教材。这就是现在呈现在读者面前的《信息化教学设计与实践》。我们相信这本教材将更好地适应教育技术公共课的教学,同时,我们也真诚地期待使用本教材的教师与学习者提出批评与建议,补充鲜活的、具有个性的实践案例,激励我们更好地为教育技术公共课服务。

闫寒冰策划了全书的结构,设计了本书活动篇中的大部分活动,撰写了讲座篇的内容,并提供了资源篇中的部分资源。魏非、宋雪莲和杜龙辉三位老师在整体策划的基础上精耕细作,魏非完成了活动篇的第一模块至第四模块的内容;宋雪莲完成了活动篇的第五模块至第八模块的内容;杜龙辉则承担了资源篇中所有技术操作类资源的撰写工作。全书由闫寒冰统稿。

衷心感谢华东师范大学开放教育学院教学团队在案例和技术材料方面所提供的支持与帮助,感谢这一教学平台为我们提供教学的机会,也感谢同学们对教学提出的诚恳建议,并提供了鲜活的案例。感谢祝智庭教授在学术上的引导与帮扶。

最后,感谢华东师范大学出版社对本书编写所给予的支持与管理。

闫寒冰
Email:hbyan@dec.ecnu.edu.cn
2020年4月于华东师范大学丽娃河畔
2023年7月补记

目录
MU LU

绪　论　教育技术与信息化教学	1
一、关于教育技术	1
二、教育技术与信息化教育	3
三、面向师范生的信息化教学能力	6
四、面向未来的数字化胜任力	12

活 动 篇

模块一　了解整个课程 ……………………………… 19
　　概述 …………………………………………………… 19
　　活动1　头脑风暴 …………………………………… 19
　　活动2　了解教育技术 ……………………………… 20
　　活动3　尝试信息化教学设计 ……………………… 22
　　活动4　了解学习目标、课程安排和课程评价 …… 25
　　技术实践　课前准备 ………………………………… 29
　　作业 …………………………………………………… 30

模块二　构思项目学习 ……………………………… 35
　　概述 …………………………………………………… 35
　　活动1　共享博客反思 ……………………………… 35
　　活动2　了解项目学习 ……………………………… 36
　　活动3　了解主题探究设计模式及本课程的作品要求 … 37
　　活动4　选择项目学习的主题 ……………………… 39
　　活动5　设计项目学习活动的导言 ………………… 42

活动 6	设计项目学习活动中的任务	44
技术实践	利用 PPT 呈现项目学习活动构思	48
作业		67

模块三　设计学习过程　69

概述		69
活动 1	共享项目学习活动构思	69
活动 2	研究案例中的学习过程	72
活动 3	设计项目学习活动的学习过程	74
活动 4	为"过程"设计学习支架	76
技术实践	利用 Word 呈现项目学习活动	79
作业		89

模块四　设计开发数字化学习资源　91

概述		91
活动 1	共享项目学习活动的初步设计	91
活动 2	理解混合学习的设计要点	94
活动 3	理解微课程	96
活动 4	设计微课程	102
技术实践 1	为教学实施准备基本素材	106
技术实践 2	利用出版物整合资源	107
技术实践 3	开发微课程	115
作业		117

模块五　设计学习评价　119

概述		119
活动 1	分享为项目学习活动开发的学习资源	119
活动 2	全面理解教学评价	121
活动 3	为项目学习活动设计量规	125
活动 4	考虑量规的常规使用	130
技术实践	利用"问卷星"做问卷调查	131
作业		135

模块六　了解并应用学科技术工具　138

概述　138
活动 1　共享评价量规　138
活动 2　了解技术支持的学科教学　139
技术实践　学科技术工具研究　141
活动 3　分享与展示学科技术工具研究成果　142
活动 4　将学科技术工具应用到教学中　143
作业　143

模块七　尝试在线教学设计　145

概述　145
活动 1　共享整合了学科教学工具的项目学习活动　145
活动 2　了解在线教学模式　146
活动 3　熟悉在线学习平台　149
技术实践 1　利用 CCtalk 开展在线教学直播　155
技术实践 2　利用 UMU 构建在线学习环境　163
作业　170

模块八　作品展评及教育技术展望　174

概述　174
活动 1　项目学习活动作品集共享互评　174
活动 2　探讨技术对未来教育教学的影响　175
活动 3　回顾本课程的学习收获　177
活动 4　反思自己在本课程中的学习　178

讲 座 篇

第一讲　信息化教学设计的理论基础　183
第二讲　项目学习及其设计模式　190
第三讲　项目学习活动类别与角色　198
第四讲　学习支架概述　205
第五讲　微课程与翻转课堂　213

第六讲　以学生为中心的评价　　222

第七讲　量规及其使用　　226

资 源 篇

资源一　项目学习活动案例　　233

资源二　PPT 设计艺术　　272

资源三　媒体资源的获取　　286

资源四　图形与图像的采集与制作　　318

资源五　声音的采集与处理　　322

资源六　动画的采集与制作　　326

资源七　视频的采集与制作　　335

资源八　微课程的速成工具——Camtasia　　344

资源九　微课程的速成工具——Focusky　　355

资源十　微课程的速成工具——Storyline　　366

资源十一　量规范例　　383

资源十二　技术支持的学习评价　　386

资源十三　学科信息技术应用案例　　402

参考资料　　417

绪论　教育技术与信息化教学

面对21世纪的信息化教育,教师需要发展新的专业知识与能力。为此,各国和国际组织纷纷出台了针对教师教育技术能力的相关标准,包括《美国国家教师教育技术标准》和联合国教科文组织发布的《教师信息和传播技术能力标准》,都是旨在提高教师将技术应用于教学实践的能力。这些教育技术标准,既明确了21世纪教师所需要具备的专业能力,也为教师教育机构规划教师教育课程、开展教师资格认证提供了依据。我国2004年颁布了第一个教师专业能力标准,即《中小学教师教育技术能力标准(试行)》,2005年教育部师范司又启动了"全国中小学教师教育技术能力建设计划",用于提升中小学教师将信息技术整合于教学的能力——可见我国对于教师教育技术能力的重视程度。

随着信息技术在中小学中的应用越来越普遍,在实践领域,人们更多提及的是"信息化教学"、"信息技术应用"等概念,例如,2014年5月教育部公布的《中小学教师信息技术应用能力标准(试行)》和2018年6月29日教育部—中移动"师范生信息化教学能力标准与培养模式实证研究"课题组发布的《师范生信息化教学能力标准》等。需要理解的是,在学科的概念中,无论是"信息化教学能力",还是"信息技术应用能力",都属于教师(包括师范生)在教育技术领域的核心能力。为此,我们还是需要回到教育技术这个概念上来加深对它的理解,然后再分别通过面向师范生的能力标准解读,来进一步明晰师范生应该做好的准备。

一、关于教育技术

什么是教育技术呢?为了理解方便,我们先从实用角度来做一下解释:在关于教育教学的研究与实践中,会涉及一些关于信息技术的研究;在关于信息技术的研究与实践中,又会有一些与教育教学相关的应用,教育技术正是"教育教学"与"信息技术"的交叉范畴。简单地讲,涉及如何用技术(当前重点指信息技术,智能技术是信息技术的高端形态)来支持教育教学的内容或范畴就是教育技术。

实用性的定义虽然容易理解,但并不严谨和规范。事实上,关于教育技术,国际上有公认的定义——"AECT定义",这是值得我们去学习、理解和掌握的。

由于媒体技术的发展和理论观念的拓新,教育技术在历史上曾被称为视觉教育、视听教育、视听传播,为了使名称能够代表这个领域的研究与实践范畴,1970年6月25日,美国视听教育协会改名为教育传播和技术协会(Association for Educational Communication and

Technology,简称 AECT）。1972 年，该协会将其实践和研究的领域正式定名为教育技术（educational technology）。此后又相继出现了教学技术（instructional technology）、学习技术（learning technology）等不同的名称。名称的变化在一定程度上反映了概念和理念的变化。但从学科角度而言，教育技术仍然是公认的学科名称。在我国，教育技术被作为教育学之下的二级学科。由于历史沿袭的原因，教育技术也被称为电化教育，现在仍有很多电化教育单位被称为"电化教育馆"，我们可以将"电化教育"和"教育技术"视为对等的名词。

在教育技术领域，目前普遍认可的定义是 AECT'05 定义。它是 2005 年 AECT 对这一领域做出的学术规范形式的定义，具体如下：

教育技术是通过创建、利用、管理适当的技术性过程和资源以促进学习与改进绩效的研究和合乎伦理道德的实践。（Educational technology is the study and ethical practice of facilitating learning and improving performance by creating, using, and managing appropriate technological processes and resources.）

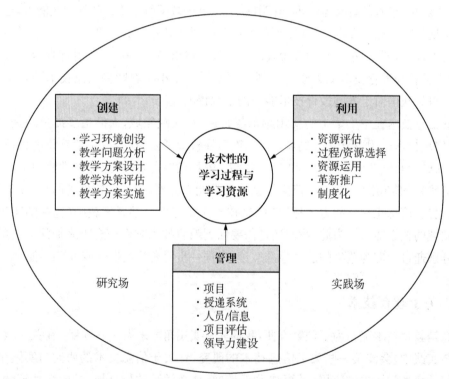

图绪论-1　AECT'05 定义下的教育技术概念框架

通过研究 AECT'05 定义，我们不难看出教育技术这一领域的几个关键要素：

● 研究对象：是在面向整个教育的大背景下，聚焦于促进学习和改进绩效的技术性过程和资源。

● 目的：促进学习，强调学生自主性；改进绩效，这既说明重视结果，也说明技术不仅仅可支持学习，也可支持工作。

● 研究范围：涉及对学习环境和教学设计与实施的创建；对资源的评估、选择、运用与推广；对于项目、授递系统、人员/信息、项目评估、领导力建设等方面的管理。
- 方法：利用技术手段促进相关范围的研究与实践，带有不断创新的意味；强调技术的适用性和实践的社会规范约束，体现出技术哲学的理性思维。
- 适用范围：从教学技术回到教育技术，承认技术对于人类教育活动具有广泛的影响力。

二、教育技术与信息化教育

信息化教育的概念是在20世纪90年代伴随着"信息高速公路"的兴建而提出来的。1993年9月，美国克林顿政府提出建设"国家信息基础设施"（National Information Infrastructure，简称NII），也就是"信息高速公路"的计划，这一计划主要是想发展以互联网为核心的综合化信息服务体系和推进信息技术在社会各领域的广泛应用，特别是把信息技术在教育中的应用作为实施面向21世纪教育改革的重要途径。美国的这一举动引起了世界各国的积极反应，许多国家政府相继制定了推进本国教育信息化的计划。

历经20余年，我国于2018年步入教育信息化2.0新时代，标志性事件是教育部于2018年4月发布的《教育信息化2.0行动计划》。文件指出，2.0时代要实现从教育专用资源向教育大资源、从提升师生信息技术应用能力向全面提升其信息素养、从融合应用向创新发展的"三个转变"。由于信息化变革的深入和诸如移动通信、大数据、人工智能等先进技术的深远影响，当前人们更经常使用"互联网+教育"甚至是"智能+教育"的称谓来指代信息化教育。

（一）信息化教育的概念

所谓信息化教育，是指以现代化信息技术为基础的教育形态。除了"信息化教育"，还有一个与之相类似的名词"教育信息化"，但这两个名词在语义上是有区别的。教育信息化是指在教育领域全面深入地运用现代信息技术来促进教育改革和教育发展的过程，其结果必然是形成一种全新的教育形态——信息化教育。也就是说，我们通常把教育信息化看作追求信息化教育的过程。

另外，还有一个类似的名词，叫作"教育现代化"，2019年中共中央、国务院印发了《中国教育现代化2035》，这是第一个以教育现代化为主题的国家文件。可想而知，此文件之后，"教育现代化"一词势必会引起教育技术领域的高度重视。其实，我们可以将教育现代化看作信息化的高端形态，这样，教育现代化也成为追求信息化教育的过程。

需要指明的是，同电化教育概念一样，信息化教育也是教育技术的从属概念，代表教育技术发展的新阶段。而数字化聚合就是教育技术从电化教育走向信息化教育的里程碑。

（二）信息化教育的特征

信息化教育的特征是什么？我们可以分别从技术层面和教育层面加以考察。

1. 技术层面

从技术层面上看，信息化教育的基本特点是数字化、多媒化、网络化、智能化和生态化。

(1) 数字化。从广义上讲，信息技术古已有之，但我们现在所说的信息技术，主要是指以计算机、平板电脑、智能手机、可穿戴便携设备等为基础的数字化技术。

(2) 多媒化。信息以文本、视音频、虚拟现实、多维沉浸等多种媒体的形式存储、传输、呈现，可以激活学生的视觉、听觉、嗅觉、触觉、味觉，这有利于促使学生多通道并行信息加工，减低不必要的认知负荷。

(3) 网络化。网络互联的优势是资源共享、时空不限、多向互动、远程合作，这些都是传统教育可望而不可即的。其实，网络化不仅仅是互联网，还有通信网、广播网，三网合一。面对2020年初爆发的全球"新冠"疫情，中国开展大规模的在线教育的成功经验表明，三网合一的信息化教育更有生命力。

(4) 智能化。人工智能将成为信息化教学系统的核心技术，智能化将使得系统能够做到教学行为人性化、人机通讯自然化、繁杂任务代理化。当然，智能机器无法取代学校、无法取代教师，这已成为共识。所以，不久的将来人机协同会成为信息化教育的新范式。

(5) 生态化。互联网打通了线上学习空间，物联网连通了线上空间和物理空间，XR技术（包括AR、MR、VR等）增强了现实空间、拓展了虚拟空间，大数据技术使得教与学的模式得以显化，人工智能技术可以协助教师解决模式中的问题……信息技术让教育成为更为庞大的生态系统。

2. 教育层面

从教育层面上看，信息化教育的基本特点是环境互联互通、教材共建共享、教学个性适切、学习自主灵活、管理精细自动。

(1) 环境互联互通。当前，基本的信息化教育环境都能通过网络实现物理环境和线上学习空间的互联互通。诸如早期常用的魔灯（Moodle）平台、当前流行的慕课（MOOC）平台都是典型的线上学习空间，通过平板电脑、智能手机等联网终端，师生可以在物理环境和线上空间中畅游，开展从线上到线下（OTO，Online To Offline）、线上和线下（OAO，Online And Offline）或者线上线下融合（OMO，Online-Merge-Offline）式的混合学习。高阶的信息化教育环境不但在物理环境中"武装"了智能设备，还能够与虚拟教室、虚拟实验室、虚拟校园、虚拟学社、虚拟图书馆等线上环境互联互通，在物联网技术的加持下，甚至能够与远程的物理环境，如教室、实验室、图书馆等互联互通，这种信息化教育环境，能够使学生在"足不出户"的情况下实现游历学习。如此种种，互联互通的信息化教育环境为教育教学提供了无限可能。

(2) 教材共建共享。可以达成共识的是，信息化教育中的资源是多种多样的，诸如传统的纸媒教材、数字化的电子课本、教学视频、学具说明书，甚至连虚拟材料都是教育教学材料。互联网让人们的协作与交流变得异常方便和快捷，在这种情况下，教育教学的利益共同体可以群策群力，同步或异步地推进教材的共同建设，这有利于提升教材的品质。在理想状态下，利益共同体中的成员，可以一边实践一边更新完善教材的内容，让教材成为真正的"活书"。共建好的教材，通过互联网可以很方便地进行共享，学生也可以参与到材料的共建共享中，在这方面，上海市的中小学已经积累了丰富的微视频共建共享成功经验。当然，教材的共建共享要处理好知识产权的问题。

图绪论-2　上海市闵行区共建共享课程案例

(3) 教学个性适切。在信息技术,特别是智能技术的加持下,信息化教育能够给予学生更加美好的"人文关怀"式的教学服务。这种"人文关怀"表现在:信息化教育能够了解学生的品性(即个体特征),知道学生遇到的或者将来可能会遇到的问题或挑战,清楚每个学生的个人发展愿景,甚至还能够懂得向学生推荐什么样的个性化资源,何时给予学生异常提醒或警示,更甚者,信息化教育还能够根据学生动态生成个性化的学习路径。同样,在智能技术的赋能下,这些"人文关怀"能够根据学生的反应动态地调整,做到实时适切。

(4) 学习自主灵活。"以学生为中心"的教学理念已深入人心,但实际上,教师始终不放心给予学生更多的权限。为何? 因为学生的学习能力有限、自控能力有限,在学生学习无法"实时透明化"的情况下,有责任心的教师不会放任学生不管。在先进技术的支持下,特别是在智慧教室、智慧空间、智慧校园这种信息化教育环境下,实时为学生描绘学习画像(需要教育数据挖掘、学习分析、实时可视化反馈技术的支持)不再是"白日做梦"。它既能够实时监控每一位学生的学习情况,还能够让智能技术辅助进行一些个性化的决策。学生获得更多的学习权限后,学习势必会呈现出自主性和灵活性特征,这有利于学生深度学习的发生。当然,学生能灵活地学习要得益于基于富技术的灵活的学习环境、适切的教材、教师与智能机器的协同帮扶,等等。

(5) 管理精细自动。管理多是单调的、重复的、机械的事务,并且一般具有较强的规律可循,这种事务的处理恰恰是智能技术的强项。教育工作者将大部分管理工作交给智能技术自动处理后,只需花费少量的时间来监督、审核管理的决策和进程即可。当然,管理事务的规则还是需要教育工作者根据自己的需求制定。教育工作者从这种单调、机械的管理中节约出的时间,可以专注于管理的系统设计,让管理更加精细化。聚焦课堂教学,如签到、考勤、动态分组、收发作业、竞猜投票、学习状态监控等教学管理,在信息技术特别是智能技术的支持下,也会变得异常便捷和高效。

三、面向师范生的信息化教学能力

为全面提升教师信息技术应用能力,我国自2013年起启动实施全国中小学教师信息技术应用能力提升工程,并于2014年颁布了《中小学教师信息技术应用能力标准(试行)》。标准强调,教师信息技术应用能力主要服务于两大目的——支持教师教学工作以及支持教师自身专业发展。

由于教师已步入教学岗位,对其信息技术应用能力进行描述时主要聚焦与职业相关的情境,而师范生在技术视野、学科实践、学习诉求等多方面均与在职教师不同。针对这种情况,教育部—中国移动科研基金项目于2015年正式启动"师范生信息化教学能力标准研制与培养模式实证研究"项目,对面向师范生的信息化教学能力标准进行研制。值得再次强调的是,"信息技术应用能力"、"信息化教学能力"虽然表述不同,但其内涵并没有本质区别,我们在这里不做概念上的区分,它们都是教育技术的核心能力。

(一) 师范生信息化教学能力标准遵循的原则

师范生能力标准的研制遵循了以下三条原则。

1. 关注师范生的双重角色

在对师范生信息化教学能力进行研究时,充分考虑到了师范生的双重角色,即学生角色和未来教师角色。

(1) 学生角色。师范生首先是一名学生,其未来"教"的能力是可以部分从"学"的能力中迁移而得的。因此他们首先要学会利用信息技术支持自身学习,促进个人全面发展。这部分能力将成为其日后运用信息技术促进和引导学生学习的重要基础,直到迁移至职业情境。

(2) 未来教师角色。师范生作为未来的教师,应该掌握教师工作必备的信息化教学能力。这部分能力与在职教师能力要求应相衔接,又有所区别。因此,根据师范生双重角色的特点,师范生的信息化教学能力应包含两个层面——支持自身学习以及支持未来教学。

2. 关注21世纪人才的需求导向

21世纪信息与科技的高速发展，推动了人们的生活方式、学习方式、工作方式的巨大改变。为应对时代的挑战，世界各国从不同角度提出了21世纪的人才发展要求，如联合国教科文组织提出的青年人才技能、经济合作与发展组织发布的21世纪学习者技能、ATC21S (Assessment and Teaching of 21st Century Skills)提出的21世纪人才技能框架、我国提出的中国学生发展六大核心素养等。

为了促使师范生为未来工作做好充分的准备，在建构师范生信息化教学能力模型时，充分考虑到了21世纪对人才的需求导向，并在此基础上充实能力模型，凸显信息技术支持下的核心素养提升和个人的全面发展。

3. 关注应用与迁移

培养青年人才的应用技能，拉近教育和就业的距离已成为世界各国人才培养的共识。《国家中长期人才发展规划纲要(2010—2020年)》和《国家中长期教育改革和发展规划纲要(2010—2020年)》也明确提出我国人才发展的指导方针，要"以用为本"，要教育学生学会生存生活，学会做人做事，促进学生主动适应社会。在建构师范生信息化教学能力模型时，要关注师范生作为未来教师所需的工作技能，如教师所需的技术素养、教学设计能力、组织管理能力、研究能力等。因此，在标准的研制过程中注重与在职教师信息技术应用能力标准的承接性，以在职教师能力标准为逻辑起点。同时，也关注师范生作为学生现阶段的应用和未来可迁移能力的结合，如创新思维能力、批判思维能力、自主学习能力、协作交流能力、问题解决能力等。

（二）师范生信息化教学能力标准的结构

《师范生信息化教学能力标准》于2018年6月29日公布，最终确立的师范生信息化教学能力标准为"3(3)结构"，包括基础技术素养、技术支持学习、技术支持教学三个维度，每个维度下又分为三个子维度(如图绪论-3所示)。

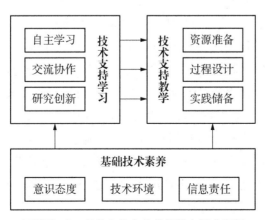

图绪论-3 师范生信息化教学能力标准框架

1. 基础技术素养

基础技术素养是师范生不管是作为学生还是作为未来教师都必须具备的基础能力，包括意识态度、技术环境、信息责任三个维度，即主动学习和主动运用信息技术的意识与态度、必备的教/学软硬件及平台等的掌握情况以及基本的信息道德和信息素养。意识态度关注信息技术对教与学的应用与进展，具有主动学习信息技术并主动探索和运用信息技术支持终身学习、促进自身发展的意识。技术环境是指与教/学相关的硬件设备、软件、平台等掌握情况，包括多媒体教学设备、教/学相关的通用软件与学科软件、网络平台与工具等。信息责任是指与信息道德与信息安全相关的素养，主要从规范自我和影响他人两个角度进行考量，如基本的信息安全与法律意识，对知识产权的尊重，对他人安全、合法、负责任地使用信息与技术的正向引导与示范作用等，与21世纪人才素养中所强调的社会责任感和社会影响力相呼应。

2. 技术支持学习

技术支持学习是师范生作为学生或者21世纪人才必须掌握的能力，虽然与其未来职业能力没有直接联系，但属于可迁移能力，对其现在和未来的学习、生活、工作等均有重要的影响，包括自主学习、交流协作、研究创新三个维度。自主学习是指运用信息技术开展自主学习的能力，涉及信息化环境下学习资源的获取、学习过程的管理，如目标管理、时间管理、自我反思监控等，从而提高自主学习的质量与效率，促进个人发展。交流协作是指能够针对具体的学习任务或真实问题，主动运用信息技术与他人进行有效沟通、分享、协作的能力，并且在团队协作过程中能够有意识地开展团队互评与反思，促进协作效果。研究创新是指能够运用批判性思维与恰当的技术工具，发现并分析学习和生活中的问题。能够针对问题，搜集和分析数据、解释结果，做出合理判断，形成解决问题的方案，并运用信息技术工具设计与开发原创性作品，创造性地解决问题。

3. 技术支持教学

技术支持教学是师范生未来从教必须具备的职业技能，包括数字教育资源的准备、信息化教学过程设计，以及教学实践过程中需要掌握但由于师范生缺少实践情境只能先期储备的能力，包括资源准备、过程设计、实践储备三个维度。资源准备是指根据预设的教学情境，规划、制作、评价、优化、管理数字教育资源的能力，以及合理选择与使用技术资源，为学习者提供丰富的学习机会和个性化学习体验的能力。过程设计是指完成信息化教学过程设计所需掌握的能力，包括对与信息化教学设计相关的应用模型、原则方法、活动策略以及评价方法和相关工具等的把握。实践储备是指真实教学实施过程中需掌握的应用技能，包括利用信息技术开展教学过程跟踪、分析、评价、干预等的能力。由于师范生尚未进入教学岗位，缺少真实的教学情境运用上述技能，更多情况下只能通过模拟情境中的学习和应用储备相应技能，并将其迁移到未来的教学实践中。

详细的《师范生信息化教学能力标准》如表绪论-1所示。

表绪论-1 师范生信息化教学能力标准

能力维度	一级指标	关注点	标准描述 + 绩效指标
Ⅰ 基础技术素养	Ⅰ1 意识态度	主动学习	理解信息技术对教与学的作用，具有主动学习信息技术的意识（Ⅰ1-1） →关注信息技术在教育教学中的应用与进展（Ⅰ1-1a） →愿意与他人分享交流信息技术的应用经验和新发现（Ⅰ1-1b）
		积极应用	具有主动探索和运用信息技术支持终身学习、促进自身发展的意识（Ⅰ1-2） →关注优质教育资源，并持续学习，促进自身发展（Ⅰ1-2a） →有意识地借助信息技术手段随时随地学习（Ⅰ1-2b）
	Ⅰ2 技术环境	设备操作	掌握信息化教学设备的常用操作，并能解决常见问题（Ⅰ2-1） →熟练操作信息化教学设备（Ⅰ2-1a） →解决信息化教学设备应用中的常见问题（Ⅰ2-1b）
		软件应用	熟练应用教与学相关的通用软件与学科软件（Ⅰ2-2） →熟练操作常见的通用软件（Ⅰ2-2a） →熟练操作适用于本专业教与学的常用软件（Ⅰ2-2b）
		平台使用	熟练应用网络学习平台与社会性软件（Ⅰ2-3） →熟练应用常见社会性软件（Ⅰ2-3a） →熟练应用常见网络存储工具（Ⅰ2-3b） →熟练应用常见网络学习平台（如专题学习网站、Moodle、Sakai等）（Ⅰ2-3c）
	Ⅰ3 信息责任	规范自律	将信息安全常识应用到日常情境之中，并能自觉遵循法律和伦理道德规范（Ⅰ3-1） →具备信息安全意识，了解信息技术应用中的安全隐患和恰当的处置方法（Ⅰ3-1a） →尊重知识产权，在自己的成果中，总能明确地、规范地注明所引用材料的出处（Ⅰ3-1b） →甄别网络信息，不非法获取他人信息，不传播虚假、暴力等不良信息（Ⅰ3-1c）
		影响他人	倡导人们安全、合法与负责任地使用信息与技术，以身示范，积极影响他人（Ⅰ3-2） →在他人的行为有违信息道德或信息安全时，能及时善意地提醒（Ⅰ3-2a） →在网络环境中，能够积极引导交流倾向，营造健康、文明的社交环境（Ⅰ3-2b）
Ⅱ 技术支持学习	Ⅱ1 自主学习	获取资源	在信息化环境下，主动获取有价值的资源，拓宽教育教学的专业视野（Ⅱ1-1） →针对学习需要，甄别并获取所需资源（Ⅱ1-1a） →追踪专业发展前沿，积累拓宽专业视野的关键线索（如本专业的关键人物、关键会议、关键社区、关键期刊等）（Ⅱ1-1b）
		过程管理	利用信息技术支持目标管理、时间管理、信息管理等，提高自主学习的质量与效率（Ⅱ1-2） →在学习或任务完成过程中，规避或排除无关信息或交流的干扰（Ⅱ1-2a） →利用信息技术工具（如时间管理、信息管理的小软件）加强自律（Ⅱ1-2b） →利用技术工具（如云笔记、电子档案，以及其他有助于知识管理的工具）规划并记录学习过程，存储学习成果（Ⅱ1-2c）

续 表

能力维度	一级指标	关注点	标准描述＋绩效指标
		自我反思	有意识地规划与记录自己的学习路径与学习结果,养成自我反思习惯,促进自我成长(Ⅱ1-3) →常态性地利用技术工具(如博客、云笔记、电子档案,以及其他有助于知识管理的工具)规划并记录学习产品、过程性数据或学习反思等信息(Ⅱ1-3a) →有自我反思习惯,能够理性分析自己的学习和生活状态,发现潜力与问题,并相应调整个人发展规划(Ⅱ1-3b)
	Ⅱ2 交流协作	人际交流	理解和尊重不同观点,主动运用信息技术与同伴、教师、专家等有效沟通与分享(Ⅱ2-1) →在信息化环境中,能够包容理解他人观点,顺畅交流分享(Ⅱ2-1a) →利用信息技术主动与同伴、教师、专家等有效沟通(Ⅱ2-1b)
		有效协作	针对具体的学习任务与真实问题,能够在信息化环境中与他人有效协作(Ⅱ2-2) →与相关参与者共同约定清晰的协作规则(如各自责任、交流时间、应用工具、协作策略等)(Ⅱ2-2a) →自觉遵守协作规则,并运用信息技术工具促进有效协作(Ⅱ2-2b) →利用技术工具开展互评,提升协作效果(Ⅱ2-2c)
	Ⅱ3 研究创新	批判思维	运用批判性思维与恰当的技术工具,发现并分析学习和生活中的问题(Ⅱ3-1) →在信息化环境下,有选择地接收来源多元的知识和经验,运用思维工具发现有价值的问题(Ⅱ3-1a) →敢于质疑已有的理论或观点,能够借助技术工具对事物进行理性全面的分析(Ⅱ3-1b)
		数据意识	善于搜集和分析数据,解释结果,做出合理判断,形成解决问题的方案(Ⅱ3-2) →利用信息技术工具(如在线问卷系统、调查系统)收集数据(Ⅱ3-2a) →针对具体问题,合理运用数据处理软件对数据进行处理和分析(Ⅱ3-2b) →根据数据分析的结果,做出合理的判断、总结、预测(Ⅱ3-2c)
		创新能力	运用信息技术工具建构知识、激发思想、设计与开发原创性作品,创造性地解决问题(Ⅱ3-3) →结合具体的信息化环境,创造性地设计解决方案(Ⅱ3-3a) →根据项目需要,利用技术工具设计与制作高质量的原创作品(如海报、宣传视频、数字故事、立体模型等)(Ⅱ3-3b)
Ⅲ 技术支持教学	Ⅲ1 资源准备	设计制作	掌握加工、制作多种形式数字教育资源的工具和方法,并能根据预设教学情境,科学合理地设计和制作数字教育资源(Ⅲ1-1) →在制作数字教育资源前,能够从有效支持教学的角度审慎设计(Ⅲ1-1a) →通过多种途径获取优质素材(Ⅲ1-1b) →利用恰当的软件工具对素材进行编辑和加工(Ⅲ1-1c)
		评估优化	结合具体应用情境,科学评估数字教育资源优劣,并提出改进策略(Ⅲ1-2) →按照一定的标准,判断数字教育资源的优劣(Ⅲ1-2a) →对已有的数字教育资源提出针对性的改进建议(Ⅲ1-2b)

续　表

能力维度	一级指标	关注点	标准描述+绩效指标
		资源管理	具有资源建设的整体意识，能够合理规划与管理数字教育资源（Ⅲ1-3） →有意识地规划和丰富个人数字教育资源库（Ⅲ1-3a） →根据备份、分享、协作的需要，合理选用技术工具管理数字教育资源（Ⅲ1-3b）
		资源整合	合理选择与整合技术资源，为学习者提供丰富的学习机会和个性化学习体验（Ⅲ1-4） →知道不同类型的技术资源（包括学习网站、APP等）在为学生提供学习机会和学习体验方面的作用（Ⅲ1-4a） →针对学习者的个性化学习需要合理选择与整合技术资源（Ⅲ1-4b）
	Ⅲ2 过程设计	模式理解	理解常用教学模式的原则与方法，明确信息技术在不同模式中的应用优势（Ⅲ2-1） →知道常用的信息化教学模式（如基于项目的学习、基于资源的学习、WebQuest、MiniQuest、混合学习等）（Ⅲ2-1a） →理解不同教学模式的应用场景与作用（Ⅲ2-1b）
		模式应用	根据预设的信息化教学情境，合理选用教学模式完成过程设计（Ⅲ2-2） →依据课程标准、学习目标、教学内容等条件，合理选用信息化教学模式（Ⅲ2-2a） →知道如何运用技术资源支持不同环节的教学（Ⅲ2-2b）
		活动设计	科学设计可促进学习者自主、合作、探究的多样化学习活动与指导策略（Ⅲ2-3） →理解信息技术在自主、合作、探究学习等方面的积极作用（Ⅲ2-3a） →在进行信息化教学设计时，会考虑到学习者可能的不同（如水平、风格等）并提供针对性的学习建议（Ⅲ2-3b） →能够为学习者的自主、合作、探究活动提供有价值的支持工具（如学习指南、学习流程图、思考模板等）（Ⅲ2-3c）
		评价设计	科学设计信息化教学评价方案，并合理选择、改造、应用信息化教学评价工具（Ⅲ2-4） →举例说明过程性评价的理念、原则与方法（Ⅲ2-4a） →依据课程标准、学习目标、学生特征和技术条件，设计能够兼顾过程性与个性化的评价方案（Ⅲ2-4b） →根据要评价的内容或过程，合理选择、改造或开发适宜的评价工具（如评价量规、观察记录表、问卷等）（Ⅲ2-4c）
	Ⅲ3 实践储备	组织实施	了解信息化教学环境中的教学实施策略，理解教学干预的基本原则和方法（Ⅲ3-1） →了解信息化教学环境中的提问、鼓励、助学、监控、管理等教学干预的原则与方法，并在真实或模拟的教学情境中尝试使用（Ⅲ3-1a） →在观课时，能够对教学者的教学干预及其效果进行客观合理的分析（Ⅲ3-1b）
		分析改进	能够有效利用技术跟踪并分析学习过程，提出针对性改进措施（Ⅲ3-2） →掌握常用的课堂教学（包括现场与实录）分析方法（Ⅲ3-2a） →在他人（如带课教师）的教学过程中有针对性地观察并利用技术手段收集过程性数据（Ⅲ3-2b） →在对他人的课堂进行分析时，能够依据所收集的数据提出自己的见解和改进措施（Ⅲ3-2c）

续表

能力维度	一级指标	关注点	标准描述＋绩效指标
		实践体验	**在真实或模拟的教学情境中，合理运用信息技术支持教学实践（Ⅲ3-3）** →在真实或模拟的信息化教学情境中，能够流畅地衔接各个教学环节（Ⅲ3-3a） →在指导学生利用信息技术学习的过程中，能够针对出现的常见问题给予及时有效的指导（Ⅲ3-3b）

同样，国际社会也在不断更新或出台凸显信息化教学创新的教师能力标准。如美国教育技术国际协会（International Society for Technology in Education，简称 ISTE）于 2017 年更新了《ISTE 教育者标准》(ISTE Standards for Educators)，提出了学习者、领导者、公民、合作者、设计者、促进者与分析者七个重要角色，前三个体现了教师专业学习的主动性，后四个凸显了教师在"促进学生学习"中的重要作用。欧盟委员会于 2017 年颁发了《欧洲教育者数字化胜任力框架》(The European Framework for the Digital Competence of Educators，简称 DigComp Edu 框架），根据促进学生发展的进程提出了教师相应的数字化胜任力，教师首先要利用信息技术促进自身专业学习，然后将学习到的知识和技能应用于教学过程，包括制作数字资源、利用技术开展课堂教学、学习评价与个性化教育，从而达到促进学生学习和成长的目标。联合国教科文组织发布并持续更新了《教师信息与通信技术能力框架（2018 年版）》(ICT-CFT 2018)，展现了教师将信息与通信技术（Information Communications，Technology，简称 ICT）融入其专业实践，以促进学生实现课业目标所需的各项能力。教师不仅应具备信息技术应用能力以及能够帮助学生掌握这些能力，还要能够利用信息技术，促进学生成长为乐于协作、会解决问题、有创意的学习者和锐意创新、积极参与的社会成员。此外，随着互联网和大数据技术教育应用的日益普及，一线教师可获得的教育数据呈几何级数增长，这些数据只有被科学地处理和分析后才能对教育教学产生积极影响。《美国国家教育技术计划》(National Educational Technology Plan，简称 NETP 2017)提出"为了改进教与学"，应该使用评价数据来提升学习质量。因此，教师数据素养的测评与培养被国际社会广泛关注，曼迪纳契（E. B. Mandinach）将其界定为"教师通过收集、分析和解释所有类型的数据帮助确定教学步骤，从而将信息转化为可操作的教学知识及实践的能力"。

四、面向未来的数字化胜任力

信息技术对教育发展具有革命性影响。随着"互联网＋"、大数据技术、智能技术的广泛应用，在未来，纯粹讲授式教学与混合式教学比例将发生较大变化，甚至可能发生反转，围绕知识本身的名师课程资源日益完善，传统班级授课制的组织教学形式面临变革，教师的教学将依托优质教育云平台，教师角色也将发生转变。未来，学校也会得到重构、重设计。

（一）未来学校的特征

1. 强调个性化教育理念和"做中学"思想

个性化教育理念并不是一个全新的理念，最早可以追溯到孔子提出的"因材施教"。在个别化教育时代，个性化教育并非难事。进入班级授课制后，一位教师要面对几十位学生，要照顾到每一位学生，这对教师来说是个极大的挑战。借助先进的技术，为学生提供个性化学习计划、个性化课程方案、个性化学习过程记录等都能够得到有效落实。随着STEM理念的常态化普及，通过"做中学"来实现学以致用也能够得到有效体现。

2. 课程设置个性化、跨学科，面向真实世界问题

在技术的支持下，未来课程不再"一刀切"或者整齐划一，而是会根据学生的实际情况，提供个性化的课程方案，这种课堂会更加强调动手实践与体验感悟，解决面向真实世界的问题。这种问题，往往具有复杂性和劣构性，所以，对应的课程会表现出跨学科的特征。可以想象，这种课程让学生在学生时代就能够提前预演解决未来生活、工作中可能遇到的问题。当然，这种"预演"离不开技术的支持，比如虚拟情境的创设。

3. 教学组织打破固定班级，采用弹性课表

未来学校的教学组织会打破传统固定班级、传统课表安排，出现跨级、混龄的学习群体。技术让学生的个性特征和学习全过程得以"透明化"、"可视化"，在此基础上，学生可以根据学习兴趣、学习能力、项目主题、职业倾向或者学习活动自由组队；另外，课表不再是以时间为基准，因为技术的赋能突破了教与学的时空限制，未来的课表将会变成以活动、任务、项目为单位，这种课表在时间上具有一定的弹性。

4. 注重基于项目的学习，突破校园边界

在真实世界中通过探究活动实现作品制作并展示给他人，通过此种方式解决一系列相互关联的问题，即是基于项目的学习。这种学习方式将成为常态。基于真实项目的学习需要走出学校，进行实地调研、考察和探究。当下，在技术的支持下，泛在学习已经落地，在校外开展这些活动和研习已经具备良好的基础条件。

5. 学习空间灵活多样，突破教室空间

在技术的支持下，学习空间会得到重构，不再局限于教室。比如，课堂会和实验室连通，并设计特定的活动空间让学生有不同的体验；将社区、企业等真实工作环境纳入到学习空间的范畴；虚拟学校甚至能够让学生在任意有网络连接的场所中开展学习。

6. 技术赋能，各有所为

未来学校的又一特征是技术丰富性，技术参与教与学，为教育发展难题（如教育的公平、优质、创新、个性、灵活等）提供解决方案。学校会根据自己的特点以及发展愿景，从不同的方向运用技术破解这些难题，出现各有所为的局面：在各自需要的方面注入技术元素，以此来培养面向未来社会的学生。

（二）未来已来

2013年硅谷精英马克斯·韦蒂拉（Max Ventilla）创办了致力于构建面向未来的新式科技学校AltSchool，AltSchool采取"跨级"、"混龄"的教学组织方式，让学生通过项目学习解

决本真问题,能够在课堂内外应用知识,并且善用科技手段解决问题与实现创新。

2014年萨尔曼·可汗(Salman Khan)创办了可汗实验学校(Khan Lab School,简称KLS),紧密结合技术与教育实践,探索未来学校的发展方向。虽然可汗实验学校只有一间教室,却能够为学生创造更多自由学习的灵活空间。

另外,当前美国大多数州还建有K12免费虚拟公立学校,服务于由于种种原因不能在校学习的学生;建有150多所将体验教育理念应用于学校教育情境的"野趣学习"学校(Expeditionary Learning School,简称ELS,也有中译名"探险学习"学校);还有倡导与产业建立合作伙伴关系、开展真实世界中的学习、致力于融合多学科的达·芬奇学校(Da Vinci Schools);也有寻求学生评估变革,提供动态跟踪的全息档案的MTC联盟校(Mastery Transcript Consortium)……

如此等等,让我们真切感到,未来学校的确已来。

(三)数字化胜任力框架

未来学校是未来教育的沃土,教师或师范生需要具备稳健的数字化胜任力来确保他们有能力在未来教育中获得成功。2020年初,中国教师应对全球新冠肺炎开展在线教学时,偶有"翻车"事件发生,表明教师的数字化胜任力离我们的预期还有一定的差距。

为了促使教育者抓住数字技术的潜力来增强和创新未来教育,欧盟委员会于2017年颁发了《欧洲教育者数字化胜任力框架》。这个数字化胜任力框架具有普适性,它面向各级教育的教育者,从幼儿教育到高等教育和成人教育,包括普通和职业教育与培训、特殊教育以及非正式学习环境。同样,它也适用于师范生。

《欧洲教育者数字化胜任力框架》区分了教育者专业活动的六个不同的领域(22种能力),分别是专业参与、数字资源、教与学、评估、赋能学习者和促进学习者数字能力发展。中间四个领域是核心,关注整个教学中教育者使用数字技术增强、创新教学的能力。第一个领域关注教师自身的专业交流、协作与发展,最后一个领域关注教师促进学习者数字能力的发展。详尽的《欧洲教育者数字化胜任力框架》如表绪论-2所示。

表绪论-2 欧洲教育者数字化胜任力框架

领域	能力	解 释
专业参与 (利用数字技术进行沟通、协作及专业发展)	组织沟通	使用数字技术增强与学习者、父母和第三方的组织沟通。为协作研发和改进组织沟通的策略出力。
	专业化协作	利用数字技术与其他教育者协作,分享和交换知识和经验,并协同创新教法实践。
	反思性实践	个人和集体反思,申辨地评估并积极地发展自己的数字教学实践和教育共同体的数字教学实践。
	持续专业发展	利用数字资源持续地专业发展。

续表

领域	能力	解释
数字资源 （寻找、创造和共享数字资源）	选择数字资源	识别、评估和选择用于教学的数字资源。在选择数字资源并规划其使用时，考虑特定的学习目标、情境、教学方法和学习者群体。
	创建和修改数字资源	在现有的开放许可资源和其他许可的资源上进行修改和构建。创建或共同创建新的数字教育资源。在设计数字资源和规划其使用时，考虑特定的学习目标、情境、教学方法和学习者群体。
	管理、保护和共享数字资源	组织数字内容，使学习者、家长和其他教育者都能使用。有效保护敏感的数码内容。尊重并正确使用隐私和版权规则。了解开放许可和开放教育资源的使用和创建，包括它们的正确归属问题。
教与学 （管理和协调在教与学中使用数字技术）	教学	在教学过程中规划和实施数字化设备和资源，提高教学干预的有效性。正确管理和协调数字化教学策略。尝试和发展新的教学模式和教学方法。
	指导	使用数字技术和服务增强与学习者的互动，无论是单独的还是集体的，无论是在学习过程中的还是在学习过程之外的。利用数字技术提供及时的、有针对性的指引和辅助。重视试验和开发、指导与支持的新形式及新样态。
	协作学习	使用数字技术来促进和增强学习者的协作，使学习者将数字技术使用作为协同作业的一部分，并作为增强交流、合作和协作知识创造的一种手段。
	自主学习	使用数字技术支持学习者自主学习，即使学习者能够计划、监控和反思自己的学习，提供进步的证据，分享见解并提出创造性的解决方案。
评估 （运用数字技术及策略加强评估工作）	评估策略	使用数字技术进行形成性和总结性评价。提高评估形式与方法的多样性与适宜性。
	分析证据	生成、选择、申辩地分析与解释关于学习者活动、表现和进步的数字证据，为指导教与学提供信息。
	反馈和计划	利用数字技术向学习者提供有针对性的及时反馈。根据数字技术产生的证据，调整教学策略并提供有针对性的支持，使学习者和家长能够理解数字技术提供的证据并能够将证据用于决策。
赋能学习者 （使用数字技术来增强包容性、个性化和学习者的积极参与）	可访问性和包容性	确保所有学习者都能获得学习资源和活动，包括有特殊需要的学习者在内。考虑和回应学习者（数字）的期望、能力、使用和误解，以及他们使用数字技术时的环境、物理或认知上的局限。
	差异化和个性化	通过使用数字技术，允许学习者以不同的水平和速度进步，并遵循个人的学习路径和目标，来满足学习者不同的学习需求。
	积极吸引学习者	使用数字技术促进学习者对主题的积极和创造性的参与。在教学策略中使用数字技术，培养学习者的横向技能、深度思维和创造性表达能力。让学习者在开放的、新颖的、真实的情境中学习，使其参与动手活动、科学研究或复杂的问题解决，或以其他方式增加学习者对复杂主题的积极参与。

续 表

领域	能力	解 释
促进学习者数字能力发展（使学习者能够创造性地、负责任地使用数字技术，来进行信息获取、交流、内容创建和解决问题）	信息和媒体素养	纳入一些学习活动、作业和评估，它们要求学习者明确表达信息需求；在数字环境中寻找信息和资源；组织、处理、分析和解释信息；比较和申辩地评估信息及其来源的可信度与可靠性。
	数字化沟通与协作	纳入一些学习活动、作业和评估，它们要求学习者有效地和负责任地使用数字技术进行交流、协作与参与。
	数字化内容创作	纳入一些学习活动、作业和评估，它们要求学习者通过数字化的方式表达自己，并要求修改和创建不同格式的数字内容。教导学习者如何将版权和许可证应用于数字内容，如何引用来源和属性许可证。
	负责任地使用	采取措施确保学习者在使用数字技术时的生理、心理和社会健康。使学习者能够安全、负责地管理风险和使用数字技术。
	数字化问题解决	纳入一些学习活动、作业和评估，它们要求学习者识别和解决技术问题，或要求学习者将技术知识创造性地迁移到新的情境中。

活动篇

模块一 了解整个课程

在本模块的学习中,你将了解教育技术的定义和研究范围,尝试在不同的理论指导下开展不同取向的教学设计。在这个基础上,你将了解整个课程的学习目标、课程安排和评价要求,并为整个课程的学习做好创设文件夹、熟悉交流平台等技术准备。
- 讲座:"信息化教学设计的理论基础"。
- 资源:《师范生信息化教学能力标准》。
- 技术:博客(微博)、微信群、QQ 群、网盘。

活动 1 头脑风暴

说明: "头脑风暴"是一种集体思考的方法。通常由一群人围绕一个特定的主题进行讨论或收集信息,讨论时没有约束规则,人们能够自由地回忆、自由地思考,进入思维的新区域,从而产生很多新的观点和解决问题的办法。当参与者有了新观点和新想法时,就直接说出来,然后他人在其提出的观点之上再建立新观点。所有的观点被当场记录下来但不加以评论。只有在讨论结束时,才会对出现的观点和想法进行梳理和评论。

- 你将利用 10 分钟的时间,回忆你所接触或知道的信息技术在教学中的应用,表述时要尽可能具体,同时记录你听到的好例子。

例1:萨尔曼·可汗为了帮助住在远处的亲人,他试着把自己的教学影片放在网络上,主要是 YouTube 网站。由于受到广泛好评,相关影片观看次数急速上升,受到鼓励的萨尔曼于 2009 年辞去工作,全职从事相关课程的录制——这就是鼎鼎大名的"可汗学院"的前身。

例2:昌乐一中是山东省首所翻转实验学校,该模式缘于学生的假期网络学习。从一开始的 QQ 群指导,到通过网络学习平台讲评,再到分解作业讲解视频,微课的特性初步具备了。在进行大量理论研究与实践探索后,昌乐一中探索了翻转课堂的本土化,学校构建了由数字化学习平台、教师无线 AP 和学生个人平板电脑组成的在线教学系统,形成了"二段四步十环节"翻转课堂新模式。为学生自主掌握学习提供了实现条件,学生可以根据自己的需要决定是否观看微课以及观看的进度与次数,自主选择任何一位教师的微课进行学习。

例3：又是阳光灿烂的一天，四年级的朵朵像往常一样来到校园。第一节是数学课，到"云教室"使用"云课桌"上课是朵朵和同学们非常喜欢的事情。相较于iPad，"云课桌"的优势在于学生们可以小组协作，合力完成教师布置的练习。有好几次朵朵跟同桌小伙伴共同完成的任务都是用时最短、正确率最高的，这些信息教师都能第一时间在自己的主屏幕上看到。当学生完成了这一阶段的任务时，系统会推送更高难度的题目让大家挑战。这样的学习，让朵朵和伙伴们都觉得很有成就感……这是上海市黄浦区卢湾一中心小学学生朵朵在学校的日常一天。在长达九年的"云课堂"实践中，该校自建了校园物联网，以物联感知技术为基础，进行学生学业、行为、生理等数据的伴随式采集。这些真实的数据，让教师的教学得以由原先的主要依靠个人经验向基于真实数据的科学把控转变……

- 如果让你用事物来隐喻信息技术在教学中的作用，那会是什么？请简要解释你的想法。

注：隐喻是比喻的一种，是用一种事物暗喻另一种事物，表达方法是"A是B"，如"教师是领航员"。

活动2　了解教育技术

说明：信息技术在教学中的应用归属于"教育技术"领域。理解教育技术的相关概念，以及它与信息化教育、信息化教学之间的关系是信息化教学设计的学理基础。

请试着回答以下问题：
- AECT'05定义对教育技术的界定是怎样的？

- 教育技术的本质特征是什么?

- 教育技术的研究范围有哪些?

- 从教育技术的定义中,你得到了哪些启示?

- 对于教师而言,利用教育技术可以做什么?

- 对于师范生而言,应该如何提升自己的信息化教学能力?

评析与提示:教育技术学是一门成长中的、尚显稚嫩的交叉学科,其内涵与外延也处于变化之中。对教学工作者而言,要特别注意教育技术的研究对象是"学习过程"和"学习资源",或者说是技术性的"学习过程"和"学习资源"。我们可以这样理解,技术的应用不会改变教学的既定目标。换句话说,如果你的教学目标设计得符合现代教学理念,能够促进学生的能力发展,教育技术可以通过设计"过程"和"资源"支持你实现这个目标;如果你的教学目标设计得非常传统,目的只是让学生死记硬背一些客观性知识,教育技术也可以通过设计"过程"和"资源"来支持你实现这样的目标。为此,如果仅仅学习技术,而不学习和理解技术应用背后的教学理念，并不会实质性地提高教育技术在教学改革中所起到的作用。

活动 3　尝试信息化教学设计

说明：信息化教学设计是教育技术领域的重要基础。在中小学教师的实践课堂中，教师们有机会运用多种教学模式，如授导型学习、问题化学习、项目学习、模拟学习、协作学习、案例学习等，各种模式互有关联，形成有机的教法生态。在不同的理论指导下，教学就会呈现出不同的特征，就有与之相适应的教学模式。在这一活动中，我们以具有典型特征的行为主义、认知主义和建构主义为例，开展信息化教学的设计尝试。需要提醒大家的是，本活动的学习重点是不同理论导向下的教学设计体验，"信息化"并不是关注的核心。

■ 第 1 步　理解不同学习理论导向下的教学设计原则

说明：在这个活动中，请你学习"讲座篇"中的第一讲"信息化教学设计的理论基础"，然后通过两个练习，加深对重要学习理论的教学设计原则的理解。期待这些练习能够使你的学习不仅仅停留在事实性知识的记忆中，而是能将理论与现实教学结合起来，探讨有实践意义的方法与策略。

练习 1：请认真阅读下面这个试验，思考该试验体现了"行为主义"的哪些教学原则。

斯金纳（B. F. Skinner）曾经做过一个"鸽子学开收音机"的试验，从这个试验的设计上可以看出"程序教学"的真实应用。试验的目的是让鸽子学会开收音机，实际上就是让鸽子去啄标有"ON"的按钮。一开始，试验者先将收音机的"ON"与"OFF"按钮分别漆成不同的颜色，制成不同的大小，即一个大的、红色的"ON"按钮和一个小的、黑色的"OFF"按钮。然后让鸽子来啄，一旦鸽子啄到"ON"的按钮，则喂其食物进行奖励，啄到"OFF"的按钮则不奖励，于是鸽子很快会"开"收音机了；接下来，试验者再将"ON"与"OFF"的按钮制成一样大小，只不过仍然是一个是红色的，一个是黑色的，继续让鸽子来啄，并仍然在鸽子啄正确的情况下进行喂食奖励，由于有了先前的经验，鸽子很快就又会"开"收音机了；最后，试验者将"ON"与"OFF"按钮制成同样大小和颜色，采用同样的策略来训练鸽子，鸽子真的会"开"收音机了，从而达到了最初设定的试验目的……

- 这个试验体现了"行为主义"的哪些教学原则？

_____

_____

_____

练习 2：请认真阅读下面这个活动描述，思考该活动体现了"建构主义"的哪些教学原则。

在初中一年级，张老师要教会学生搜索网络资源，不仅如此，张老师还希望通过一个真实的任务，帮助学生逐步学会有目的、有主见地收集和整理网络资源。于是，张老师设计了"我做教师信息助理"的任务。这个任务要求学生以小组的方式开展活动，每个小组都要选择一位老师作为对象，并了解这位老师所需信息的要求与特点，为其所教的学科提供相应的信息服务，还要为这位老师推荐一些相关网站，并说明推荐的理由。在这个任务的驱动下，张老师帮助同学们学会了如何搜索网上信息和保存网上资源。接下来，张老师设计了详细的评价表，对学生的教师采访活动、资源提供的格式等都有了明确的要求。在学生搜索网上资源、形成最终成果的过程中，张老师还提供了一些提示表单、信息整理表等供学生参考。最后的成果评价除了有学生之间的自评、互评外，还邀请了为其服务的教师，请这些教师为学生的成果做评价。在评价的基础上，张老师组织学生对整个过程进行了反思。

- 这个活动描述体现了"建构主义"的哪些教学原则？

■ 第2步 开展教学设计练习

在第1步中看到的两个教学描述，实际上是在"行为主义"和"建构主义"两种教学理论指导下的不同教学设计表现。在这一步骤中，你将在下面的情境中任选一个，分别做基于"行为主义/认知主义"和基于"建构主义"的设计练习。在设计时，请不要忘了参考"讲座篇"中的第一讲"信息化教学设计的理论基础"中相关学习理论的设计原则。

评析与提示：为什么要将"行为主义"和"认知主义"放在一起呢？一是因为这两种理论虽然有很大的不同，但它们对世界的认识本质上都是"客观主义"的，即认为世界上有真实、客观的知识存在，这是与建构主义有本质区别的；二是行为主义和认知主义对于常态化教学的影响很深，已达到很好的融合状态，从教学设计实践的角度没有必要再对具体策略的理论来源做区分。

示例情境：面向小学四年级的学生，信息技术教师要教会学生制作演示文稿。学生平时经常使用电脑和网络，信息素养比较强。

行为主义/认知主义取向的教学设计	建构主义取向的教学设计
1. 教师先向学生示范一个优秀的演示文稿，该演示文稿在设计、构思、技术方面都做得很优秀，能够激发学生的学习	1. 布置任务：学校要开展一个"我爱学习"活动，现在请班中同学观察并采访身边爱学习的同学，制作多个关于"我身边的学习榜样"

兴趣。
2. 强调本次课学习的目的——制作演示文稿,并告诉学生演示文稿的用途。
3. 一步一步地教学生制作演示文稿的技术,每教完一步,就让学生自己操作,教师在教室里巡视,遇到问题及时解决。
4. 要求学生制作一个完整的演示文稿并提交。

的演示文稿,向其他同学展示这些同学的学习热情,介绍这些同学的学习习惯与学习策略。
2. 出示:演示文稿范例,最后完成作品的评价标准。
3. 给出资源:演示文稿的制作向导(视频版)。
4. 组建小组,选出组长。
5. 建议制作流程,规定初稿和终稿的提交时间,学生在提交初稿和终稿时,根据完成作品的评价标准进行自评和互评。
6. 在"学习展示会"上,由学生来展示"我身边的学习榜样"演示文稿。

情境1:面向初中二年级的学生,数学老师要完成关于数据统计的教学内容。希望通过教学,学生能够理解数据统计的一般知识,并能够借助技术工具完成数据的收集、统计与分析工作。

行为主义/认知主义取向的教学设计	建构主义取向的教学设计

情境2:面向小学五年级的学生,语文老师要教会学生多首唐诗,并希望学生能够通过诵读等方式理解诗中文字,领会诗中意境。

行为主义/认知主义取向的教学设计	建构主义取向的教学设计

情境3:面向初中一年级的学生,地理老师希望学生了解中国的铁路交通知识,并能够将其应用到自己的生活中去。

行为主义/认知主义取向的教学设计	建构主义取向的教学设计

■ **第3步　共享与讨论**

在这一步中,请你在班级里分享自己的教学设计,并就以下两个问题进行研讨:
◇ 上述两种不同取向的教学设计的关键区别是什么?

◇ 对这两种教学设计所花费的时间、学生的学习兴趣等进行比较。

◇ 这两种不同取向的教学设计在教学效果方面会有哪些不同?

◇ 在两种不同取向的教学设计中,教师的作用会有哪些不同?

评析与提示:在两种不同取向的教学设计中,我们明显地看到了不同理论的引导作用。在行为主义/认知主义取向的教学设计之中,学生的学习是在教师主控的步骤下完成的,就知识技能而言,学习效率比较高,但学生学习的主动性受限,虽然认知主义讲求启发教学,但总的来讲仍然是以教师为中心的教学。在建构主义取向的教学设计之中,学生往往被置于一个真实情境之中,接受接近真实的任务,在学习过程中,学生将得到资源、范例、评价和学友方面的帮助,并且能够针对主题有深入的研究,有机会培养学生的综合素质。学生的学习主动性较强、学习兴趣比较浓厚,但耗时过长。因此,在我们的教学设计中,既要有"教法生态"的理念,又要根据不同的教学目标采用相应的教学模式。

活动4　了解学习目标、课程安排和课程评价

说明:优秀的教学模式有很多种,在本教材中,由于课时限制,我们将重点聚焦建构主义取向的项目学习,并以经典的主题探究框架为设计模式(该模式将在模块二中具体阐释)开展信息化教学设计。在本活动中,你将全面了解本课程的学习目标、课程安排以及课程评价,这些内容可以帮助你对本课程有一个全面的了解,更可以帮助你在日后的学习过程中清晰地自我导航,能动地调整努力的方向。

■ 第1步 了解学习目标

在本课程中,你将处于如下情境:

作为新入校的实习教师,你的带教老师希望你帮助他在自己所执教的班级中开展一次项目学习活动。为此,你需要认真地设计项目学习方案,并准备所有相关的技术文档和资源文档。

本课程旨在通过一个项目学习活动——"电子作品集的完成",帮助你领悟"以学生为中心"的教学理念,了解信息技术与课程整合的设计策略,熟悉支持教学的系列信息化工具软件。在主题探究活动"电子作品集的完成"过程中,你将有机会实践操作 Microsoft office Powerpoint、Microsoft office Word、Microsoft office Publisher、Inspiration、Snagit、绘声绘影等实用软件,并接触诸多基于"互联网+"理念的工具软件、学科 APP 和平台,从而掌握信息化环境下技术支持教学的有效方法。

下面按照知识与技能、过程与方法、情感态度与价值观三维目标表述法(该表述法在中小学教育中应用十分广泛),提炼了本课程的重要学习目标,希望你加以关注,并可以经常翻看这一页,检查自己的学习成效。

"信息化教学设计"课程的教学目标

1. 知识与技能

(1)了解教育技术领域理论与实践方面的最新发展,理解相关理论与实践对本领域的影响。

(2)掌握常用软件(如 PowerPoint、Word 等)中有助于教学应用和文字表达的功能,学会利用这些技术支持自己有意义地、有逻辑地、有深度地表达。

(3)掌握支持教育教学的关键及前沿技术(如"互联网+"技术、学科 APP、UMU),理解不同技术所能支持的教学形式。

(4)掌握必要的策略与方法,学会利用恰当的技术来支持学习过程和学习资源。

(5)将教学策略、评价策略与技术相结合,形成开发项目学习活动的能力。

(6)将教学策略、评价策略与技术相结合,形成开发数字资源(以微课程为例)的能力。

2. 过程与方法

(1)通过边学边练、边研究边学习的方式,体验技术对于学习过程与学习资源的支持,形成自学新技术的能力。

(2)通过以实际案例为支撑的教学设计活动,了解当前项目学习活动教学设计的最新发展,逐渐培养分析实际案例的能力。

3. 情感态度与价值观

(1)从"教育技术"的维度,理解"终身学习"的重要性和可能性,理解"教育技术"学科建设的重要性与可能性。

(2) 通过共享协作的实践活动,领会集体智慧的价值,增强自身在团队合作方面的投入。

(3) 通过对教育技术领域的了解与分析,获得持续关注教育技术的动力与信心。

■ 第2步 了解课程安排

我们假设本课程为3学分课程,即每个学期为18次课(其中两次课为机动时间),每次课的时间为3小时,总学习时间按48小时计算。如果课程的学分数较少,则可删减一些技术学习的内容。各个班级可根据自己的实际情况进行相应的调整。

安排课时的时候,我们已考虑到了技术学习的时间,但对于具有不同技术准备的学生而言,还需要做一定的自我调整。如果你的技术准备程度不高,需要在课余时自己安排一定的时间学习。为了帮助你快速地了解本课程中各个模块的学习内容和建议学习时间,表1-1-1呈现了各个模块的主要内容及建议时间。

表1-1-1 "信息化教学设计与实践"课程的学习安排

模块	主题	主要学习内容	主要作业	时间建议
1	了解整个课程	1. 了解教育技术的概念与内涵,理解信息化教学设计不同模式所带来的不同的教学效果; 2. 了解课程的整体安排,明晰学习目标和学习评价; 3. 创建作品集文件夹,为整个课程的学习做好准备。	准备与自己所学专业相关的某一学段的中小学教材。	3小时
2	构思项目学习	1. 了解项目学习,特别是学习以主题探究为特色的设计模式; 2. 通过浏览项目学习作品范例和评价量规,了解本课程对作品的要求; 3. 选择项目学习活动主题,设计项目学习活动的导言和任务; 4. 学习PPT软件的操作,特别关注艺术设计。	利用PPT呈现项目学习活动构思。	6小时
3	设计学习过程	1. 通过两个案例的对比,学会构建学习过程; 2. 尝试学案式的写作方法,学习构建学习支架; 3. 学习Inspiration软件,用以进行学习支架的思考练习; 4. 优化自己主题探究活动的学习过程; 5. 学习Word实用技术,用以呈现自己的主题探究活动。	利用Word实用技术来呈现自己的项目学习活动。	6小时
4	设计开发数字化学习资源	1. 学习多种音视频软件工具,收集并处理文本、图片、声音、动画、视频等多方面的素材; 2. 尝试用Publisher软件创建出版物(如新闻稿、小册子、海报等),将为主题探究活动服务的教学资源整合在一起; 3. 尝试开发微课程,为项目学习活动的资源学习提供支持。	完善出版物或者微课程。	9小时

续 表

模块	主题	主要学习内容	主要作业	时间建议
5	设计学习评价	1. 全面理解教学评价，包括过程性评价和终结性评价； 2. 专注学习一项评价工具——量规，为项目学习活动设计量规； 3. 讨论量规的常规使用； 4. 学习"问卷星"，尝试用"问卷星"为自己开展项目学习活动做问卷调查。	1. 完善自己项目学习活动的量规设计； 2. 利用"问卷星"来完成项目学习活动相关问卷调查表。	6小时
6*	了解并应用学科技术工具	1. 学习技术支持的学科教学案例，分析学科技术工具在教学中所起到的作用； 2. 分组学习、体验和实践具体的学科技术工具，并在全班展示共享； 3. 思考学科技术工具在项目学习活动中的应用。	尝试用学科技术工具来支持自己的项目学习活动设计。	9小时
7*	尝试在线教学设计	1. 了解CCtalk、UMU及其教学应用； 2. 尝试利用CCtalk或UMU将项目学习活动以在线课程的形式呈现。	1. 在UMU上编辑项目学习活动； 2. 为作品展评做好准备。	4.5小时
8	作品展评及教育技术展望	1. 展示并评价作品，评选优秀作品； 2. 展望教育技术的未来发展； 3. 回顾反思本课程的学习收获。		4.5小时

注1：表1-1-1中未呈现每个模块中的教学研讨类活动；表1-1-1是按总学习时间为48小时来安排的，当学习时间不足时，建议删减模块6和模块7，因这些部分的删减不会影响信息化教学设计整个流程的完整性。

在整门课程的学习过程中，希望你能经常翻看这一页，检查自己是否完成了所要求的学习任务，并了解后续的学习要求。

■ 第3步 了解学习评价

本门课程建议采用如下方式进行评价：日常学习（20%）、过程性的作业提交（20%）和电子作品集（60%）。请仔细研究下面的课程评价量规，看看自己怎样才能够达到优秀的标准。

表1-1-2 "信息化教学设计实践"课程评价量规

评价项目	评分依据	评分备注
日常学习（20分）	认真参与课堂练习，撰写反思博文，认真完成作业，积极参与讨论，具有良好的合作精神。	在本课程的学习中，过程性参与十分重要，这是达到课程学习目标的前提。

续 表

评价项目		评分依据	评分备注
过程性的作业提交(20分)		在每一个模块结束后,都认真完成作业,并在下一个模块开始前提交。	在每个模块后面,都有相应的作业。这些作业都是电子作品集的组成部分。并且,在下一模块都有互评作业的环节,因此,及时且认真地完成作业是重要的。
电子作品集	项目学习活动(30分)	项目学习活动主题新颖、设计合理、过程可操作性强,能够支持"以学生为中心"的教学。	项目学习活动的设计是整个作品的关键与灵魂,因此这一部分的分数也是最高的。
	技术支持(30分)	演示文稿、Word文档、出版物、微课程、问卷调查等文档(或平台)可以有效地支持项目学习活动的实施。	技术作品的完成在"过程性的作业提交"中已有了20分的权重。这一部分,是对技术作品质量的要求,看它们是否能够有效地支持教学。

注：此表呈现的只是评分框架,对于项目学习活动和每个技术支持文档,在后续模块中均有详细的评价指南。

 技术实践　课前准备

说明：在这一活动中,你将为整个课程的学习创建好作品集文件夹,并了解在学习过程中支持师生交流和个人反思的在线平台情况。

■ 第1步　建立作品集文件夹

正如你在表1-1-2中所看到的,在本课程中,你不但要设计完整的项目学习活动,还要围绕项目学习活动的实施准备一系列技术文档。为了有序地存储和整理这些文档,也为了学期结束后能够规范地提交这些文档,你需要按照图1-1-1所示的文件夹结构建立一个项目学习活动的作品集文件夹,具体文档因尚没有内容,可以先建立空文档。在整门课程的学

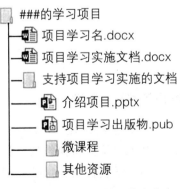

图1-1-1　项目学习活动作品集文件夹(示例)

注：在图1-1-1中,＃＃将用自己的姓名代替,"项目学习名"、"项目学习出版物"等文件名会以真实的项目学习活动名称代替,如"营养早餐"、"营养早餐宣传海报"等。

习中,你将不断地创建作品,来完善和充实这个文件夹。

■ 第2步 熟悉课程相关平台

在这门课程中,我们将会尽可能地利用信息技术手段来支持课程本身的学习和交流。这样的活动,对于你体验信息技术整合的教学会有所帮助。根据课程性质和具体要求,在课程学习之前,往往需要建设交流平台,该交流平台将有助于实现:

- 作品提交:本课程有多个技术作品的提交,如果有平台能够支持此项功能,将有助于学友之间的互评与教师的点评。
- 学习反思:在每一个模块学习完成后,本课程都安排了反思环节,此项功能将有助于你回顾并总结自己的学习体验,深化对模块学习的认识。
- 主题研讨(可选):可以在课堂之外,以远程的方式对课程中的学习主题展开研究,解决学习中的重、难点问题。

上述功能可以通过定制开发一个专有系统来实现,也可以通过选择和组合现有平台和工具来实现。在这一步骤中,请了解在这门课程中你的教师是如何准备交流平台的?

- 在哪里提交作业?

注:建议可以搭建 UMU 平台,或者利用 QQ 群、网盘,以及其他在线学习工具平台。

- 在哪里开展每个模块的反思?

注:在这门课程中,反思是必须的。除了利用博客或微博进行反思外,还可以利用 QQ 群、微信群进行。

- 在哪里开展课堂学习之外的主题研讨(可选)?

作 业

1. 为项目学习的设计准备相关的教学材料

说明:从第二模块开始,你就将借助主题探究(项目学习的一种模式)的框架结构开始设计一个项目学习活动。这一项目最好来自于你将执教的学科。为此,在下一次上课之前,请准备好你将执教学科的某一学段的中小学教材,并浏览教材中的内容。

2. 诊断自己的信息化教学能力

说明:在教育技术领域中,信息化教学能力是教师的核心能力。教育部—中国移动科研基金项目于 2015 年正式启动"师范生信息化教学能力标准研制与培养模式实证研究"项目,成立了由六所高校教育技术专家组成的核心研制工作组。历时两年时间出台了《师范生信息化教学能力标准》,并于 2018 年 6 月 29 日公布,成为各个高校培养师范生信息化教学能力的重要依据。在这个活动中,请你参加"信息化教学能力的自查诊断",思考自我提升的途径。

请根据下面的"师范生信息化教学能力测评工具"中针对各项能力的描述,判断自己的符合程度。

表 1-1-3 师范生信息化教学能力测评工具

能力维度	一级指标	关注点	描述	非常符合	比较符合	不符合
基础技术素养	意识与态度	主动学	我喜欢学习一些信息技术新应用。	□	□	□
			我特别关注信息技术在教育教学中的应用与进展。	□	□	□
		主动分享	我愿意与他人分享交流关于信息技术的应用经验和新发现。	□	□	□
		主动用	我至少有一个喜欢的在线开放课程、在线学习频道、在线期刊等,并能持续学习。	□	□	□
			我会有意识地借助信息技术手段随时随地学习。	□	□	□
	技术环境	设备	我能熟练操作教室里配置的多媒体教学设备。	□	□	□
			我能够解决多媒体教学设备应用中的常见问题。	□	□	□
		软件	我能熟练操作常用办公软件(如文字处理、演示文稿、电子表格等)。	□	□	□
			我能够熟练操作至少一种适用于本专业的信息化教学或学习辅助工具。	□	□	□
			我能够熟练应用至少一种图形/图像处理软件。	□	□	□
			我能够熟练应用至少一种音视频编辑软件。	□	□	□
		平台	我能够熟练应用至少一种信息交流工具(如 QQ、微博、博客、微信等)。	□	□	□
			我能够熟练应用至少一种网络存储工具。	□	□	□
			我能够熟练应用一种网络学习平台(如专题学习网站、Moodle、Sakai 等)。	□	□	□
	信息道德与信息安全	规范自我	我尊重知识产权,我引用他人材料时总会规范地注明出处。	□	□	□
			我具备信息安全法律意识,不会非法获取他人信息或传播虚假、黄色、暴力等不良信息。	□	□	□
		影响他人	在网络互动中,我能积极营造健康、文明的交流环境。	□	□	□
技术支持学习	自主学习	获取资源	在面对网上大量资源时,我能够甄别并筛选出所需资源。	□	□	□
			我能够追踪专业发展前沿,积累体现专业视野的关键线索(如本专业的关键人物、关键会议、关键社区、关键期刊等)。	□	□	□

续表

能力维度	一级指标	关注点	描述	非常符合	比较符合	不符合
		过程管理	我的学习或任务完成进度不会受无关信息或交流的干扰。	□	□	□
			我能够使用技术工具(如时间管理、信息管理的小软件)来加强自律。	□	□	□
			我经常利用技术工具(如云笔记、电子档案,以及其他有助于知识管理的工具)规划并记录学习过程,存储学习成果。	□	□	□
		自我反思	我能够借助信息技术工具支持理性反思。	□	□	□
	交流协作	与人交流	我能够在多种信息化环境中与学友们顺畅交流。	□	□	□
		有效协作	为促进有效协作,我能够与相关参与者共同约定清晰的协作规则(如各自责任、交流时间、应用工具、协作策略等)。	□	□	□
			我能够自觉遵守协作规则,并运用信息技术工具加强协作交流。	□	□	□
			我能够利用技术工具开展互评,促进协作效果。	□	□	□
	研究创新	批判思维	我能够运用思维工具发现有价值的问题。	□	□	□
			我能够借助技术工具对事物进行理性全面的分析。	□	□	□
		数据意识	为了论述或解释事情,我能够充分利用技术工具(如在线问卷系统、调查系统)等收集数据。	□	□	□
			我能够针对具体问题,合理运用数据处理软件对数据进行处理和分析。	□	□	□
			我能够根据数据分析的结果,做出合理的判断、总结、预测。	□	□	□
		创新能力	我能够结合具体的信息化环境,创造性地设计解决方案。	□	□	□
			我能够根据项目需要,利用技术工具设计与制作高质量的原创作品(如海报、宣传视频、数字故事、立体模型等)。	□	□	□
技术支持教学	资源准备	工具方法	我能够按照技术要求,熟练制作数字教育资源。	□	□	□
			在制作数字教育资源前,我能够从有效支持教学的角度审慎设计。	□	□	□
		有目的开发	我能够按照一定的标准,判断数字教育资源的优劣。	□	□	□
			我能够对他人制作的数字教育资源提出针对性的改进建议。	□	□	□
		系统规划	我能够有意识地规划和丰富个人数字教育资源库。	□	□	□
			我能够根据备份、分享、协作的需要,合理选用技术工具管理数字教育资源。	□	□	□
		广义资源	我知道不同类型的技术工具(包括学习网站、学科 APP 等)在为学生提供学习机会和学习体验方面的作用。	□	□	□
			我能够针对学习者的个性化学习需求合理选用技术工具。	□	□	□

续 表

能力维度	一级指标	关注点	描 述	非常符合	比较符合	不符合
过程设计		学习模型	我能够完整陈述至少两种信息化教学模式（如基于项目的学习、基于资源的学习、WebQuest、MiniQuest、混合学习等）。	□	□	□
			我能够举例说明信息技术在多媒体教室环境下是如何支持课堂教学优化的。	□	□	□
			我能够举例说明信息技术在网络环境或移动环境下是如何促进学习方式变革的。	□	□	□
		应用模型	我能够依据课程标准、学习目标、教学内容等条件，选择或整合适当的信息化教学模式。	□	□	□
			我知道如何运用教学媒体支持不同环节的教学。	□	□	□
			我的信息化教学设计方案得到了老师和学友们的认可。	□	□	□
		学习活动与指导策略	我能够举例说明信息技术在自主、合作、探究学习等方面的积极作用。	□	□	□
			我在进行信息化教学设计时，会考虑到学习者可能的不同（如水平、风格等）并提供针对性的学习建议。	□	□	□
			我能够为学习者的自主、合作、探究活动提供有价值的支持工具（如学习指南、学习流程图、思考模板等）。	□	□	□
		评价方法与工具	我能够举例说明过程性评价的理念、原则与方法。	□	□	□
			我能够依据课程标准、学习目标、学生特征和技术条件，设计能够兼顾过程性与个性化的评价方案。	□	□	□
			我能够根据要评价的内容或过程，合理选择、改造或开发适宜的评价工具（如评价量规、观察记录表、问卷等）。	□	□	□
实践储备		教学实施策略	我清晰地知道信息化教学环境中教学干预（如助学、监控、管理等）的基本原则和方法。	□	□	□
			在观课时（包括真实课堂或课堂实录），我的评课得到了大家的认可（同学、教师等）。	□	□	□
		跟踪与改进	我掌握了至少一种分析课堂教学（包括现场与实录）的方法。	□	□	□
			在他人（如带教老师）的教学过程中，我能够有针对性地观察并利用技术手段收集过程性数据。	□	□	□
			在对他人的课堂进行分析时，我能够依据收集的数据提出自己的见解和改进措施。	□	□	□
		实践教学	我能够根据事先设计好的信息化教学设计方案，在真实或模拟的教学情境中顺利实施。	□	□	□

请根据自己填写的内容，思考以下问题，并将思考结果发布在博客或微博上。

- 通过测评，你发现自己排序前三的能力项是什么？原因是什么？

- 通过测评，你发现自己排序倒数三位的能力项是什么？原因是什么？

- 通过怎样的学习、体验和实践，你才能提高自己的能力弱项？

提示：参加"师范生信息化教学能力测评"（此测评对应的是《师范生信息化教学能力标准》），是师范生了解自身准备情况、教师了解师范生差异的一次非正式诊断。这些能力需要师范生在整个四年的学习过程中培养，并不能指望通过一门"教育技术公共课"（或其他以不同名字命名的同类课程）来解决。需要注意的是，知识与技能的学习相对而言是容易的，而技术支持的教与学理念、策略与方法，则必须要通过认真学习、动手体验、情境实践、点评反思等一系列的、精心设计的活动来完成。

3. 回顾反思

说明：请在你的个人博客或微博上对本模块的学习进行回顾反思：你在哪些方面收获最大？在哪些方面还存在困惑？至少浏览并点评（回复）其他两名学友的博客或微博。

模块二　构思项目学习

◆ 概　述

在这一模块中,你将了解项目学习的理念及常见的设计模式,掌握其中的一种设计模式——主题探究模式的整体框架,以及框架中各个要素的设计要求。在本模块中,你还要基于这个框架完成自己的项目学习选题,并特别做好该选题下"导言"与"任务"两个要素的设计。

- 讲座:"项目学习及其设计模式"、"项目学习活动类别与角色"。
- 资源:"项目学习活动案例"、"PPT 设计艺术"。
- 技术:Microsoft Office PowerPoint 2019。

活动 1　共享博客反思

说明:在本课程中,我们每学到一种技术,除了用这种技术完成所要求的任务操作外,还要想一想这种技术在教学中的用途。在模块一的作业中,你已经用博客或微博进行了反思:对照《师范生信息化教学能力标准》,试想如果自己现在就到中小学执教,在哪些方面的表现会比较强,哪些方面的表现会比较弱一些? 自己在本课程中的努力方向是怎样的? 下面这段时间里,请你至少浏览两位学友的博客或微博,并与学友讨论:博客或微博可以如何支持教与学,并试着丰富表 1-2-1。

表 1-2-1　博客(微博)的教学应用

学生可以用博客(微博)做什么?	教师可以用博客(微博)做什么?
● 创办自己的特色期刊。 ● 展示自己的研究成果。 ● 持续地学习反思。 ● 收集反馈意见。 ● 记录可以公开的日记。 ● 整理自己的作文。 ● 呈现自己的研究进程。 ● _____	● 与学年组的同事们共享自己的教学叙事。 ● 组建班级圈子(或微群),让学生的家长们可以了解教室里的各种动态信息。 ● 介绍正在开展的项目概况,并持续更新。 ● 展示自己对于教育教学的思考。 ● 督促学生们练习写作。 ● 将每天的作业公布在博客上,方便家长了解。 ● 利用博客共享上课用的演示文稿,方便学生复习。

续 表

学生可以用博客（微博）做什么？	教师可以用博客（微博）做什么？
• • • • •	• 公布自己每学期的教学规划。 • • • • •

请讨论下面这个问题：

- 在教学中使用博客（微博），怎样才能避免流于形式？怎样才能发挥它的最大成效？有哪些应该注意的问题？

活动 2　了解项目学习

说明：在本活动中，我们将了解项目学习的特点、设计原则以及常见的四种设计模式。

项目是科学管理领域中的一个十分复杂的概念，从组装一台电脑到建造一座房屋，从三峡工程的施工到神舟五号的研制等，都可以看作是项目。项目一般是指在特定时间内，为了实现与现实相关联的特定目标，把需要解决的问题分解为一系列相互联系的任务，以便群体间可以相互合作，并有效组织和利用相关资源，从而创造出特定产品或提供服务，包括物质产品、创意、简报、发明或建议等多种形式。

把项目应用于教学领域，则形成了基于项目的学习方式。"基于项目的学习"又称"项目学习"（Project-based learning，简称 PBL）。项目学习强调运用学科的基本概念和原理，从真实世界中的问题出发，通过组织学生扮演特定的社会角色并借助多种资源开展探究活动，在一定时间内解决一系列相互关联着的问题，并将研究结果以作品形式展示出来。

请阅读"讲座篇"中的第二讲"项目学习及其设计模式"，思考并与学友探讨以下几个问题：

- 项目学习与传统教学形式有何区别？有哪些基本的设计原则？它的教学理论取向是怎样的？

- 四种项目学习的设计模式各有哪些独特之处?

- 请说明建构主义理论、项目学习、项目学习设计模式之间的关系。

活动 3　了解主题探究设计模式及本课程的作品要求

说明: 在本活动中,我们要对项目学习的一种设计模式——主题探究设计模式进行细致的研究。本课程的核心作品正是以此设计模式为框架来设计的。在本活动中,我们将了解此设计模式的各个组成部分,以及各个组成部分的设计要点,并通过浏览评价量规和基于此模式开发的项目学习活动范例,理解本课程对此核心作品的期待。

项目学习的形式多种多样,在实际教学过程中可以根据教学目标、项目的特点选择不同的设计模式来支持我们的设计。在本课程的学习中,我们选择主题探究设计模式作为项目学习的设计框架,之所以选择这种模式,一方面是因为这种模式得到了中小学教师(特别是国外中小学教师)的广泛认可;另一方面是因为它的设计环节比较清晰,有一定的难度,但又可以把握,并特别提倡设计中的创意,对于没有教学实践经验的师范生来讲,具有较强的适应性和可操作性,可以帮助师范生全面体验富于创新的信息化教学设计过程,掌握各个环节的设计要领。

■ 第 1 步　理解主题探究设计模式

请再次阅读"讲座篇"中的第二讲"项目学习及其设计模式",重点学习"主题探究活动模式",并回答以下问题。若有必要,你可以通过网络查找更为丰富的介绍资源。

1. 采用"主题探究设计模式"设计出来的项目学习文档,其使用对象是谁?

2. 此设计模式包括了哪几部分? 各部分的作用是什么?

注：在本教材中，为了强调根据学生的年龄层次来设计主题探究活动，方便案例评析，特别在此设计模式的框架中加入了"学生学段"部分。

3. 你对此设计模式的哪一部分印象最为深刻？为什么？

----

4. 辨析与巩固：项目学习和主题探究设计模式之间的关系是怎样的？

为了更深入地理解基于主题探究设计模式的项目学习，请你阅读"资源篇"中资源一"项目学习活动案例"中的案例1"看云识天气"，尝试归纳项目学习活动与传统教案的区别，并填写表1-2-2。

表1-2-2 教案和项目学习活动的关键要素比较

	教 案	项目学习活动
使用对象		
学习周期		
教学方式		
教师角色		
学生角色		

通过上面内容的学习，你是否已经初步了解了项目学习活动的定位和特点了呢？从表述上来讲，基于主题探究的项目学习活动文档是给学生看的，所有的内容都应该具有很强的可读性和可操作性，应相信即使没有教师在场，学生自己看着活动文档也能执行"任务"，因此需要最大程度地外化教师的隐性知识（如遇到某些情况，应该如何处理）；而教案是给教师看的，其内容是帮助教师梳理整个教学流程的，有些教师的隐性知识未必要呈现出来。

■ 第2步 了解项目学习活动的作品设计要求

通过第1步的学习，我们初步了解了项目学习活动的设计理念，接下来我们将选定一个主题开始设计之旅。在开始正式设计之前，先让我们了解本教材中对项目学习活动作品设计的要求。

表 1-2-3 项目学习活动评价量规

评价项目	优秀（3分）	良好（2分）	继续努力（1分）
导言（情境导入）	情境具有真实性，通过与学生相关的兴趣点和目标，让学生产生对本任务的兴趣。	情境可以激发学生的一些兴趣，或者描述了引人注目的问题。	情境不够生动，没有让学生产生继续研究下去的愿望。
任务设计	任务要求学生通过分析、合作、交流、综合等多种手段解决实际的问题。任务表述清晰、明了，有助于培养学生的高阶思维能力。	任务要求学生通过分析和合作等方式解决问题，任务表述虽然清晰、明了，但对高阶思维能力的关注不足。	任务要求学生通过简单的信息浏览即可解决问题。
资源	提供了合适的与项目主题紧密相关的资源（包括微课程或网络资源）。	提供了一定的资源（包括微课程或网络资源），但学生查找和使用起来不方便。	提供了极少的资源（包括微课程或网络资源），使用不便利。
过程描述	每一个活动环节都被清晰地阐述，大多数学生知道他们处在过程中的哪一步，并且知道下一步要做什么。	过程给出了一些指导，但不够清晰，学生可能对各环节之间的定位不准确。	活动环节的阐述很不清晰，学生无法借此知道自己下一步要做什么。
学习建议	提供了方便可用的各种学习支持，学生能有效地组织和管理自己的学习。	提供了少量的学习支持，支持作用不显著。	几乎没有或很少提供学习支持。
评价设计	清楚地描述了如何评价学生的学习过程和学习作品。	部分地描述了评价标准。	学生不知道自己是如何被评价的。

■ 第3步 浏览并试评项目学习活动案例

"资源篇"中的资源一"项目学习活动案例"里收录了多个案例，请你从案例1至案例8中选择3—4个案例仔细阅读，利用表1-2-3的项目学习活动量规进行评价，看看哪个案例得分最高。请与自己的学友分享这个案例，解释该案例的主要优点是什么。

活动4 选择项目学习的主题

说明：在本活动中，我们将应用主题探究设计框架来构思自己的项目学习活动。项目学习活动需要从主题的选择入手。从前面的活动中，我们已经看到了优秀案例都有一个有趣、实用的主题，且都有助于促进学生的学习与认知，提高学生的高阶思维技能。选择主题的过程就是项目学习的构思过程。主题的选择非常重要，在后续的学习中，我们将以选择好的主题为线索开展项目学习活动各个部分的设计。那么，什么样的主题才是好的主题呢？以下是几条"好主题"的设计和评价标准：

- 与学生的年龄层次相适应。显然，小学生和高中生在认知起点和技能储备情况上都有较大的区别，我们选择的主题一定要在认知和技能上符合学生的水平，位于学生的最近发展区。同一主题在面向不同学生时，探究的重点或过程的设计都会有较大的区别。
- 给学生以真实的情境和真实的挑战。真实的情境和挑战并不是指真实的物理环境，而是侧重关注学生在认知上的"真正"的挑战。所以，我们设计的探究问题和任务都要尽量接近真实世界中的情境。
- 能够激发学生的学习兴趣。托尔斯泰说过："成功的教学所需要的不是强制，而是激发学生的兴趣。"唤起学生强烈的求知欲望并使学生在愉悦的氛围中学习是教学成功的关键。
- 要有认知难度，避免"零认知"风险。所谓"零认知"，是指所选择的主题没有认知挑战，学生可以不学习任何知识技能就能完成任务。项目学习活动一定要使学生有机会学习知识和解决问题，主题选择上要避免片面强调学习兴趣而陷入"零认知"的误区。

如何选择一个好的主题呢？以下方向可以帮助你寻找切合的探究主题：

- 从教材入手。在模块一的作业中，你应该已经准备了自己未来所教学科的中小学教材，你可以从教材中寻找主题灵感。
- 从课程标准入手。课程标准是教学指导性文件，它对于课程的基本理念、课程目标、课程实施建议等几部分进行了详细、明确的阐述，特别提出了面向全体学生的学习基本要求。请在网上搜索最新的学科课程标准，从中寻找主题线索。
- 从日常生活入手。在日常生活中，我们会发现一些值得探究的问题，这也是开展项目学习的主题来源。请浏览"讲座篇"中的第三讲"项目学习活动类别与角色"，获得主题选择的灵感。

现在，请你花20分钟的时间，为自己的项目学习活动选择一个值得探究的主题。可能你对该主题的构想还不够完美，不要紧，在学习下一个模块之前，你都可以修改这一主题。

你选择的项目学习主题是：

主题要设计得好，一定要对整个项目学习活动的设计有基本构思。主题的表述本身就可以看出你的构思是否成熟。表1-2-4呈现了修改前、后的主题表述，请认真体悟。

表1-2-4　修改前后的主题表述对比

序号	修改前表述	修改后表述	学生学段
1	婉约宗主——李清照	婉约派是怎样炼成的	初中二年级
2	英语语法学习另类视角与探究	语法家教训练营	高中三年级
3	如何为诗歌配画	诗画交换空间	小学四年级

续 表

序号	修改前表述	修改后表述	学生学段
4	放飞心情,轻松上路——学会与压力斗争	竞聘心理解压师	高中二年级
5	见证奇迹	家庭中的化学小实验	高中一年级
6	中国地域文化景观	地方形象大使竞聘会	小学高年级
7	职业生涯规划	我理想中的职业	高职

评析：比较一下"修改前"与"修改后"的主题表述,相信你一定会发现"修改后"的主题表述更明确,也更能吸引学生。在刚刚接触项目学习活动的时候,很多人设计主题时会陷入以下几个误区：

- 内容不明确。有的同学在设计项目学习活动主题时,只简单地写一个名词,如"婉约宗主——李清照"、"中国地域文化景观",但这个主题到底要表达什么却不明确。同时,这样的主题名称,也往往(虽然不绝对)暗示着这些项目学习活动对于如何提升学生的高阶思维能力还没有过多的思考,也许只是满足于学生对于知识的了解与堆砌。而当我们将这些主题表述改为"婉约派是怎样炼成的"、"地方形象大使竞聘会"时,就有可能将思维层次从"知道"和"了解"提升到"应用"、"分析"、"综合"和"评价",也为生动、丰富、有意义的活动设计创造了空间。

- 缺乏趣味性。既然希望学生们主动探究,主题当然要有趣、有吸引力。上述各个主题名称在修订前都缺乏生气,如"英语语法学习另类视角与探究"这一主题本应该是学士或硕士论文的题目,显然不适合由高中生去做探究。改为"语法家教训练营"后,趣味性增加,更关键的是主题用意更为明确,暗含着"学生为做英语家教,要参加一个训练营"的意思。主题"如何为诗词配画"的修改借用了有名的电视节目"交换空间"的名称,在内容不变化的情况下,增加了主题的趣味性。

- 主题范围宽泛。项目学习是有"始"有"终"的,因此,它应该是可以通过一个主题,几个任务来完成的。"地域文化景观"和"职业生涯规划"这两个主题都存在这样的问题。主题过于宽泛,往往是由于设计者自身的思路还没有理清晰,需要进一步思考,使主题聚焦。

- 过于追求新奇。我们在设计主题时,要考虑趣味性,但这里也有一个"度"的问题。不能够为了追求趣味性,丢失了主题意义。如"见证奇迹"这一主题就完全让人不知所云,而改为"家庭化学小实验"则将设计者原来的意图呈现了出来。

- 教学目标外显。在项目学习活动中,教师的"教学目标"是通过一个有趣而又有意义的项目来实现的,而这个教学目标是什么,并不需要学生知道,或者是放在"总结"部分来让学生知晓的。如教师希望通过教学让学生们"放飞心情,轻松上路——学会与压力斗争",但如果将这个目标明示,不但缺乏趣味性,还会让学生们产生一些心理预期和心理暗示,影响教学目标的真正达到。而如果将"教学目标"后隐,抛出一个有助于实现这一目标的项目学习活动,如"竞聘心理解压师",学生们在完成项目的过程中,自然要学习很多心理问题辨识与应对的方法,最终达到预期的"教学目标"。因此,在设计项目学习活动主题时,要学会将"教学目标"内隐,而将"任务目标"外显。

之所以在设计时存在以上误区,关键是设计者对于项目学习的特点还不清晰,建议多看看优秀的案例。当然,仅仅有一个好的主题还不够,到底项目学习活动能不能引领学生达到好的学习效果,还需要各个组成部分均能设计到位。

你想修改自己的主题吗?修改后的主题名称是:

......

活动5 设计项目学习活动的导言

说明:在这个活动中,你将练习设计导言,并为自己选择的项目学习活动的主题设计一个能够激发学生学习兴趣的导言。

导言需要将项目完成的背景或环境展现出来,即呈现项目开展的情景,并可以简单交代学生即将扮演的角色和需要达到的目标。设置导言的目的是唤起学生先前的学习储备,提高学习兴趣,形成学习期待,帮助学生以高度兴奋的状态进入探究活动,因此,导言必须有趣且富有吸引力。要达到这样的目的,我们可以通过将项目的设计与学生的真实生活相关联,或者给学生设置一定的角色,例如导游、教师、演说家、推销员等,借助角色扮演活动调动学生参与的积极性,为学生提供良好动因。

在设计导言时可以参考"情境—对象—角色—目的"框架:
- 情境:在什么样的背景下开展这个项目,它的意义是什么?
- 对象:这个项目的服务对象是哪些人?
- 角色:学生们在这个项目中扮演什么角色(如警官、律师、法官、文学评论家、候选人、演说家、推销员、政治家、导游、新闻广播员、目击者、教师……)?
- 目的:开展这个项目的目的是什么?

在设计导言时,以上框架就是一个非常好用的工具,下面请看看我们是怎样使用这个工具的。

例:

主题:婉约派是怎样炼成的
- 情境:××市文联要举办一次婉约派词作评选,很多人跃跃欲试。
- 对象:词作评选的评委
- 角色:参赛选手
- 目的:通过研读李清照的作品,自作古词,获得评委的认可。

导言:宋朝的婉约派词作影响至深,在弘扬传统文化的背景下,××市文联将举办一次婉约派词作评选活动,众多古诗词爱好者跃跃欲试。李清照的忠实粉丝自然也不能错失这样的机会。在这一活动中,你将化身李清照的粉丝团成员,携自己的作品参赛向"偶像"致敬!这可不是一件容易的事情,做好准备了吗?开始我们的婉约派修炼之旅吧!

表 1-2-5 中呈现了几位师范生在刚刚接触项目学习活动时所设计的导言内容。和很多初学者的设计一样,这些导言内容平铺直叙,缺乏吸引力,甚至只是知识性的描述,让学生在刚一接触这个项目学习活动时就感觉索然寡味。请试着去修改原有的导言设计,使之更具有情境感、更有吸引力,并能为后续任务的提出做好铺垫。

注:如有必要,可以同时修改主题表述。

表 1-2-5 导言修改练习

项目	主题	导言	修改后的导言
一	自转与时间 (初中二年级)	大家都知道,我们生活的地球并不是静止不动的,它在不停地自转和公转。因为地球的自转有了白天和黑夜;因为地球的公转有了春夏秋冬四季。事实上,随着纬度的变化,地球上不同地区的时间也有区别。本专题我们将查找并记录地球自转对时间所产生影响。	1522 年 9 月 6 日,航海家麦哲伦和他的继承者历尽千辛万苦,终于完成了第一次环球旅行。当他们踏上西班牙海岸时,却发现了一件惊人的事情,航海家日记上明明写着这一天是 1522 年 9 月 6 日,在西班牙日历上却是 9 月 7 日。这是怎么回事呢?这个问题一直困扰着当时的人们。为什么会丢了一天呢?这一天丢在哪里?现在请你来帮他们解开谜团吧!
二	营养早餐 (小学四年级)	本活动主要学习如何配置营养早餐食谱,制作营养早餐。	
三	中国地域文化景观 (小学高年级)	中国是一个地域辽阔、历史悠久的多民族国家。在长期环境和人文因素的作用下形成了多种多样的地域文化。在本课题的学习中,你将与同学进行小组学习与讨论,并展示学习成果。相信你们一定会有许多惊奇的发现!	
四	我理想中的职业 (高中二年级)	每个人都有自己的特点,每个职业也有自己的要求。同学们,你知道自己的特点吗?你长大后想从事什么样的职业呢?通过本活动,你将会对它们有更具体的了解。	

评析: 需要注意的是,"情境—对象—角色—目的"这一框架只是一个工具,在设计具体的导言时,并不是每个要素都要用到,只要能够达到导言设置的目的就可以了。

现在就请你为自己的项目学习活动设计和撰写导言吧。

学生学段:

我的主题:

我的导言：

_____

_____

活动6　设计项目学习活动中的任务

说明：在这一活动中，你将了解任务设计的要点，讨论修改一些不合适的任务设计，并完成自己项目学习活动的任务设计。

任务是对学生在项目学习活动中要达到目标的清晰描述。在项目学习活动中，任务可能是：一系列必须解答或解决的问题；对所创建的事物进行总结；阐明并为自己的立场辩护；具有创意的工作；任何需要学习者对自己所收集的信息进行加工和转化的事情；等等。需要特别注意的是，在项目学习活动中的"任务"经常是完成某种产品或绩效，并通过"产品"或"绩效"类的任务将要解决的问题或能力的提升等涵盖其中。

为什么项目学习活动中的"任务"经常是产品或绩效呢？真实世界中的任务解决路径从来就不是唯一的，往往从不同的角度入手就会有不同的解决方案。学生在完成任务的过程中扩展并加深了自己针对某一主题的知识技能与理解，从而使完成任务的路径充满了创造性与个性特征。如果这种创造性和个性特征不通过一个有形的产品或绩效外化出来，个人的知识与能力获得便缺少了一个必要的深化环节，其他学生便缺少了一个共享学习的机会，教师也就缺少了衡量学习成果的途径。当然，针对不同的主题和不同年龄段的学生，任务的设计也不绝对指向产品和绩效。

那么，什么是产品，什么又是绩效呢？简单地讲，产品是实物的，而绩效则是非实物的，绩效的英文是"Performance"，也译为"表现"。通过表1-2-6，我们可以较好地理解主题探究活动中的产品与绩效。

表1-2-6　产品与绩效示例

	产　品
报告	历史研究报告、科学研究报告、政策建议等。
设计	产品设计、家居设计、建筑设计、校园设计蓝图、交通运输方案等。
建造	模型、机器、陈列品、立体模型。
文章	给编辑部的信、为报纸杂志撰写的专栏、书评、影评、自编的故事等。
艺术表达	陶器、雕塑、诗歌、海报、卡通、壁画、拼画、油画、歌曲写作等。
印刷媒体	实地考察指南、社区历史手册、公共服务告示、历史剪贴簿、照片时间表、调查文献、导游手册。
电子媒体	视频日记、照片日记、电子书、演示文稿、动画/卡通。

续 表

	绩　效
演示	有说服力的建议、鼓舞人心的演说、辩论、讲座、研究报告、新闻广播。
示范	科学实验过程、具体的运动技能、指导他人。
表演	舞蹈、竞赛、讲故事、戏剧、广播、演出。
模拟	模拟审判、再现历史事件、角色扮演。

此外，从人员配备的角度来看，学习任务的完成方式是多样的，既可以是学生独立完成，也可以是小组合作。对于较为复杂的任务，还可以将任务分解，由多个小组并行合作完成。

■ 第1步　浏览并尝试修改项目学习活动中的任务设计

在这一步骤中，请先浏览表1-2-7中对已有任务设计的点评，仔细揣摩任务设计的原则。为了帮助大家了解任务描述的背景，表中也呈现了该任务所处的项目学习活动"主题"名称，不过需要注意的是，这些名称未必是合适的。在浏览了已修改好的任务后，请与学友讨论修改其他任务描述。

表1-2-7　任务描述与修订

主题	原任务描述	点评	修改后任务描述
存款利息与利税（高中一年级）	了解存款利息与利税之间的关系；掌握存款利息与利税的计算方法；从实践中学数学、用数学，激发学习数学的积极性，提高应用数学知识解决实际问题的能力。	这是一个"教学目标"，而不是一个具体的任务。在主题探究活动中，为了提高主题探究的兴趣，"任务驱动"是一个核心方法，应尽可能通过有效的任务，帮助学生达到教师心中预期的教学目标，而不是将教学目标直接呈现出来。同时，"主题"的设计也缺乏一定的吸引力。	作为银行咨询人员，你要为客户制作一个关于存款利息与利税常识的宣传手册。
设计校园垃圾桶（初中三年级）	学生要综合运用已学的相关物理、化学、数学、美术、语文等知识，设计一个垃圾桶，并以图纸、手工模型等可视的方式展示出来。	项目学习活动以学生为中心开展设计，因此在用语上是以和学生对话的方式来表述的。在这个任务设计中，教师的立场是站在"第三方"的视角，非常客观，但不免给人一种冷冰冰的感觉。而且，也没有脱离教学目标的写法。	你要用图纸和手工模型的方式来展示为校园设计的新垃圾桶。（这个项目学习活动面向的是高年级学生，因而这个活动是不合适的，即使经过了"任务"修改也仍然改变不了总体情况，因为学生在探究过程中受到的认知挑战太小了。如果是改为面向小学低年级学生就会比较好）

续表

主题	原任务描述	点评	修改后任务描述
人际沟通技巧（初中一年级）	任务一：查找资料，了解人际沟通的相关技巧； 任务二：3—5人组成小组，拟定一个与人际沟通有关的活动方案； 任务三：各个小组通过角色扮演模拟活动情景，体验活动； 任务四：做一个长约5分钟的个人主题演讲。	任务的表述应是面向结果的，而不应该面向过程。在这个主题探究活动中，作者将整个学习过程都搬到了这里，显然是不合适的。另外，任务与主题之间的对应度不高，对最终任务的表述也不够清晰。	作为人际沟通的咨询专家，你们要做到：(1) 为低年级的同学准备一份关于"如何与同学友好相处"的行动指南；(2) 为宣传和推广这个行动指南准备一个不超过5分钟的演讲。
你了解辐射吗？（初中一年级）	在现代社会中，我们跟电脑、手机形影不离，家里的家用电器或多或少也会产生辐射。那么，我们一起来做防辐射小卫士吧！在这场与辐射的较量中，你需要通过查阅资料了解以下三个问题： 1. 家庭中什么设备具有辐射？它们的辐射指数分别是多少？ 2. 辐射对人有什么危害？少量的辐射是可以忽略的吗？ 3. 怎样预防和减少辐射？每种方法各自的原理是什么？ 在搜集资料过程中，我们要发扬团结互助的精神。大家可以通过分组合作的方式完成，每个小组成员可以根据自己的兴趣，有选择性地查找一个题目，各小组成员再将个人所搜集的资料与其他小组成员进行交流，形成自己小组的资料库。		
教室大改造（小学四年级）	1. 我是设计师：在小组活动之前设计师们都有1—2课时的时间去构思自己的教室设计方案，并查找相关资料，做出记录；在整个设计创造活动中，有设计、反思学习记录。		

续 表

主题	原任务描述	点评	修改后任务描述
	2. 超牛合作团：小组成员分工协作，通过头脑风暴等方法，共同设计一份"教室大改造"的设计书和草图，并在最终团队间的相互交流展示后，反思修改，然后提交给系统。		
看电影，学英语（高中二年级）	1. 组内交流：4—5 名同学组成一组，在组内用英语交流自己喜欢的英文电影。 2. 海报制作：找出你们小组成员共同喜欢的一部电影，制作一张电影中英文海报，并向其他同学宣传你们喜欢的电影。 3. 配音表演：制作电影中自己喜欢的一段剧情，小组成员分角色给电影配音。		

■ 第 2 步 设计自己的项目学习活动任务

在这一步骤中，请你根据前面所拟定的主题和导言，设计你的探究任务，并与学友讨论修改。注意体现如下"好任务"特征：
- 面向结果而不是面向过程。
- 具体、清晰、简洁并具有可操作性。
- 给学生以真实的情景和真实的挑战。
- 能够激发学生的学习兴趣。
- 能够使学生有机会学习知识和解决问题。
- 能够有效地引发学生应用高阶思维技能。

在这里需要注意的是，有效引发学生应用的高阶思维技能可能包括以下八个方面：
- 比较、鉴别、阐明事物之间的类似之处和不同之处。
- 根据事物的属性和特征，将它们分类。
- 通过观察和分析，归纳出一般化的原理。
- 通过给定的原理和法则，推论出未知的结果。
- 找出并阐明自己和他人思维中的错误。
- 对每一个观点和看法，都要给出支持的论据。
- 找出庞杂的信息下面隐藏的规律和模式。

- 能够确定并阐明自己对问题的看法。
- 你的项目学习活动中的任务描述是怎样的?

- 在你的任务中,学生们有机会发展哪些高阶思维?

 技术实践　利用 PPT 呈现项目学习活动构思

说明: 在本模块中,你已经对自己要设计的项目学习活动有了一个初步的构思,请运用 PPT 将这一构思呈现出来。

■ 第1步　利用"大纲视图"策划自己的演示文稿

在所有的多媒体项目中,如我们现在要做的多媒体演示文稿,都需要仔细地规划和准备。在演示文稿中,大纲视图就是帮助大家来做规划的。在创建演示文稿时要注意从大纲视图着手,这是一种科学的创建方法,将有助于你将注意力集中在演示文稿的内容上。至于其他润色效果,请在后期完善时再予以考虑。请注意:使用各种效果的目的是为了增强内容的表达力与解释力,形式是为内容服务的。应用技术的教师们永远要记住:"一堂课是否精彩,关键是教师而不是工具!"

在下面的步骤中,你将先学习演示文稿中大纲的使用,然后再根据本模块对演示文稿内容的要求——呈现项目学习活动构思,自行设计大纲。

1. 演示文稿中大纲的使用

① 启动 Microsoft Office PowerPoint2019(以下简称 PPT),如图 1-2-1 所示,将界面切换到"**视图**"选项卡中的"**大纲视图**"界面。

② 在"**大纲视图**"界面中,开始输入演示文稿内容。

③ 输入的内容会自动作为新幻灯片的标题,回车后,会自动生成一个新的幻灯片。

④ 如果想在幻灯片标题下输入内容而不是新建幻灯片,单击**鼠标右键**选择"**降级 ➡** "(或 Tab 键)。

⑤ 添加适当的文本。每按一次**回车键**,都会创建一个新的项目符号。

⑥ 当输入最后一个条目后,按**回车键**,然后单击**鼠标右键**选择"**升级 ⬅** "(或 Shift+

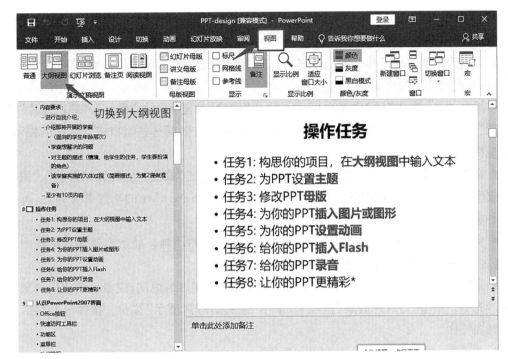

图 1-2-1　Microsoft Office PowerPoint2019 中的大纲视图界面

Tab)来添加一张新的幻灯片。

⑦ 如此反复,就可以完成演示文稿内容的输入了。

2. 构思大纲内容

在本模块前面活动的学习中,你已经对自己要设计的项目学习活动有了一个初步的构思,现在请用 PPT 中的大纲视图将你的构思简单勾画出来。注意,这个演示文稿是用来向你未来的学生介绍这个项目学习活动的。演示文稿至少需包含 10 页内容,在内容方面应包括(顺序可自行调整):

- 进行自我介绍。
- 介绍开展这个项目的背景(意义)。
- 介绍即将开展的项目(包括主题、导言以及任务介绍)。
- 该项目实施的大体过程(为模块三的学习做准备)。

■ 第 2 步　完善并润色演示文稿

在编辑、完善演示文稿的内容后,你可以考虑增加一些特殊效果。但要注意每项效果的作用都应该是增强内容的表现,过多的声音和图片反而会妨碍演示文稿表达的效果。

- 为 PPT 设置主题样式:单击"**设计**"选项卡,在"**主题**"功能区选择相应的**主题样式模板**,还可以在"**变体**"功能区中调整**颜色**、**字体**、**效果**以及**背景样式**,使模板的设置更符合你的要求。

- 为 PPT 设置母版：单击**"视图"**选项卡，可以通过**"幻灯片母版"**设置不同幻灯片样式的布局和字体格式，形成不同的版式。
- 设置个别文字的字体、颜色、字号等：选择要改变的文字，使用**"开始"**选项卡中的**"字体"**选项来改变文字的格式。
- 插入图像：单击**"插入"**选项卡，通过点击**"图像"**功能区中的**"图片"**、**"联机图片"**、**"屏幕截图"**或**"相册"**按钮，会得到相应的弹出窗口或对话框，根据这些窗口或对话框的提示，完成相应操作。
- 在幻灯片上绘制图形：单击**"插入"**选项卡，通过点击**"插图"**功能区的**"形状"**、**"图标"**、**"3D 模型"**、**"SmartArt"**或**"图表"**，可以绘制图形。其中，SmartArt 的功能非常强大，可以画出多种类型的逻辑图形。
- 自定义动画：你可以在每张幻灯片上都加入有趣的动画。显示你要加入动画的幻灯片，通过**"动画"**选项卡可以自定义动画的效果。
- 录制幻灯片演示：你可能希望在幻灯片放映时能加入解说词，或者也希望同时录制动画和激光笔。单击**"幻灯片放映"**选项卡，单击**"录制幻灯片演示"**按钮。按弹出的对话框进行选择和操作。

注：为了录制解说词，计算机必须有声卡和麦克风。

- 排练计时：为了让幻灯片定时播放，单击**"幻灯片放映"**选项卡的**"排练计时"**，把演示文稿按照你认可的时间从头至尾地播放一次，即可将每张幻灯片的播放时间记录下来。你能在**"幻灯片浏览"**视图中看到每张幻灯片的定时时间。
- 在 PPT 中插入 Flash 动画：
- 选择**"开发工具"**选项卡，点击**"控件"**功能区中的**"其他工具"**按钮 （如图 1-2-2 所示）。

说明： 默认情况下，系统不显示**"开发工具"**选项卡，让其显示的方式为：打开**"文件"**选项卡，单击**"选项"**，弹出**"PowerPoint 选项"**对话框，在**"自定义功能区"**和**"主选项卡"**下，选中**"开发工具"**复选框，并将其添加到**"主选项卡"**。

图 1-2-2　PPT 中的开发工具选项卡

- 从下拉列表中选择**"ShockWave Flash Object"**选项，确定。
- 此时鼠标变成**"+"**形状，在幻灯片页面上画出适合大小的矩形区域，也就是播放动画的区域。
- 单击**"控件"**上的**"属性"**按钮，在弹出的**"属性"**对话框中的**"Movie"**中输入扩展名为

".Swf"的文件路径及名称,还可调整**"Playing"**、**"Quality"**、**"Loop"**等其他属性。

■ 第3步 让你的PPT更精彩

从顶尖级国际学术会议,到一线中小学校的课堂教学;从决定上千万元投资项目的论证报告,到决定命运的5分钟求职演说PPT,无论人们是否意识到,PPT设计得是否精彩已经极大地影响到讲演者和听众的学习和工作。那么,怎么才能设计出来优秀的PPT呢?在这一步骤中,我们将通过对文字、图片和动画的艺术设计,让自己的PPT更精彩。

1. 文字的设计艺术

文字是PPT页面的重要组成部分。无论在何种视觉媒体中,文字和图片都是PPT两大构成要素。PPT中文字排列组合的好坏,直接影响着PPT页面的视觉表达效果。因此,PPT的文字设计是增强视觉传达效果、提高PPT作品的诉求力、赋予版面审美价值的一种重要构成技术。文字的设计要满足以下几点:

① 提高PPT中文字的可读性。PPT制作中的文字应避免繁杂零乱,使人易认、易懂,切忌为了设计而设计,忘记了文字设计的根本目的是为了更有效地传达作者的意图,表达设计的主题和构想意念。

② PPT文字的位置应符合整体要求。PPT中文字在画面中的安排要考虑到全局的因素,不能产生视觉上的冲突。否则,会使画面主次不分,很容易引起视觉顺序的混乱,有时候甚至一个像素的差距也会改变你整个作品的味道。

③ PPT中文字在视觉上应给人以美感。在视觉传达的过程中,文字作为PPT页面的形象要素之一,具有传达感情的功能,因而它必须具有视觉上的美感,能够给人以美的感受。

文字的设计主要包括字体的选择、文字的颜色、文字的造型等方面。

(1) 字体的选择

一般大家在制作PPT课件时使用的都是WINDOWS自带的字体,也就是宋体、黑体、楷体等常见字体,虽然字形本身变化不多,但每种字体都有自己的风格,都有适合的场合。先介绍几种常见的字体风格。

宋体:风格典雅、工整、严肃、大方,延展出"标宋、书宋、大宋、中宋、仿宋、细仿宋"等字体,种类繁多,差别不大。通常用于正文。

黑体:朴素大方、笔画单纯、结构严谨、引人注目,具有浑厚凝重的气度,是印刷界中较为稳重、醒目的标题字,实用性很强。由不同的粗细延展出"中黑、平黑、细黑"等字体。一般常用于内文标题、封面和广告设计,具有现代感。在这里,要特别说一下微软雅黑,对应的是兰亭黑,微软雅黑比一般黑体更清晰、更好看、更明亮,一般适用于标题文字。

隶书:字形略扁近乎于方,整篇看来具有流动性,笔画生动,造型优美,可以用来做标题,但做投影时要慎用。

楷体:古朴秀美、历史悠久、字体温和。现在的儿童读物大多用楷体。书法界中的楷体气象万千,几乎每位书法大家的楷体都独具个性。但发展到电脑里的字体稍显呆板。一般用来点缀,不用于正文,尤其是投影时要慎用。

这些都是比较常用的字体,还有一些比较新式的字体,如方正静蕾、方正正黑、方正粗雅宋、方正喵呜等,图1-2-3所示的是它们各自的字体和所展示的风格。

图1-2-3 其他字体

市面上字体很多,我们要如何来选择合适的字体呢？一般是根据学科属性和文字功能来选择,学科属性可以指导字体风格的选择,而文字功能则是要求使用不同的字体来区分。建议在一个PPT中最多不要使用超过三种文字,现在提供给大家几种常见的字体搭配方式。

安全的搭配：微软雅黑＋黑体,这种搭配方式是最安全的搭配,且适用于各种类型的PPT。这样的搭配既不会因字体搭配出彩,也不会减分,虽然有点单调,但比较安全和百搭(如图1-2-4所示)。

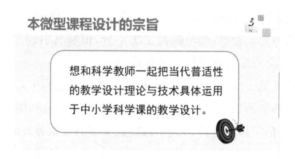

图1-2-4 微软雅黑＋黑体的搭配

庄重的搭配：方正粗宋简体＋黑体,这种搭配适合于政治、历史等比较严肃的话题或者理论性比较强的知识(如图1-2-5所示)。

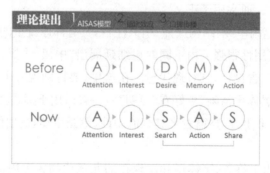

图1-2-5 方正粗宋简体＋黑体的搭配

商务的搭配：汉仪综艺简体＋黑体/汉仪菱心简体＋黑体，这两种搭配有棱有角，艺术感强，常在广告海报、综艺节目等标题中出现，适合社会性话题（如图1-2-6所示）。

图1-2-6　汉仪综艺简体＋黑体/汉仪菱心简体＋黑体的搭配

优雅的搭配：方正粗倩简体＋黑体，这种搭配温和圆润，稳重而不呆板，适合表现较轻松的话题（如图1-2-7所示）。

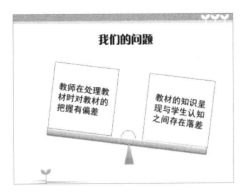

图1-2-7　方正粗倩简体＋黑体的搭配

活泼的搭配：方正少儿简体＋黑体/文鼎习字体＋方正喵呜体，比较可爱活波，可以表现俏皮的语言，适合表现学前教育等相关内容（如图1-2-8和图1-2-9所示）。

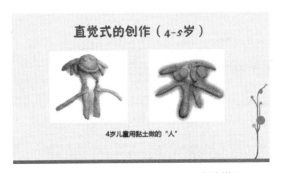

图1-2-8　方正少儿简体＋黑体的搭配　　　　图1-2-9　文鼎习字体＋方正喵呜体的搭配

国风的搭配：方正苏新诗柳楷简体＋方正北魏楷书简体/叶根友刀锋黑草＋楷体，这两种搭配具有强烈的中国风，适合表现古诗词和文言文等内容（如图1-2-10和1-2-11所示）。

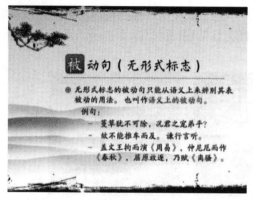 

图 1-2-10　方正苏新诗柳楷简体+方正北魏楷书简体的搭配　　　　图 1-2-11　叶根友刀锋黑草+楷体的搭配

(2) 字体的下载和安装

目前市面上有很多字体下载的网站,大家通过网络就可以很方便地找到自己需要的字体。以下是可供大家参考的几个网站。

图 1-2-12　嵌入字体的第一种方式

- 搜字网:http://www.sozi.cn。
- 站长素材—字体:http://font.chinaz.com。

- 字体下载大全：http://www.ztxz.org。

安装字体只要将后缀名为".tff"、".ttc"、".otf"的字体文件复制到电脑的字体库中即可。字体库可在控制面板中找到。

自己电脑上的字体如何在其他电脑上正常显示呢？这就需要嵌入字体。有两种方法，一种是在 PowerPoint 中，打开**"文件"**选项卡，单击**"选项"**命令，打开**"PowerPoint 选项"**对话框，单击**"保存"**选项，勾选**"将字体嵌入文件"**（如图 1-2-12 所示）；另一种是将文字另存为图片，方法如下：选中文本，鼠标右击，复制，在目标位置鼠标右击，选择**"粘贴为图片"**即可（如图 1-2-13 所示）。

图 1-2-13　嵌入字体的第二种方法

(3) 强化文字对比

我们一般采用加粗标红的方式突出关键字，还有其他的方式，以下介绍五种强化文字对比的方法。

方法一：大小对比。一般使用大字强调内容，小字详细陈述，字号大小除提示主次层次以外，还可突出情感的倾向。一般正文文字不要小于 20 号，标题文字除了特殊表达外，不要超过 40 号（如图 1-2-14 所示）。

图 1-2-14　大小对比

方法二：粗细对比。通过字体的粗细对比来凸显重点内容，但要注意有些字体本身就已经够粗，如汉仪菱心简体，一旦再加粗反而降低了可读性（如图 1-2-15 所示）。

图 1-2-15　粗细对比

方法三：色彩对比。通过颜色的对比来凸显重要内容，在颜色的选择上需要选择对比度较强的颜色（如图1-2-16所示）。

图1-2-16　色彩对比

方法四：纹理对比。通过设置字体纹理的不同来区别，在纹理的选择上要尽量与主题风格一致（如图1-2-17所示）。

图1-2-17　纹理对比

方法五：方向对比。通过横纵字体的表现形式来区分，进行对比，但这种方式在排布上要注意，不要影响可读性，否则反而会成为妨碍，影响展示的效果（如图1-2-18所示）。

图1-2-18　方向对比

(4) 少即是多

在制作 PPT 课件时切忌一股脑地将很多文字内容都放上去。PPT 不是书本,呈现文字的内容并不是主要的。所以在制作 PPT 时,需要对文字进行提炼与概括。

方法一:剥离次要信息。尽量用最少的字数表达内容,PPT 课件上要呈现的就是概括性的知识点。如果真的无法精简,那么可以选择分页来进行呈现(如图 1-2-19 所示)。

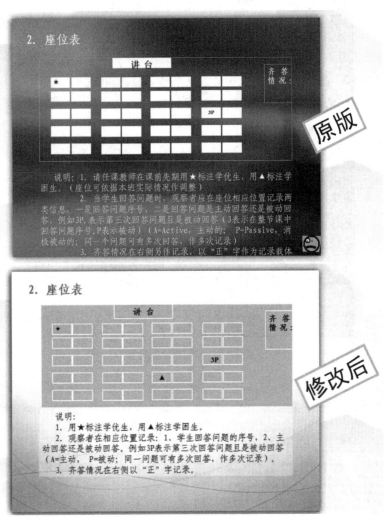

图 1-2-19 剥离次要信息

方法二:提取关键字。我们在制作 PPT 时,总是习惯用很多话语进行表达,但这会显得繁杂,有的时候就需要用简单的语言将关键词提取出来(如图 1-2-20 所示)。

方法三:要点图表化。比精简字句更重要的是,归纳以简化表达,并配合简单的图示图表,这样会使得内容一目了然,逻辑清晰(如图 1-2-21 所示)。

图 1-2-20 提取关键字

图 1-2-21 要点图表化

(5) 字体造型

其实文字还可以有很多种表现形式,可以设置成各种造型。

方法一:词云图。可以利用词云生成工具来生成词云图,例如 Tagxedo Creator 软件,虽然目前只有英文版,但是它支持中文,能生成中文词云图,并且还可以自定义形状(如图 1-2-22 所示)。

图 1-2-22　Tagxedo Creator 软件

方法二：妙用合并形状。合并形状是通过形状之间的相互处理，如剪除、拆分等，来得到新的富有创意的形状。合并形状在绘图工具的格式里可以找到，具体的原理如图 1-2-23 所示。

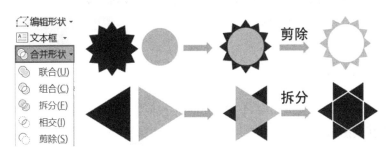

图 1-2-23　合并形状

案例——文字分体效果，使用合并形状里的拆分功能（如图 1-2-24 所示）。

图 1-2-24　文字分体效果

案例——文字图片填充，使用合并形状里的拆分功能（如图 1-2-25 所示）。
案例——镂空文字效果，使用合并形状里的剪除功能（如图 1-2-26 所示）。

图 1-2-25　文字图片填充

图 1-2-26　镂空文字效果

2. 图片的设计艺术

除了文字以外,图片是 PPT 中一个很重要的组成元素,图片是我们思想的一种可视化表现,可以用来烘托氛围、表达情感、补充说明……在 PPT 设计中,图片的重要性以及好处不言而喻。

(1) 图片的创意

既然我们在 PPT 中使用图片已经成为习惯,那我们到底需要怎样的图片呢?有几种特殊的图片类型,可以根据自己所要表达的内容进行相应的选择。

- 漫画:有趣的可视化思维,具有较强的讽刺性或趣味性。
- 符号:21 世纪网络语言,趣味性强。
- 表情:传递心情,活跃气氛。
- 照片:表现实际过程,贴近生活。
- 图形:表达特殊含义。

图片的获取可参考"资源篇"中资源二"PPT 设计艺术"。在这里只想强调两点:一是我们在图片的选择上,为了表达某些深层含义,可以选择有寓意的图片,但对这其中的寓意要把握尺度,不要使人感到文不对图;二是要尽量选择有视觉冲击力的图片,通过强烈的对比抓住受众的眼球,让人一下子投入其中,这一点尤其是适用于 PPT 的开头部分。

(2) 图片的创编

在选择完图片后,我们要学会用图片美化工具来进行图片的创意编辑。

● 裁剪。选中图片,出现格式工具,最后可以看到裁剪功能(如图1-2-27所示),在PPT里就可以对图片进行裁剪,可以裁剪成任何你想要的形状。

图1-2-27 裁剪功能

● 边框。我们为图片设定各种样式的边框,根据需要可调整边框的颜色和粗细,或者直接采用预设的样式,便于批量处理(如图1-2-28所示)。

图1-2-28 边框设定功能

● 效果。我们可以为图片设定不同的效果,系统预设了几种类型可供选择,也可以根据你自己的需要进行相应的调整(如图1-2-29所示)。

● 调整。从网上下载的图片可能在色调上与模板的主题不是完全符合,这时我们可以进行相应的调整,还可以在艺术效果里处理成特殊照片,如胶片、玻璃等(如图1-2-30所示)。

在这里,要特别强调一个工具的使用,就是"**删除背景**",这个工具非常实用。我们经常会遇到不想要某张照片的背景,希望其最好是透明底的,如同png格式的图片,但是并不是所有的图片都能找到png格式的版本,这时候我们就可以借助"**删除背景**"这一工具。使用"**删除背景**"后的效果如图1-2-31所示。

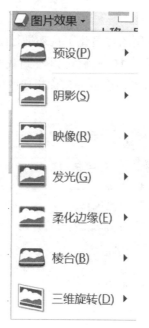

图 1-2-29　图片效果设定功能

图 1-2-30　图片调整功能

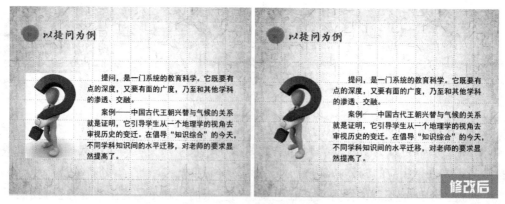

图 1-2-31　删除背景功能

(3) 图片的创排

在选择和处理完图片后,接下来我们要如何进行图片的排布呢?

一般,如果是全图型的 PPT,建议采用高清的壁纸,可以通过透明背景来强化标题(如图 1-2-32 所示)。

图 1-2-32　透明背景强化标题

在多图的排布上，我们遵循的原则是要使画面平衡，平衡可通过统一和突出来表现。统一包括：①统一图片的类型，选择漫画就应该都是漫画，选择照片就应该都是照片，不要混搭图片；②统一位置，统一图片在页面上排布的位置是否平衡，是否遵循一定的规则；③统一图片的大小、边框的粗细等；④统一图片的色调，色调相差太大的图片组合起来会产生违和感，但是有些情况下可以采用色彩对比的图片，会产生更好的效果（如图 1-2-33 所示）。

图 1-2-33　多图排布

3. 动画的设计艺术

在拥有了文字和图片以后，如果想要 PPT 课件不仅只停留于静态形式，那就需要添加动画，来使 PPT "活起来"。动画设计在幻灯片中起着至关重要的作用，具体来说，有三个方面：①清晰地表达事物关系，如通过动画设置元素出现的先后来表达某种逻辑关系；②更加配合演讲，通过控制动画的出现，配合演讲内容；③增强效果表现力，通过绚丽的动画效果来增强 PPT 的表现力，达到吸引人眼球的目的。在教学 PPT 中，动画更多用来控制教学内容的呈现顺序，并解析教学的重点与难点。

PPT 中的动画包含"进入"、"强调"、"退出"和"动作路径"四种效果。其中"进入"是指通过动画方式让效果从无到有；"强调"是指 PPT 中已存在相关内容，在适当的时间以大小、颜色、位置等发生变化的方式强调地位；"退出"是指 PPT 中已存在相关内容，通过动画实现从有到无的过程；"动作路径"是指基于已有的动画形式，沿着指定路线发生位置移动。在实际操作时只需选择要添加动画的对象,在动画选项中选择合适的效果进行添加即可,记得要设置动画的开始方式、持续时间、延迟和效果选项等方面的参数。

(1) 动画的形式

动画一般有以下五种形式:

① 开场动画。用于 PPT 的开头,以吸引学生注意,引出演示主题。一般采用淡入、跳跃等比较明显的动画形式(如图 1-2-34 所示)。这个案例就使用了人物跳跃、LOGO 淡入等动画形式来进行制作,在教学一开始就显得非常有活力。

图 1-2-34　开场动画

② 转场动画。一般用于目录的展现和章节的过渡,衔接前后内容,可以是场景的变换、动感的跳跃、图形的拼合、主题的再现等形式。这样既可以让学生注意到下一个知识点,也可以让他们回顾之前的知识点。一般更多地采用"进入"、"淡出"、"放大"或"缩小"等动画形式。该案例在目录页用了转场动画,以动画的形式来展示目录,使得目录更具有条理性,清晰地展现在大家面前(如图 1-3-35 所示)。

图 1-2-35　转场动画

③ 情境动画。情境动画较为形象生动,充满趣味化,可以让学生充分理解。虽然在制作上有难度,但是能很好地展示知识,接近于情境化教学。该案例将所有人物都放置在一个办公室内,然后通过隐去人物、逐个出现人物简介的形式来介绍每个人,较为生动形象,很有创意(如图 1-2-36 所示)。

图 1-2-36　情境动画

④ 修饰动画。修饰动画一般用于点缀画面,避免画面的单板和枯燥。对教学的表现或节奏影响不大,但能丰富 PPT 的内容,使 PPT 的显示更加富有吸引力。图 1-2-37 所展示的案例用旋转的樱花来代替字母"O",使得画面整体上更丰富、更有趣味性,不那么呆板。

图 1-2-37　修饰动画

⑤ 结尾动画。结尾动画一般有三种形式:一是提示结束,相当于是一种谢幕告别;二是总结内容,一般与开场相呼应,总结本堂课所讲述的重点内容,起到提纲挈领的作用;三是升华主题,一般采用提出问题,引人深思的形式来给学生留下深刻的印象。图 1-2-38 所展示的案例就相当于总结内容,通过讲述本堂课的重点内容,并加以强调,来作为教学的结束。

(2) 动画设计的需求

我们在设计动画时,需要明确为什么要设计动画,目的决定了动画的形式。

① 基本的动画:展示内容。PPT 中的动画设计最重要的功能就是为了展示课件内容,因此有时候最基本的动画就可以满足。基本动画包括"逐点呈现"、"逐条出现"和"消失"等方式。

② 实用动画:演示与解释。在介绍某些知识点的时候,经常要借助于动画的效果进行展示,目的是为了让知识点更加简单易懂。通常会使用"进入"+"强调"、"动作路径"等方式。

③ 精彩动画:加强连贯性。精彩的动画会配合文字、图片、图表和多媒体来呈现,进而达到某种视觉效果。

图 1-2-38 结尾动画

（3）动画设计的原则

我们在制作动画时应遵循几个原则：

① 醒目原则。醒目原则强调的是在主次动画的搭配上，一定要合理，对于重点内容，可以适当夸张，但切莫过度，规模动画，可以震撼人心，但是在教学上还是尽量少用。

② 自然原则。对于动画的设置，要自然，要符合正常的逻辑，并与内容相贴合。该动就动，该静则静；该进则进，该退则退；该快则快，该慢则慢；该直则直，该转则转。一定要有规律可循。例如，如果背景是由远到近的，那么事物应该是由小到大变化的。

③ 简洁原则。动画的设置切忌拖拉和繁琐，动画不是越多越好，要设置必要的动画，动画要为教学服务，很多很绚丽的动画形式可能并不能有效促进学习，反而会成为累赘。动画的作用是添砖加瓦、画龙点睛，而不是画蛇添足。

④ 适当原则。动画在设置上不能过多，一定要适当。应该从学生的群体特点、主题、动画的种类等方面来考虑，根据实际情况来设置动画，牢记不能让动画喧宾夺主。动画效果要符合教学内容的特点、符合学生的特点，基于教学内容和学生特点呈现最优的动画效果。

⑤ 创意原则。创意是无规律可循的，创意只能靠自己不断摸索，不断实践，但是创意又是非常重要的，正是因为有了创意，动画才能千变万化。创意可以从新、巧、趣、准四个方面拓展开来：新，即出其不意，新鲜的东西往往是富有创造力的；巧，即动画设计巧妙，使得PPT演示变得生动；趣，即趣味性，将有趣的东西融入到动画设计之中；准，即精准的动画才能更好地表达演示者的思想。

（4）动画效果推荐

考虑到PPT课件的独特性，为大家推荐几个适合在制作课件时使用的动画效果。

进入动画：擦除、飞入、浮入、淡出、缩放。

强调动画：脉冲、跷跷板、陀螺旋、放大/缩小、变色。

退出动画：擦除、飞出、浮出、淡出、消失。

更多关于PPT设计的方法请阅读"资源篇"中资源二"PPT设计艺术"。

 作 业

1. 了解优化演示文稿的素材资源库

说明：在演示文稿的优化过程中，好的素材、图片、模板等会让你事半功倍。请花一些时间浏览以下网站，了解这些网站可以给你的演示文稿制作带来什么。

(1) 图片素材库
- 站酷网，https://www.zcool.com.cn/。
- 昵图网，http://www.nipic.com/。
- 全景网，https://www.quanjing.com/。
- Pixabay，https://pixabay.com/。

(2) 字体库
- 搜字网，http://www.sozi.cn。
- 站长素材—字体，http://font.chinaz.com。
- 字体下载大全，http://www.ztxz.org。

(3) PPT 资源与模板下载
- 站酷网·PPT 模板，http://www.zlcool.com/ppt。
- 第1PPT，http://www.1ppt.com。
- PPT 宝藏，http://www.pptbz.com。
- 无忧 PPT，http://www.51ppt.com.cn。

2. 继续完成呈现项目学习活动构思的演示文稿

说明：请继续完成呈现项目学习活动构思的演示文稿制作，请注意，这个演示文稿是用来向你未来的学生介绍这个项目学习的。演示文稿需要在内容和设计两个方面满足以下要求。

(1) 内容要求
- 进行自我介绍。
- 介绍开展这个项目的背景（意义）。
- 介绍即将开展的项目（包括主题、导言以及任务介绍）。
- 该项目实施的大体过程（为第三模块的学习做准备）。

(2) 设计要求
- PPT 至少包含 10 页的内容。
- 整体协调，合理选择模板。
- 页面设计美观，色彩搭配合理。
- 图文并茂，恰当使用 PPT 自带的图形设计。
- 应用动画效果，实现幻灯片切换及文字、图片的动画。

- 鼓励创新。

3. 浏览更多案例，丰富关于项目学习活动的构思

说明：浏览以下网址中的项目学习案例，丰富你关于项目学习活动的构思。

- TeachEngineering，https://www.teachengineering.org/。
- 英特尔®K12课程设计，https://www.intel.com/content/www/us/en/education/k12/teaching-idea-showcase.html#ages810。
- STEM Center，http://daytonregionalstemcenter.org/stem-curriculum。
- MySoe，https://mysoe.net/docs/。

说明：以上是一些国外优秀的STEM教学设计网站，STEM常以项目学习的方式开展，你可在上面浏览相关主题的项目设计。

4. 回顾反思

说明：请在你的个人博客或微博上对本模块的学习进行回顾反思，你在哪些方面收获最大？在哪些方面还存在困惑？至少浏览并点评（回复）其他两名学友的博客或微博。

模块三 设计学习过程

概　述

在本模块的学习中,我们将在共享"主题"、"导言"和"任务"三部分设计的基础上,开始"学习过程"部分的设计。在这个模块中我们还将学习 Word 软件中较适合教学的一些编辑功能,如大纲、目录、审阅、邮件合并等功能,这些功能不仅有助于你完成项目学习活动中学习过程的呈现,也将极大地提升你在教学中应用 Word 软件的能力。

- 讲座:"学习支架概述"。
- 资源:"项目学习活动案例"。
- 技术:Microsoft Office Word2019。

活动 1 共享项目学习活动构思

说明:在这个活动中,我们将在分析演示文稿案例、理解评价要点的基础上,结对共享在模块二中完成的作业——以演示文稿来呈现项目学习活动的基本构思。

■ 第 1 步 分析案例

请打开本教材配套资源包,浏览并分析"活动篇\模块三\项目学习活动构思"中的案例,根据表 1-3-1 的提示分析这些案例中存在的问题,并将相应案例的编号填写到该表的最后一列:

表 1-3-1 光盘演示文稿案例中的问题检查表

问题类别	描　述	存在问题的案例编号
技术层面	文字堆砌,缺乏吸引力。	
	内容缺乏逻辑。	
	动画、图形、图片等不能支持内容的呈现,反而有所干扰。	
	页面布局、配色等缺乏美感,不能突出主体内容。	

续 表

问题类别	描　述	存在问题的案例编号
内容层面	项目学习活动的主题设计不合适（范围过宽、缺乏吸引力、表述不清等）。	
	在项目学习活动中未能设置生动的、有吸引力的学习情境。	
	导言缺乏吸引力，不能给任务的布置做很好的铺垫。	
	任务的描述不具体、不清晰。	
	任务的描述面向的是过程而不是结果。	
	在项目学习活动中没有发展学生高阶思维技能的机会。	
	任务不具有可操作性（如不适合指定年龄段的学生）。	
对作业的理解	演示文稿针对的对象不清晰（应是针对自己未来的学生）。	
	演示文稿用来讲解知识而不是展示探究过程。	
其他		

■ 第 2 步　结对共享

学友之间两两结对，对彼此的作业进行浏览学习，并尝试着进行评价。评价的时候仍然使用同样的问题检查表，并对学友作业的情况进行记录，可使用如下标记：

- 问题较多：△△
- 有一些问题：△
- 没有问题：√

表 1-3-2　对学友模块三作业中的问题检查表

问题类别	描　述	记录
技术层面	文字堆砌，缺乏吸引力。	
	内容缺乏逻辑。	
	动画、图形、图片等不能支持内容的呈现，反而有所干扰。	
	页面布局、配色等缺乏美感，不能突出主体内容。	
内容层面	项目学习活动的主题设计不合适（范围过宽、缺乏吸引力、表述不清等）。	
	在项目学习活动中未能设置生动的、有吸引力的学习情境。	
	导言缺乏吸引力，不能给任务的布置做很好的铺垫。	

续 表

问题类别	描　　述	记录
	任务的描述不具体、不清晰。	
	任务的描述面向的是过程而不是结果。	
	在项目学习活动中没有发展学生高阶思维技能的机会。	
	任务不具有可操作性（如不适合指定年龄段的学生）。	
对作业的理解	演示文稿针对的对象不清晰（应是针对自己未来的学生）。	
	演示文稿用来讲解知识而不是展示探究过程。	
其他		

在互评的过程中可与学友对项目学习活动中的主题、任务等做进一步交流，明确学友的设计意图。

■ 第3步　自评并修订演示文稿

参考学友的评价意见，思考进一步修订完善的改进点，并对演示文稿进行修订：

- "技术"改进点：

- "设计"改进点：

- "理解"改进点：

- 其他：

第4步 讨论演示文稿的教学应用

下面已经列出演示文稿对教师和学生的可能用途,你还能想到哪些用途?请与学友讨论,试着丰富表1-3-3。

表1-3-3 演示文稿的教学应用

学生可以用演示文稿做什么?	教师可以用演示文稿做什么?
• 课堂演示。 • 展示小组课题的成果。 • 展示图表与表格。 • 把从网上和光盘上获得的资料进行合并整理。 • 制作图片形式的故事书(数字故事)。 • 显示调查与问卷的结果。	• 将授课用的演示文稿录制好旁白,设置好排练时间,然后存起来,供缺席或需要个别辅导的学生使用。 • 将演示文稿上传到网站,供学生们复习。 • 创建交互式的幻灯片讲义。 • 在新学年开始的时候,设计一个演示文稿来进行自我介绍。 • 利用图形、表格、文字、链接等提交实验报告。 • 导入新课。 • 介绍正在开展的项目概况。 • 展示每日活动。 • 根据某一主题,将相关的图片、笔记以及网站链接整理到一起。

活动2 研究案例中的学习过程

说明:在本活动中,我们将研究两个案例,以便对"学习过程"部分的设计有更为明确的认识。

第1步 比较分析两个项目学习活动实例

请你仔细阅读并比较"资源篇"中资源一"项目学习活动案例"中的案例9与案例10:《动物王国里的为什么?——教你写童话作文》和《童话小作家》,并思考如下问题:

• 这两个项目学习活动分别是怎样教学生写作文的?请比较这两个案例的学习过程有哪些不同。

• 比较这两个项目学习活动设计案例,你认为哪一个"学习过程"更值得借鉴?请说明理由。

......

评析与提示：这两个案例都是为小学高年级的学生设计的。通过比较可以看出,《动物王国里的为什么?——教你写童话作文》虽然有吸引人的导言和任务设计,但"过程"部分却比较粗糙,只是说明了每一步应该做什么,没有给出足够的支持或学习建议让学生在每一步都能够做得好。这是在项目学习活动设计中常见的问题,虽然设计者追求的是"以学生为中心"的自主探究,但由于支持不够,使整个活动变成了学生的自学。《童话小作家》中通过"童话主题表"、"故事图模板"为学生提供了恰当而实用的学习支持,这些学习支持将"如何写好童话作文"的方法与策略以可操作的、可获得的方式表现出来,帮助学生高质量地完成本来较为复杂的任务,并超越具体任务的完成,习得写作童话的基本方法。

■ 第 2 步 观摩案例

学习过程指学生在教学情境中通过与教师、学友以及教学信息的相互作用获得知识、技能和态度的过程。在"以学生为中心"的理念指引下,教师在学生学习的过程中扮演着助学者、指导者的角色,促进学生达成学习目标。教师设计的学习过程是学生完成任务、实现学习目标的阶梯,它将学生所需经历的步骤和环节都做了清晰交待,其中涉及的资源、达到的目标都将一并呈现。良好的学习过程设计犹如一名优秀的导师,可以指引学生有序、高质量地完成学习任务。请再次浏览"资源篇"中的资源一"项目学习活动案例"中的作品,参考表1-3-4 中关于"过程描述"和"学习建议"的评价标准(在很多项目学习活动中,"过程描述"和"学习建议"部分都是合并的,统称为"过程"),体会良好的"过程"设计的要求,并写下你对"过程"设计部分的理解。

表1-3-4 "过程描述"和"学习建议"部分的评价标准

评价项目	优秀	良好	继续努力
过程描述	每一个活动环节都被清晰地阐述,大多数学生知道他们处在过程中的哪一步,并且知道下一步要做什么。	过程给出了一些指导,但不够清晰,学生可能对各环节之间的定位不准确。	活动环节的阐述很不清晰,学生无法借此知道自己下一步要做什么。
学习建议	提供了方便可用的各种学习支持,学生能有效地组织和管理自己的学习。	提供了少量的学习支持,支持作用不显著。	几乎没有或很少提供学习支持。

一个好的"过程"设计是怎样的?请谈谈你自己的理解:

....
....
....

活动3 设计项目学习活动的学习过程

说明: 在项目学习活动中,"过程"部分是由一系列学生自主的、以时间为序进行的学习活动连接而成的。在本活动中,你将先练习体验项目学习活动的学案写法,然后通过学习活动步骤的分解规划整个学习过程。

■ 第1步 了解教案和学案

在规划项目学习活动的"过程"部分之前,先让我们了解教案和学案的区别。关于"学案",不同的研究者有不同的界定,但简单地讲,教案是为教师上好课做准备,学案是为学生自学提供指导。由于基本目的不同,教案与学案在表现形式上也就有所区别。项目学习活动就是一种典型的学案,为了写好项目学习活动,你需要先练习一下学案的用语方式。

在将教案(部分)改造成学案时,可以想象自己不在学生身边,学生需要通过你的文字引导一步一步地达到预定的目标。注意文字的亲和力与引导性,并特别注意从学生的角度来体察学习的重点与难点,将一些本来计划现场交代的教学指导以文字的形式"外化"出来。下面的这个案例是将《脊柱动物》教案中的第1步进行改造后的示例,请认真研究体会。

"教案"改造成"学案"示例:

教案(第1步):
教师以鱼类为例,播放电子讲稿范例,介绍鱼类的体表、呼吸、繁殖、运动等特征,学生通过观察得出鱼类的特征,总结出什么是鱼类,并借此了解电子作品制作的基本要求。

学案(第1步):
脊椎动物分为鱼类、哺乳类、两栖类、鸟类、爬行类五类,请同学们先点击浏览演示文稿"<u>鱼类</u>"(注:该处应有超链接,或者要指明该文件存放的位置),注意了解鱼类的体表、呼吸、繁殖、运动等特征,并将这些信息记录在下面。

鱼类体表:...

鱼类呼吸:...

鱼类繁殖:...

鱼类运动:...

鱼类的定义：_____

在后续步骤中，你还将模仿鱼类的演示文稿，制作其他种类脊椎动物的演示文稿，因此，请特别注意观察"鱼类"这个演示文稿的结构。

接下来，请你与学友一同讨论，将教案《脊椎动物》的"学习过程"部分全部改造为学案。

教案： 脊椎动物

对象：小学四年级

1. 教师以鱼类为例，播放电子讲稿范例，介绍鱼类的体表、呼吸、繁殖、运动等特征，学生通过观察得出鱼类的特征，总结出什么是鱼类，并借此了解电子作品制作的基本要求。

2. 学生利用网络或教师所提供的各类动物的资料，进行其他几类动物的学习。每个小组针对一类动物进行材料搜索，收集各类动物的具体例子，总结出各类动物的特点。主要包括外形特点、生活环境、呼吸、繁殖方式等。

3. 确定一个主题，学生把收集到的资料利用 PowerPoint 整理成电子讲稿或网页。

4. 各小组将各自制作的电子作品进行交流展示，由此得出各大类的正确定义。

5. 把各小组的电子讲稿或网页进行组合，得出一个完整的动物的种类——脊椎动物的调查结果电子讲稿或网站。

6. 开展交互性的练习，并对学生的学习效果进行考核。

学案： 脊椎动物

第2步 规划学习活动步骤

通过前面的案例观摩和"学案"写作练习,我们大致了解了"过程"设计的要求。现在请你仔细分析:学生必须经过哪些步骤和环节才能完成你所设计的任务?在设计"过程"中,最为重要的是如何规划步骤、环节或子任务。在此过程中,需要考虑项目开展的进度(时间、节奏),学生如何进行分工,步骤之间如何关联。帮助学生在自主探究活动中,掌握任务完成的关键知识和核心技能,逐渐地推进项目的实施。如需要什么资源,可以在"资源"部分列出。

主题:

过程:

资源:

注:在本教材中,为了强调数字化资源的应用,建议资源部分可以包括微课程、网络资源和其他资源。另外,资源并不是提供得越多越好,要注意适切性和针对性。

活动4 为"过程"设计学习支架

说明:在项目学习活动中,往往将"学习建议"与"过程描述"合并在一起。也就是说,在"过程"部分的各个学习步骤中,嵌入了恰当的学习支持,如问题、模板、图表、建议等。这种"支持",在教育理论上有一个专门的术语——"学习支架"。在这个活动中,我们将一起来研究学习支架,练习设计学习支架,并为自己的项目学习活动的"过程"部分设计学习支架。

■ 第1步　了解学习支架

请你学习"讲座篇"中的第四讲"学习支架概述",了解学习支架的定义、作用、形式以及设计与提供学习支架的原则等,并结合前面活动中研习的案例,回答以下几个问题:

请用一个隐喻来说明什么是"学习支架"。

"学习支架"有哪些表现形式?

提供"学习支架"的原则有哪些?

■ 第2步　练习设计学习支架

在这一步中,你将以小组研讨的方式对"阅读小行家"案例的"过程"部分进行修改,尽可能在合适的步骤中嵌入有价值的学习支架,同时也将该案例的语言、语气向"学案"方向调整。

供修改案例：阅读小行家

(对象：初中二年级)

导言:"阅读"是我们遨游浩瀚书海的可靠手段。可是有的同学看的书多但缺乏阅读积累的方法——读书协会的成员们看在眼里,急在心上,决定要遍访国内外阅读高手,向全校同学展示他们的阅读"秘籍"……

任务:作为读书协会的成员,你要完成对本校同学的阅读积累方法的调查,并与协会成员一起完成关于阅读习惯和阅读建议的小册子。

过程:

1. 学生分小组,对本校同学的阅读内容和阅读积累的方法进行问卷调查。

2. 小组统计调查问卷的结果,进行评议,分析出当前同学中对阅读内容选择与阅读积累方法方面存在的优点和不足。

3. 学生收集我们历代文人或名人的阅读积累的方法和相关材料。总结古人的阅读积累特点。

4. 查找西方名人名家对阅读积累的做法。

5. 比较中外阅读积累方法的异同,分析各自的优劣所在。

6. 学生交流自己的阅读方法,结合古人的读书积累的方法和当前现状,小组提出当代学生阅读内容选择和阅读积累的方法和建议。

7. 完成关于阅读习惯和阅读建议的小册子,向全校发放。

修改提示:

在修改上面的案例时,请注意以下几个方面:

(1) 虽然该项目学习活动的"导言"与"任务"也有修改空间,但请将修改重点放在"过程"部分,而对"导言"与"任务"选择认可。

(2) "过程"部分的修改可考虑:语言、语气的一致性;怎样才能让学生在自主学习的状态下获得能力的增长?什么样的"支架"可以帮助学生高质量地完成每一活动?特别需要注意的是,"学习支架"的作用是提供解决问题的方法,而不是给出答案。

请以小组为单位,对上述案例的"过程"部分进行修改,使之能够有效地支持学生的自主探究,并对涉及的"学习支架"进行简单的设计。

表1-3-5 对于"阅读小行家"案例的"过程"部分的修改记录表

原案例中的步骤	如何修改	修改原因

请在小组或班级范围内共享你们的修改成果。

■ 第3步 完善自己的项目的过程设计

通过前面的学习,我们知道,一个项目学习活动要想有效地支持学生的自主学习,必须要设计良好的学习过程,并提供恰当的学习支持。总的来讲,一个好的"过程"设计应该具备以下几个方面的特征:

第一,角色要摆正,应以引导学生的对话语气来呈现。在项目学习活动中,教师不再是传统意义上的"授导者",而是学生的"引导者"和"助学者",因此在项目学习活动中,在语气上要呈现引导性和对话性,使学生在阅读项目学习活动时就像在"聆听"导师的指导一样。

第二,表述要清晰,尽量帮助学生在不需要其他语言提示的情况下完成任务。设计项目学习活动时要尽量避免设计教案时的心理预期。因在设计"教案"时,很多教学内容是由教师讲出的,即使"教案"中写得不够详细,但教师成竹在胸,也可不影响教学效果。但项目学习活动是让学生们看,并在自主探究状态下去完成的(可以想象一下电器的使用说明书),任何不清晰的语言都可能造成项目学习活动的中止,或使项目学习活动走入迷途,使学生在探究过程中不得不频繁地向教师咨询,或者直接影响探究的结果。

第三，支架要恰当，给学生思考的框架。在"过程"中，为了支持学生的自主学习和高阶思维，应为学生提供恰当的学习支架。支架的目的不是告知答案，而是为学生提供思考和探究的方法。一个好的支架往往要求设计者本人对于该主题有深厚的知识与能力积淀。

第四，探究有意义，符合学生年龄特点。在项目学习活动中，关于学生的年龄与个性特征是设计者必然要考虑的。整个主题探究对于预设的学生而言，应是有意义的，能够帮助学习者获得知识和能力。有一些项目学习活动看似热闹，但学生完成之后，他的认知水平上没有任何提高——这就是我们所说的"零认知"风险，是设计项目学习活动时一定要避免的。

请参照以上特征，对自己的项目学习活动的"过程"部分进行修改，并完成"资源"部分，如有必要，也可再修改"主题"、"导言"和"任务"部分。

技术实践　利用 Word 呈现项目学习活动

说明：在本模块中，你已经丰富了项目学习活动的学习过程，并设计了合适的学习支架，下面我们将通过技术实践，帮助你利用 Word 进一步编辑和完善项目学习活动。

■ 第1步　学习长文档编辑技巧

在教学或学习过程中经常会处理一些文档，有的文档长达几十页甚至上百页，结构不清晰，内容也很难查找，这样的文档编辑起来很繁琐，如果不掌握一定的方法和技巧，势必会降低自己的工作效率。在这里我们将以项目学习活动案例——"营养早餐"文档为例，介绍长文档编辑的操作方法与技巧，帮助你提高文档处理的效率。

1. 运用样式统一格式

样式是专门为提高文档的修饰效率而提出的。使用样式可以帮助用户确保格式编排的一致性，从而减少许多重复的操作，并且不需要重新设置文本格式，就可快速更新一个文档的设计，在短时间内排出高质量的文档。

① 启动 Microsoft Office Word2019（以下简称 Word2019）。打开本教材配套资源包"素材资源—长文档编辑素材—营养早餐.docx"原始文档，选择"**开始**"选项卡，在"**样式**"功能区中列出了现有的几种常见样式，如"**标题1**"、"**正文**"等。单击"**显示样式**"按钮，打开"**样式**"任务窗格（如图1-3-1所示）。

② 使用内置样式。在 Word2019 中，内置了很多样式，将插入点定位于将要执行样式更改的标题或段落，然后用鼠标选择"样式"任务窗格中的相应样式，如"**标题1**"，这时可以看到插入点所在的段落被应用了相应的样式。在项目学习活动学案中，可以将"**标题1**"、"**标题2**"、"**标题3**"样式分别应用到不同的标题上。例如："营养早餐"案例中的"营养早餐"我们就可以用"**标题1**"来定义，而项目学习活动六要素标题就可以用"**标题2**"来定义，过程中的每周的学习活动安排就可以用"**标题3**"来定义（如图1-3-2所示）。

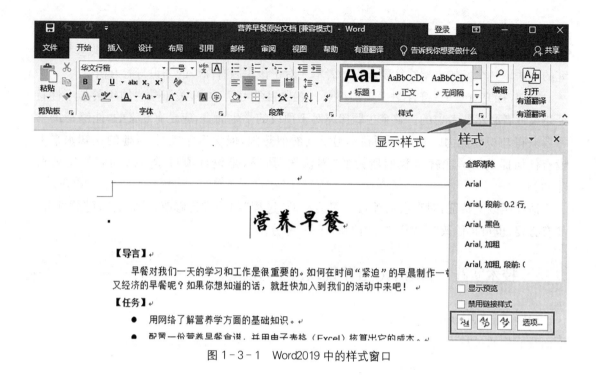

图1-3-1　Word2019中的样式窗口

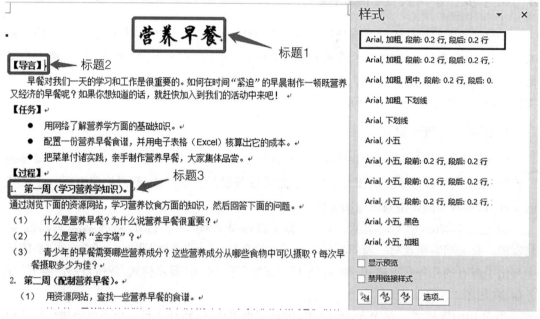

图1-3-2　使用样式统一格式

③ 新建样式。如果 Word2019 中的内置样式不满足使用要求，可以新建样式，在图1-3-1所示的"**样式**"任务窗格中点击"**新建样式**"按钮 ，在弹出窗口中，根据格式设置创建新样式。新样式创建成功后，将出现在样式列表中，使用方法与内置样式相同。

④ 更改样式。使用样式后的文档，对于格式的修改就非常方便。在"**样式**"任务窗格中，

将鼠标移至某样式时,其右方会出现一下拉按钮,单击此按钮即可从下拉菜单中选择**"修改"**选项来修改此样式。修改样式后,应用此样式的所有文本内容都会随之改变。

⑤ 查看文档结构。使用**"导航窗格"**可以对整篇文档结构进行浏览,快速定位需要查找的位置。在**"视图"**菜单中勾选**"导航窗格"**,即可迅速查看文档层次结构(如图 1-3-3 和图 1-3-4 所示)。

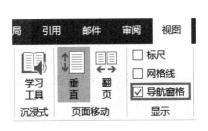

图 1-3-3 文档结构图功能选项

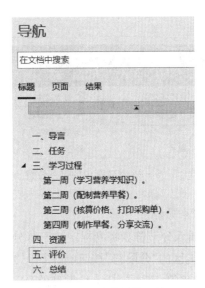

图 1-3-4 文档结构图效果

2. 基于样式快速生成目录

要自动生成文档的目录,首先是要对目录的标题进行样式设置定义,然后再自动生成目录。创建目录最简单的方法就是使用内置的标题样式。

① 打开"营养早餐.docx"原始文档(路径同前),将文档中的各标题按照上述所讲的标题样式定义。

② 将光标定位于待插入目录的位置,进入 Word2019 的**"引用"**选项卡,在**"目录"**功能区中点选**"目录"**按钮(如图 1-3-5 所示)。在弹出的下拉菜单中选择**"自定义目录"**,这时候弹出**"目录"**编辑窗口(如图 1-3-6 所示),根据需求设定目录显示层级和格式,然后确定,即可自动生成相应的目录。

③ 如果在正文中对目录内容进行了更改,那么自动生成的目录也需要更新,直接点击图 1-3-5 中的**"更新目录"**按钮,即可对目录进行更新。

3. 高级页眉页脚的设置

如果在 Word 文档中创建了页眉页脚,那么在默认情况下,该文档从头到尾的页眉和页脚都是相同的。但有的时候,我们还需要根据不同的章节内容而设定不同的页眉页脚。有人想到将不同的章节分别保存成不同的文件,然后再分别给每个文件设定不同的页眉页脚,但这样操作起来非常麻烦。其实,解决此类问题有更简单的方法,那就是在文章中插入不同

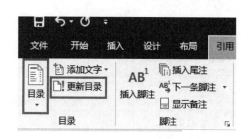

图 1-3-5　Word2019 中的目录位置

图 1-3-6　设置目录格式

的分节符来分隔。

① 插入**分节符**。将光标定位于待分节位置，在 Word2019 的**"布局"**选项卡中找到**"页面设置"**功能区的**"分隔符"**按钮（如图 1-3-7 所示）。单击后在弹出的窗口中显示了多种不同种类的分隔符，其中包括 4 种类型的分节符，单击期望的分节符，即可实现期望的分页效果。这里我们选择**"下一页"**（插入分节符并在下一页上开始新节），以方便我们进行高级页眉和页脚的设置。

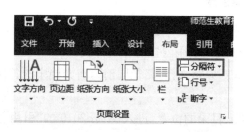

图 1-3-7　Word2019 中的分隔符位置

② 高级页眉和页脚的设置。在**"插入"**选项卡中找到**"页眉和页脚"**功能区，选择**"页眉"**（或**"页脚"**）下拉列表中的**"编辑页眉"**（或**"编辑页脚"**）选项，即可进入**"页眉和页脚工具"**的**"设计"**选项卡（如图 1-3-8 所示）。

图 1-3-8　页眉和页脚工具"设计"选项卡

- 编辑页眉和页脚。将鼠标指针移至页眉或页脚框内,即可开始输入和编辑页眉或页脚内容。要回到主文档,可单击该"设计"界面上的**"关闭页眉和页脚"**按钮,或者双击主文本区。要重新进入页眉和页脚编辑状态,可在主文档页眉或页脚区域内双击。当然,在**"转至页眉/转至页脚"**选项中,可以变换页眉或者页脚的编辑。
- 设置文档奇偶页不同页眉。有的文档可能需要给奇数页和偶数页设置不同的页眉或页脚。要使奇偶页的页眉和页脚不同,方法是在**"页眉和页脚工具"**的**"设计"**选项卡中选择**"奇偶页不同"**选项,分别输入奇数页和偶数页页眉。
- 为不同的分节设置页眉和页脚。对文档插入分节符后,就可以对不同的分节设置个性化的页眉和页脚,但采用常规的方法设置页眉和页脚后,各节页眉和页脚样式都默认为延续上一节样式(如图1-3-9所示)。

图1-3-9 分节后默认的页眉设置

为了实现各分节分别自定义页眉和页脚的目标,必须先断开本节与上一节的链接关系。如将光标定位于第2节的页眉内,点击**"页眉和页脚工具"**的**"设计"**选项卡中的**"链接到前一条页眉"**按钮,取消与前一节的链接后,再设置新的页眉(如图1-3-10所示)。

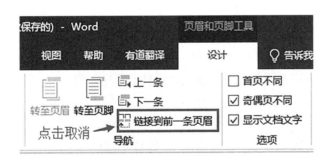

图1-3-10 分节后取消与前一节的链接

4. 利用封面和图片美化项目学习活动

根据需要对文档进行格式设定、添加目录和页眉页脚后，已经完成了对该文档的基本编辑，但如果想让自己的项目学习活动脱颖而出，还需要对其进行美化。Word2019 中提供了自动插入封面功能，在**"插入"**选项卡中单击**"封面"**按钮，就可以从内置的封面模板中选择适合自己文档的封面，替换和自己文档主题相符的图片即可。

至此，文档编辑已经完成，欣赏一下自己的成果吧！

■ 第 2 步　利用审阅功能修订自己的项目

在自己编写一份文档或与他人共同协作设计文档时，不可避免地要进行拼写检查、修订、批注、添加标记等重要工作。Word2019 中提供了功能强大的审阅工具，进入**"审阅"**选项卡，界面如图 1-3-11 所示。

图 1-3-11　Word2019 中的审阅选项卡

① 校对。在该功能区中可以检查文档中的拼写和语法错误，对文档中的词汇或段落进行翻译等。

② 中文简繁转换。实现中文的简体和繁体的转换。

③ 批注。在修改 Word 文档时如果遇到一些不能确定是否要修改的地方，可以通过插入 Word 批注的方法暂时做记号。审阅 Word 文稿的过程中，当审阅者对作者提出要提供一些意见和建议时，也可以通过 Word 批注的形式表达自己的建议。

④ 修订。当**"修订"**按钮处于已选状态后，对文档所做的诸如删除、插入或其他格式修改都会留有标记，可根据浏览者的需求确定在文档中显示哪些标记。

⑤ 更改。可以选择对修订的**"接受"**和**"拒绝"**，或者显示**"上一条"**或**"下一条"**标记。

■ 第 3 步　利用邮件合并功能批量处理教学信息

在实际工作中，经常会遇到这种情况：需要处理的文件主要内容基本相同，只是某些数据有所变化。比如，学生的录取通知书、成绩报告单、获奖证书，信封中的收件人姓名、单位、地址等等。如果是一份份地进行编辑打印，虽然每份文件只需修改个别数据，但是当份数很多的时候，效率就会很低。当然也可以打印完成后手工填写，但这样实际效率更低。有没有什么办法来减少重复工作，提高效率呢？其实，借助 Word 提供的一项功能强大的数据管理功能——邮件合并，就完全可以轻松、准确、快速地完成这些任务。下面就一起来领略 Word

邮件合并的风采吧!

1. 什么是邮件合并

邮件合并这个名称最初是在批量处理"邮件文档"时提出的。具体来说就是在邮件文档（主文档）的固定内容中，合并与发送信息相关的一组通信资料（数据源：如 Excel 表、Access 数据表等），从而批量生成需要的邮件文档，提高工作的效率，邮件合并因此而得名。

2. 什么时候使用邮件合并

我们可以通过分析一些运用邮件合并完成的任务，从而得到答案。比如教师最常用的需要批量处理的监考安排表、成绩单等文档，它们通常都具备两个特点：一是需要制作的数量繁多；二是文档内容分为固定不变的内容和变化的内容，比如成绩单中的考试科目是固定不变的，考试的学生姓名和每门科目的成绩是变化的。其中变化的部分可由数据表中含有标题行的数据记录表来表示。

什么是含有标题行的数据记录表呢？其通常是指这样的数据表：它由字段列和记录行构成，字段列规定该列存储的信息，每条记录行存储着一个对象的相应信息（如图 1-3-12 所示），其中包含的字段为学生姓名和各学科科目名称。接下来的每条记录，存储着每位学生相应的成绩信息。

	A	B	C	D	E	F	G	H	I
	姓名	历史	政治	语文	物理	数学	英语	化学	家长邮件
	赵宇波	88	87	98	86	75	99	89	zyb@163.com
	徐晶	89	88	99	87	76	78	90	xj@163.com
	刘应甲	90	89	98	88	77	79	91	yyj@163.com
	方力	91	90	98	89	78	80	92	fl@163.com
	王吉林	88	91	99	90	79	81	93	wjl@163.com
	张宪光	89	92	98	91	80	82	94	zxg@163.com
	张珺	90	93	98	92	81	83	95	zj@163.com
	顾燕	91	94	99	93	82	84	96	gy@163.com
	邬炎镕	88	95	78	94	83	99	97	wyt@163.com
	袁文彰	89	96	98	95	84	78	98	ywz@163.com
	胡坚	88	97	99	96	85	79	99	hj@163.com
	温秦富	89	98	98	97	86	80	89	hqw@163.com

图 1-3-12　数据记录表

3. 邮件合并的三个基本过程

前面介绍了邮件合并的使用情况，现在需要学习邮件合并的基本过程。理解了这三个基本过程，就抓住了邮件合并的"纲"，以后就可以有条不紊地运用邮件合并功能解决实际任务。

① 建立主文档。"主文档"就是前面提到的固定不变的主体内容，比如一个年级成绩单中的科目名称。使用邮件合并之前先建立主文档，是一个很好的习惯。一方面可以考察预计中的工作是否适合使用邮件合并，另一方面是主文档的建立能够为数据源的建立或选择提供标准和思路。

② 准备好数据源。数据源就是前面提到的含有标题行的数据记录表，其中包含着相关的字段和记录内容。数据源表格可以是 Word、Excel、Access 或 Outlook 中的联系人记录表。

③ 把数据源合并到主文档中。主文档和数据源设计完毕后，就可以将数据源中的相应字段合并到主文档之中。表格中的记录行数，决定着主文件生成的份数。整个合并过程可以利用**"邮件合并分步向导"**或者**"邮件合并"**工具栏进行，操作轻松便捷。

4. 邮件合并实例

说明： 期末考试之后，各班主任要给所有的同学家长发送邮件，告知各同学期末考试情况以及暑假注意事项，其中考试科目和暑假注意事项是统一的。请利用 Word 中的邮件合并功能迅速完成此项工作，并通过电子邮件的方式发送给各位家长。

本案例中的所有资源可以在教材配套资源包"素材资源—长文档编辑素材"中获得。

① 设计主文档"告家长书"，参考效果如图 1-3-13 所示。

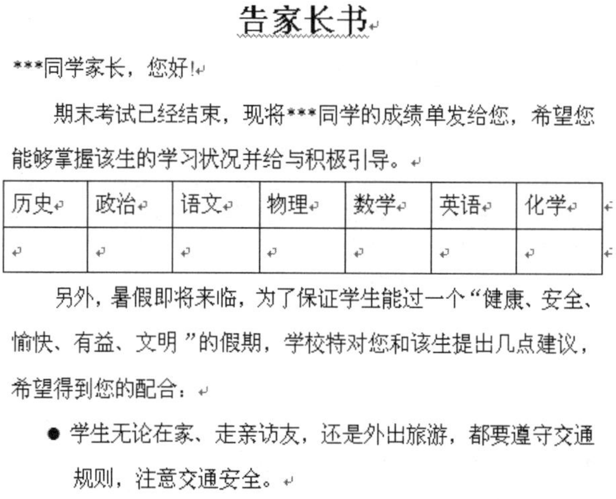

告家长书

***同学家长，您好！

期末考试已经结束，现将***同学的成绩单发给您，希望您能够掌握该生的学习状况并给与积极引导。

历史	政治	语文	物理	数学	英语	化学

另外，暑假即将来临，为了保证学生能过一个"健康、安全、愉快、有益、文明"的假期，学校特对您和该生提出几点建议，希望得到您的配合：

● 学生无论在家、走亲访友，还是外出旅游，都要遵守交通规则，注意交通安全。

图 1-3-13　建立主文档

② 准备数据源，可参考如图 1-3-12 所示的表格。

③ 把数据合并到主文档中。

● 开始**邮件合并**。进入**"邮件"**选项卡，单击**"开始邮件合并"**按钮（如图 1-3-14 所示）。在弹出的菜单中选择**"电子邮件"**。这时你会发现创建的主文档中的文件格式会发生相应的变化。

图 1-3-14　Word 中的"邮件"选项卡

● 选择收件人。点击**"选择收件人"**按钮,在弹出的列表中选择**"使用现有列表"**,找到数据源文件并打开,同时选择存有数据的数据表(如图 1-3-15、图 1-3-16 和图 1-3-17 所示)。

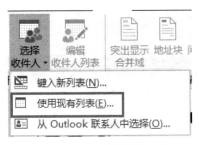

图 1-3-15　选择收件人列表

图 1-3-16　选取数据源

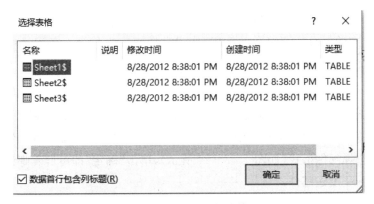

图 1-3-17　选择表格

- 插入合并域。在选择好数据源后，图1-3-14中的**"插入合并域"**变为可选状态，先选中主文档中的学生姓名"＊＊＊"，单击**"插入合并域"**，选中"姓名"（如图1-3-18所示）。数据源中该字段就合并到了主文档中，用同样方法将其他字段也合并到主文档中，合并完成后效果如图1-3-19所示。

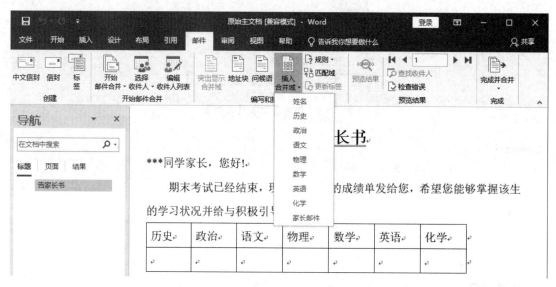

图1-3-18　插入合并域

图1-3-19　主文档中插入合并域后的效果

- 预览结果。主文档与数据源合并后，就可以单击**"邮件"**选项卡中的**"预览结果"**，可以看到刚才主文档中的带有"《》"符号的字段，变成数据源表中的第一条记录中信息的具体内容，效果如图1-3-20所示，单击工具栏中的 按钮可以浏览批量生成的其他记录。

- 合并到电子邮件。确认正确无误之后，选择工具栏中**"完成并合并"**下拉菜单中的**"发送电子邮件"**标签，弹出**"合并到电子邮件"**对话框，收件人选中**"家长邮件"**字段，设定主题行如"告家长书"，选择邮件格式（如图1-3-21所示），单击**"确定"**即可群发邮件至各家长邮箱（需要使用Outlook发送邮件）。

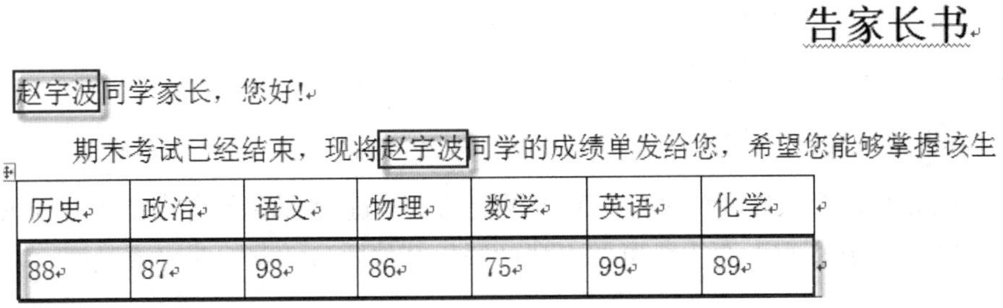

图 1-3-20 数据合并后的预览效果

图 1-3-21 合并到电子邮件

■ 第 4 步 利用长文档编辑技术来完善项目学习活动

通过前面的学习,你对如何利用 Word 来编辑文档应该有了新的认识。下面,请利用长文档编辑技术来完善并更好地呈现你的项目学习活动。

 作 业

1. 完成对项目学习活动的初步设计

说明:请你继续利用 Word 来完成项目学习活动的基本设计,该项作业在内容和技术方面的要求分别如下:

(1) 内容要求
- 包含除"评价"之外的项目学习活动全部设计要素。
- 各要素符合项目学习活动评价量规的要求。

(2) 设计要求
- 应用到 Word 中的样式。

- 有封面、目录、页眉、页脚等。
- 有合适的图片支持内容表达。

2. 回顾反思

说明：请在你的个人博客或微博上对本模块的学习进行回顾反思，你在哪些方面收获最大？哪些方面还存在困惑？至少浏览并点评（回复）其他两名学友的博客或微博。

模块四　设计开发数字化学习资源

◆ **概　述**

在项目学习活动中,一般都会为学生准备多个与主题密切相关的资源,包括实物资源(如教科书、某本小说等)、离线的数字化资源(如电子小报、微课程等)和在线的数字化资源等。由于数字化资源的便捷性,我们仍然需要优先考虑它。在一些主题中,很难找到集中的、特别契合的资源,需要教师根据主题的特点自主构建和开发。在本模块中,你将首先学习混合学习的设计要点,思考在自己的项目学习活动中,哪些资源是可以通过学生自学来获得的;接下来,你将重点学习微课程的概念、特征及设计要点,你还要学习多个多媒体制作工具,并根据自己的项目学习活动选择一个或几个工具为你的学生开发"量身定制"的微课程,有针对性地支持学生的项目学习。

- 讲座:"微课程与翻转课堂"。
- 资源:"媒体资源的获取"、"图形与图像的采集与制作"、"声音的采集与处理"、"动画的采集与制作"、"视频的采集与制作"、"微课程的速成工具——Camtasia"、"微课程的速成工具——Focusky"、"微课程的速成工具——Storyline"。
- 技术:轻松工具箱,Snagit, Sound Forge, Swish,绘声绘影,Microsoft Office Publisher, Camtasia, Focusky, Storyline。

活动 1　共享项目学习活动的初步设计

说明:在这一活动中,我们将展示共享模块三中完成的作业——项目学习活动的初步设计,包括主题、导言、任务、过程、资源五大部分,并特别关注"过程"部分的设计。

■ **第 1 步　评价案例**

请回忆我们在模块一中呈现的项目学习活动评价量规,"过程描述"和"学习建议"部分的"优秀"标准是什么?请将这些标准誊写在下面的虚线上:

请打开教材配套资源包,浏览"活动篇\模块四\项目学习活动案例"中的内容,分析其存在的问题,并将相应案例的编号填写到表1-4-1所示的评价框架中的最后一列。该评价框架包括技术层面和设计层面的问题,这些问题都是师范生在完成模块三的作业时容易出现的。

表1-4-1 案例的"过程"部分存在问题检查表

项目	存在问题描述	存在该问题的案例
技术层面的问题	没有应用自动目录。	
	格式没有统一,层级不清晰。	
	没有设置封面、页眉或页脚。	
设计层面的问题	没有采用"学案"写法,语言缺乏引导性。	
	表述不清晰,不能帮助学生有效地理解学习过程。	
	活动步骤逻辑不清晰。	
	活动步骤之间关联性不强。	
	没有为学生提供有效的支持。	
	涉及的知识和技能不适合项目学习活动目标年龄段的学生,过难或过易。	
其他		

■ 第2步 结对共享

学友之间两两结对,对彼此的作业进行浏览学习,并尝试着进行评价。评价的时候仍然使用同样的问题检查表,如表1-4-2所示,并对学友作业的情况进行记录,可使用如下标记:

- 问题较多:△△
- 有一些问题:△
- 没有问题:√

表1-4-2 对学友项目学习活动"过程"部分的问题检查表

项目	存在问题描述	存在该问题的案例
技术层面的问题	没有应用自动目录。	
	格式没有统一,层级不清晰。	
	没有设置封面、页眉或页脚。	
设计层面的问题	没有采用"学案"写法,语言缺乏引导性。	
	表述不清晰,不能帮助学生有效地理解学习过程。	
	活动步骤逻辑不清晰。	
	活动步骤之间关联性不强。	
	没有为学生提供有效的支持。	
	涉及的知识和技能不适合项目学习活动目标年龄段的学生,过难或过易。	
其他		

在互评的过程中,可以与学友就项目学习活动的主题、导言、任务、过程等方面做进一步的交流,以明确学友的设计初衷。

■ 第3步 自评并修改作品

参考学友的评价意见,并利用上一步骤中的评价框架自评作品,记录修改完善的思路:

- "技术"改进点:

- "设计"改进点:

• 其他:

活动 2　理解混合学习的设计要点

说明： 所谓混合学习（Blended learning），是指在线教育与面授相结合的学习方式。在互联网与移动通信如此便捷的今天，如何有效地设计混合学习，是每一位教师将要面临的挑战。在这一活动中，我们将了解在线学习与面对面学习的优势，并通过一个有用的框架来分析自己的项目学习活动中的若干活动分别适合以下哪种方式来开展。如表 1-4-3 所示。

表 1-4-3　在线学习和面对面学习的优势

在线学习的优势	面对面学习的优势
时间可灵活掌握	即时反馈促进深度思考
可以面向大规模人群	交流方式丰富（包括肢体语言）
分享观点无过多障碍	小组合作效率高
可以建立自己的交流社区	动手体验的活动可以切实开展
不懂的内容可以反复观看	有明确的时间要求，而不仅仅依赖学生的自律
学习不受地点限制	适合基于实物和情境绩效的展示

在线学习和面对面学习各有优势，而且它们的优势又往往是另一方的弱势，因而设计混合学习最重要的考量就是如何将两者的优势结合起来。

请浏览图 1-4-1，理解在混合学习模式中，不同的学习或活动内容最适合以什么方式来开展。异步个体的方式是可以通过在线方式来实现的，同步群体则通常是通过面对面的方式来实现的。当然也不排除使用离线的数字化资源来支持异步个体的学习，或通过在约定时间的在线研讨来开展同步群体的活动，这也是为什么图 1-4-1 中并没有绝对地将异步个体等同于"在线"，而将同步群体等同于"面对面"。

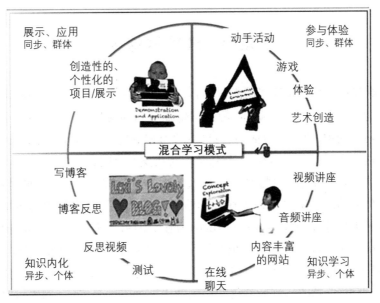

图 1-4-1 混合学习模式

请与学友分享彼此的项目学习活动设计,并将相关活动分配到不同的方框内,如表 1-4-4。

表 1-4-4 对所设计的项目学习活动进行分配

展示应用	参与体验
知识内化	知识学习

所有放在"知识内化"与"知识学习"方框中的活动,往往就是需要考虑在线学习,或者是制作数字化资源支持自主学习的内容。

请初步判断一下,在项目学习活动中,你所设计制作的数字化学习资源将是什么样子的(网站、视频、音频……)?所呈现的内容又是什么?

....

....

....

活动3　理解微课程

说明：微课程在近几年受到我国教育工作者的广泛关注，在项目学习活动教学模式中，微课程可以作为一种重要的内容载体，帮助学生在适当的时机（可以是项目学习活动前，也可以是项目学习活动中、项目学习活动后）自主学习相应的知识内容。那么，什么是微课程？微课程有哪些构成要素？在本活动中，你将重点解决这两个问题。

2013年4月，美国《时代周刊》评出了2012年影响世界的百人，名不见经传的技术宅男萨尔曼·可汗位列第四。比尔·盖茨在推荐信里写道："就像很多伟大的革新者一样，萨尔曼·可汗原先并不打算改变世界，他只是试图为在美国另一头的中学生表妹辅导代数课。"从2004年起，萨尔曼·可汗用电子黑板系统把自己的数学辅导录制成视频，放到YouTube网站上，他有意识地把每段视频的长度控制在10分钟之内，以便让远在新奥尔良的表妹有耐心理解、消化。没想到，这些小视频获得了每天数十万的点击量，通过网络，竟然帮助了不少中小学生找回了学习数学的信心。在千万网友们的热捧和鼓励下，2007年，可汗成立了非营利性的"可汗学院"网站——Khan Academy，很快，网站的月平均点击量竟超过了200万次！"可汗学院"的成功是数字化教学的奇迹，更是一次"课程的革命"，"可汗模式"一石激起千层浪，引发了人们对传统课程与教学的质疑和讨论，人们的目光越来越聚焦于这种可能翻转未来教育的——"微课程"。

■ 第1步　辨析微课程的概念

在当前的教学实践或相关文献中，不同的人根据不同的视角或者不同的应用场合对微课程概念作出不同的理解，常将微课程与微课、微视频等概念混用。这三个概念既有关联、又有区别，我们先来看看学者对于微课程及其相似概念的界定，如表1-4-5所示。

表1-4-5　国内部分学者对微课程及其相关定义的比较

研究者	定　义	分类	共同点
张一春	"微课"是指为使学习者的自主学习获得最佳效果，经过精心的信息化教学设计，以流媒体形式展示的围绕某个知识点或教学环节开展的简短、完整的教学活动。	课	目标单一 内容短小 时间很短 结构良好 视频格式
黎加厚	"微课程"是指时间在10分钟以内，有明确的教学目标，内容短小，集中说明一个问题的小课程。		
胡铁生	微课又名微型课程，是基于学科知识点而构建、生成的新型网络课程资源。微课以"微视频"为核心，包含与教学相配套的"微教案""微练习""微课件""微反思"及"微点评"等支持性和扩展性资源，从而形成一个半结构化、网页化、开放性、情景化的资源动态生成与交互教学应用环境。	课程	

续　表

研究者	定义	分类	共同点
焦建利	微课是以阐释某一知识点为目标，以短小精悍的在线视频为表现形式，以学习或教学应用为目的的在线教学视频。	教学资源	
郑小军	微课是为支持翻转学习、混合学习、移动学习、碎片化学习等多种学习方式，以短小精悍的微型教学视频为主要载体，针对某个学科知识点或教学环节而精心设计开发的一种情景化、趣味性、可视化的数字化学习资源包。		

从以上比较中不难看出，各位学者对于微课程（或其类似概念）的定义不尽相同，其中相互交叉、重复、角度不同的情况也很普遍——从定义的字面意义来看，可以将定义归为三类：(1) 对应"课"的概念，突出微课程是一种短小的"教学活动"；(2) 对应"课程"的概念，有课程计划（微教案），有课程目标，有课程内容（学科知识点），有课程资源（微视频、微练习、微课件）；(3) 对应"教学资源"的概念，如在线教学视频、数字化学习资源包。尽管在定义的表述上有差异，但在定义的内涵上是有共同点的。为此，我们避免在概念上做过多纠结，而是偏重于归纳微课程的主要特征。

总的来讲，微课程有以下几个主要特征：第一，容量小。一个微课程只围绕一个知识点或技能点。第二，时间短。教学视频一般不超过 10 分钟。为什么是 10 分钟呢？根据美国脑科学专家约翰·梅狄纳（John Medina）教授关于注意力的研究，在课堂开始以后，学生的注意力就处于逐渐下降趋势，10 分钟以后，已经降到了较低的水平。第三，自足性。微课程包含讲解某个知识点的所有必要信息，学生可以凭借它完成自主学习。第四，基元化。对于一个知识点或技能点的学习而言，微课程往往不能够再进行分割，而是呈现了最小单位的学习内容。第五，易传播。由于微课程时间短、容量小，以数字化形式存储，又以微视频为呈现主体，因而可以方便地在数字化终端（如手机、平板、电脑）播放与分享，支持移动学习。

为了进一步巩固微课程的相关理解，请你学习"讲座篇"中的第五讲"微课程与翻转课堂"，与学友讨论并回答如下问题：

微课程与微视频有什么区别？

微课程与数字化课程有什么关系？

微课程与课件有什么区别？

微课程可以应用于怎样的教学情境中？

■ 第2步　剖析微课程的构成要素

课程资源是课程目标实现及课程实施的基础和保障，它是教育资源的重要组成部分。其中教育资源包括数字化的教育资源，由教育部教育信息化技术标准委员会发布的"CELTS-41.1 教育资源建设技术规范"中将其分为"媒体素材、试题、试卷、课件、案例、文献资料、网络课程、常见问题解答、资源目录索引"九大类型。微课程作为一种新型的数字化教育资源，与 CELTS-41.1 所定义的"媒体素材、课件、网络课程"等资源类型具有不同的特征，如表 1-4-6 所示。

表 1-4-6　部分数字化教育资源类型的特征比较

维度\类型	媒体素材	课件	网络课程	微课程
技术形态	文本、图形/图像、音频、视频、动画	PPT、动画、执行文件	以富媒体形态呈现的学习内容及教与学支持环境	视频
结构化程度	低	中偏低	高	中偏高
适用领域	教师备课	课堂教学	自主学习	自主学习、课堂教学
应用对象	教师	教师	学习者	学习者、教师
设计理念		以教师为中心	以学习者为中心	以学习者为中心

不同的研究者从不同的视角出发，对微课程的构成要素也有不同的认识。胡铁生从微课程的"教学活动全过程、资源的应用生态环境和资源组成的生长发展性"视角出发，提出"微型教学视频片段、微教案、微课件、微练习、微反思、微点评、微反馈"七个微课程资源构成要素。刘名卓从微课程的"课程"属性视角出发，认为微课程需要具备必要的课程要素，如教学目标、教学内容、教学活动（学习活动）、教学资源（学习资源）、教学评价（学习评价），以及内置必要的学习支持（如提供学习笔记、批注等学习工具）。新加坡教育科学研究所开展了一项名为"MicroLessons"的研究项目，研究如何在一节课内完成特定教学目标的基于信息技术的教学构成要素，指出 MicroLessons 可能包含"教学活动、模拟、游戏、问题解决活动、母语材料、教师演示材料"等内容，并提出构成 MicroLessons 的五大要素：目标、内容、活动、工具和模板。总体来看，上述几种观点都比较倾向于从"课程"或"课"的属性出发来探讨微课程的构成要素。

然而微课程作为一种数字化教育资源，从其"教育资源"的属性出发，一个典型的微课程需要包含以下构成要素：目标、内容、教的活动、交互、多媒体，其相互关系如图 1-4-2 所示。

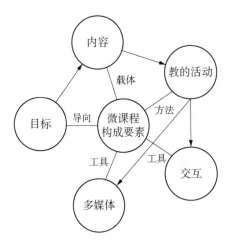

图 1-4-2 微课程的构成要素

（一）目标

目标是指教师预期微课程的适用教学阶段和期望微课程在教学应用中所要达成的结果。它包含两方面的涵义：应用目的，即为什么要设计开发微课程，这与微课程应用的教学阶段（课前、课中、课后）有关，如为学生的课后练习提供个别化的指导而设计制作某练习详解的微课程；应用效果，即教师期望学生在使用微课程后所要解决的具体问题，如引发学生的思考、掌握某道题目的解题方法等。微课程的目标一般具有单一、具体明确的特征，对微课程的内容选择和应用形式起到导向作用。

（二）内容

内容是指服务于微课程预期目标达成的、与特定学科相关的、有意传递的素材及信息。它是教师实现微课程预期目标的信息载体。微课程内容是教师依据微课程目标，根据学生学习情况、准备应用的教学阶段等教学实际，有针对性地对特定学科的教学内容进行综合加工而成。微课程内容的不同会直接影响教师对"教的活动"的设计。由于微课程的时间很短，在内容上具有短小、主题明确、相对独立的特征，需要教师对内容进行精心选取、删减、改编、设计。

（三）教的活动

"活动"是主体与环境的相互作用过程，其中环境包括客体、其他主体以及主体本身。这里说的"教的活动"就是指教师作为活动的主体与特定微课程内容的客体之间的相互作用过程，通过这种相互作用，教师向学习微课程的学生有效传递教学信息，以帮助学生对内容进行思考、理解与意义建构。教的活动是实现微课程目标的方法。从教的方法来看，教的活动可以分为教师讲授、教师演示、教师操作、教师与其他活动主体的言语对话等活动类型。

（四）交互与多媒体

教师需要借助特定的工具来完成微课程中相应的"教的活动"，以促进学生与微课程之间形成有助于学生对内容产生正确意义建构的相互交流与相互作用。在微课程中,这种工具主要包括两类:一是交互工具,当学生在学习微课程时,能促进学生与微课程之间更有效地进行信息交互和操作交互,其交互的类型和形式如表 1-4-7 所示;二是信息呈现工具——多媒体,如微课程中呈现的课件、图形图像、动画、视频等多媒体资源,能更好地帮助教师表达、解释教学内容,提高学生在学习微课程时与学习资源间信息交互的有效性。

表 1-4-7 微课程的交互类型与形式

类 型	形 式	直接交互对象
概念交互	引发认识冲突的画面	学生与多媒体信息
	引发认识冲突的言语	
	提问性的言语	
信息交互	叙述性的画面	
	叙述性的言语	
操作交互	人机交互工具	学生与交互界面

微课程的五大构成要素是相互联系、相互影响的,教师通过对这五大要素的精心设计、组织,构成一个具有一定结构化程度的数字化课程资源。

■ 第 3 步 认识典型微课程及其学习结构

国外的可汗学院、TEDEd,我国的中国微课、优课网、优秀短课展播平台等均建设了大量微课程。那么这些微课程是如何建设的,在平台上又是如何组织的?下面通过分析三个典型的微课程平台来认识其学习结构。

(一) 可汗学院

可汗学院作为成功的微课程资源应用案例,其网站上已提供包括数学、科学与经济、人文等学科的内容,这些内容的组织结构见图 1-4-3。

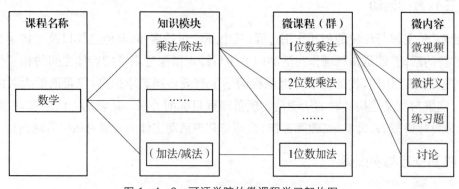

图 1-4-3 可汗学院的微课程学习架构图

从图 1-4-3 可看出,在可汗学院中,微课程学习网站的组织架构共分四层:第一层是课程名称,如"数学";第二层是每一门课程中包含的知识模块,如乘法/除法、加法/减法等;第三层是每个知识模块下细分出的最小粒度的知识点,如 1 位数乘法、2 位数乘法等;第四层就是针对每个知识点学习的微课程,它包含多种微内容、微活动及学习支持工具。

(二) TEDEd

TEDEd 是 TED 最近在 YouTube 上推出的新频道,在这个频道中,教师能够创建 3 到 10 分钟不等的视频,专门针对某个问题进行教学。TEDEd 中的微视频基本都短于 18 分钟,却已经吸引了五亿多人次观看。通过分析发现,TEDEd 教育频道的课程架构如图 1-4-4 所示:

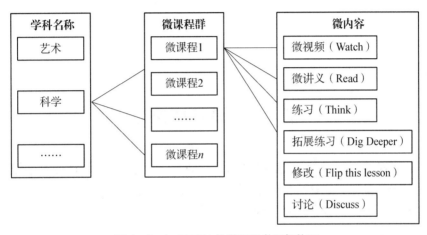

图 1-4-4　TEDEd 的微课程学习架构图

从图 1-4-4 可以看出,在 TEDEd 中,微课程网站的组织架构共有三层。第一层不是课程名称而是学科名称,如艺术、科学等;第二层是微课程群,包括进入各微课程的链接;第三层是具体的微课程学习。TEDEd 中的微活动比较丰富,基本包括观看(微视频)、阅读(微讲义)、练习、拓展练习、微视频修改和讨论六种。

(三) 佛山"短课"

佛山"短课"源于 2010 年 11 月佛山市教育局启动的首届中小学新课程优秀"短课"征集评审活动,全市共征集到 1 700 节优质规范的教师"短课"参赛作品,内容覆盖小学、初中和高中,教学形式丰富,"短课"类型多样,主要来自原有的教学资源库的重新加工改造,使其符合"短课"的特点,佛山"短课"的结构如图 1-4-5 所示。

从图 1-4-5 可以看出,佛山"短课"网站的组织架构比较简单,只有两层,第一层是短课群,第二层就是具体的短课学习。其微活动主要包括四种:观看

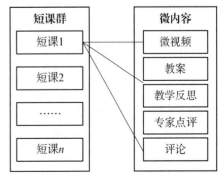

图 1-4-5　佛山"短课"的结构示意图

微视频,阅读教案,教学反思,专家点评、评论。

从以上案例和相应分析中,我们不难看出,微课程虽然时间很短,容量很小,但它是有结构的,并且当它有了一定的结果后,就能更好地达到微课程的教学目标。

- 请用简洁的方式写出可汗学院、TEDed 和佛山"短课"的微课程结构:

可汗学院:微课程＝微视频＋微讲义＋练习题＋讨论

TEDEd:＿＿＿＿＿＿

佛山"短课":＿＿＿＿＿＿

- 练习题、讲义、反思等内容,在微课程中的作用是什么?

___

___

___

___

活动 4　设计微课程

说明: 微课程虽然微小,但却包含着所有的课程要素。因此要设计好一个微课程,需要特别关注一些设计策略。在这个活动中,我们将首先学习通用的和分类的微课程设计策略,然后根据一些在线的微课程案例进行评析。

■ 第 1 步　通用的微课程设计策略

通用的微课程设计策略包括:

(1) 时间一般不超过 10 分钟。

(2) 只讲一个知识点或实用策略。要说清楚是什么,还要说清楚不是什么,让学生明确基本概念和原理;对于关键技能的教学,要清楚地说明应该如何做,不应该如何做;关键概念或新概念出现时,要配合使用字幕或提示性文字。

(3) 符合学生认知的规律。要符合学生认知的循序渐进规律,兼顾学生的认知差异,因此不要轻易地跳过某个步骤,即便是很容易很简单的步骤。要知道学生是可以自己操作浏览节奏的,对于容易的部分,他们可以自己选择跳过。

(4) 选择合适的内容结构。通常来讲,微视频往往分为导入、讲解和总结三部分。考虑到导入、讲解、总结等有多种形式,也可以具体分解为:问题情境＋互动＋专家点评＋作业;挑战＋策略方法＋归纳提升＋测试;热身＋讲解＋案例＋回顾＋测试。还有更多的组合方式,目的就是让学习者的认知达到最佳的效果。

(5) 给学习者提示性信息(标注)、放大关键点、拉近拉远、镜头快慢等。

(6) 用字幕方式补充微课程不容易说清楚的部分。

(7) 注重过程中与学习者的交互。比如说在讲叙的过程中用提问语气,有人机互动的测试、选择等。

(8) 结束的时候要有简短的回顾和总结。

(9) 要考虑微课程的传播与分享。由于微课程是反复应用的,因此要尽量减少教学情境信息,如"上一节课,我们学习了……""下一节课,请你……"等。同时,也要为传播和分享做好准备,因此建议开门见山,呈现微课程主题,在结尾部分也要标记版权信息。

(10) 制造1对1的氛围。学生利用微课程学习时,往往都是个人学习,此时要考虑到学生所处的学习环境,微课程中的用语要与学生坐在电脑前学习的情境契合,制造单独辅导的讲课效果。语言上多用"你"而不是"你们",用"咱们"而不是"大家"。

■ 第2步 分类的微课程设计策略

在开发并评阅了大量的微课程后,我们将微课程进行了分类,以便于用更适合的表达方式和技术手段来开发不同类别的微课程。

- 理论讲授型:注重事实、概念、原理、规律等的传授,以讲授型教学模式为主;
- 推理演算型:强调过程理解,具有较强的数理逻辑,如数学中的解题过程等;
- 答疑解惑型:以问题为导向,在教师的指导下建立问题与知识间的联系,设计核心在于问题情境的设置,适用于经济学、教育学、医学等课程的设计;
- 情感感悟型:注意情感态度价值观方面的培养;
- 技能训练型:注重学习者某种技能或技巧的培养,以学习者参与和体验为特点,如软件操作、硬件组装、歌唱、体育等;
- 实验操作型:注重利用专门的仪器、设备来控制或模拟研究对象、条件或环境等因素,使某些新事物的生成、现象或过程得以再现,从而引导学习者去发现、认识自然现象、事物性质和科学规律。如物理、化学实验等。

不同类型的微课程又有更加微观的设计策略,请浏览表1-4-8中的各个代表性微课程,并记录下你的感想。

表1-4-8 不同类型微课程的适用内容与设计建议

微课类型	典型案例	适用内容	设计建议	备注(感想、心得)
理论讲授型	微课程:细胞核的分裂	• 讲解基本概念、规律或原理等内容 • 注重知识的内在规律或逻辑	• 对一些重要的基本概念,要说清楚是什么,还要说清楚不是什么,让学生明确基本概念和原理 • 关键概念或新概念出现时,要配合使用字幕或提示性文字 • 尝试着有别于教科书中的讲解方式 • 结合案例解释理论或概念	

续 表

微课类型	典型案例	适用内容	设计建议	备注（感想、心得）
推理演算型	微课程：平行四边形	● 原理、规律、定律等 ● 注重推演过程对学生理解知识的意义	● 运用软件、黑板、纸质等清晰地呈现演算 ● 结合录屏软件进行展示（Camtasia \ Vittle \ Explain Everything） ● 配合使用视频编辑软件（改变视频播放速度、增加颜色\图形标注）	
答疑解惑型	微课程：完全平方公式	● 习题讲解 ● 解答技巧的专项突破	● 对错误的例子进行深入剖析将有助于学生理解 ● 设计过程中，除了展示与剖析正确的解法外，对错误的例子进行深入剖析将更有助于学生理解 ● 此外，系统分析学生学习过程中产生的问题，根据问题的层次、问题的重难点开发不同的微课程，形成微课程群，这样将发挥更大的作用	
情感感悟型	微课程：地球上的星星	● 德育类主题或内容 ● 引起学生共鸣（共情）、引发学生深思 ● 设计建议： ◇ 突出"小"、"近"、"新"、"活"的特点 ◇ 倾向陈述而不是解释、说教和评价，让故事本身有感染力 ◇ 画面要有助于增强故事的真实感和说服力 ◇ 恰当使用音乐增加故事的感染力 ◇ 为学生留下思考空间	● 突出"小"、"近"、"新"、"活"的特点；"小"即以小见大，管中窥豹；"近"即贴近生活，贴近学生的经历与体验；"新"即形式创新；"活"即着重于对情境的感同身受，引起学生共鸣 ● 倾向陈述而不是解释、说教和评价，让故事本身有感染力；情感感悟类很多时候都以叙事的方式进行讲解，因而，注意在陈述的时候是用描述性的语句，而不做解释，更不需要做过多的主观判断，通过客观的陈述让故事本身达到感悟学生的目的 ● 画面要有助于增强故事的真实感和说服力：在画面设计时，要通过真实、精致的画面设计增强故事的真实感和说服力 ● 恰当使用音乐增加故事的感染力 ● 为学生留下思考空间：留下一些空间让学生自己去体会，往往能取得意想不到的效果	

续　表

微课类型	典型案例	适用内容	设计建议	备注（感想、心得）
技能训练型	微课程：波尔卡节奏	● 动作技能、操作技能、语言运用技能等	● 借助图片、图示、动画、视频等方式进行示范 ● 用语言或文字引导学生观察、讨论、分析，关注重点 ● 根据具体内容采用分段、放大细节、慢镜头、不同角度录制的制作策略 ● 实景拍摄时，注意构图与背景，突出主体 ● 除了说清楚应该怎么做，根据需要还要说明不应该怎么做 ● 吸收学生参与示范也是不错的设计策略	
实验操作型	微课程：筷子"折"了	● 利用仪器或设备、器材还原过程，发现规律	● 动作规范、正确，操作动作速度适当 ● 用语言或文字引导学生观察、讨论、分析 ● 设备的关键操作或部位需要配合使用文字或标注 ● 根据具体内容采用分段、放大细节、慢镜头、不同角度拍摄的制作策略	

■ 第3步　评析在线微课程案例

请浏览下面网站中的任何三个微课程，辨析它们应该属于哪类微课程，哪里做得比较好，哪里还需要改进？并记录在表1-4-9中。

- 浙江微课网，http://wk.zjer.cn/index.shtml。
- 荔枝微课，http://www.lizhiweike.com/。
- 尔雅微课程，http://sias.fanya.chaoxing.com/portal/schoolCourseInfo/columnCourse?columnId=1205。

表1-4-9　在线微课程评析记录

我选择评析的微课程	优点	待改进之处

技术实践1　为教学实施准备基本素材

说明： 在教学中，教师不可避免地会使用形式多样的教学资源，这些资源的使用不仅为教学设计增光添彩，提高教学效率，而且也能极大地提高学生学习的兴趣。而在"以学生为中心"的教学中，学习资源就被赋予了更为重要的意义，它将是学生获得知识的重要渠道。还记得 AECT' 05 定义吗？"教育技术是通过创建、利用、管理适当的技术过程和资源以促进学习与改进绩效的研究和合乎伦理道德的实践"，定义中特别强调了教育技术的研究对象是"技术过程和资源"，可见教育技术在学习资源准备方面的重要作用。一般来讲，多媒体素材被认为是学习资源的基础性材料。在这一活动中，我们将先了解多媒体素材的类型和特点，然后选择几个多媒体素材的生成工具进行学习资源的制作练习。

■ **第1步　了解多媒体素材的类型**

多媒体素材按媒体的属性可以分为文本、图形图像、声音、动画、视频等，它们在教学中应用时分别有自己的优点。你知道哪些工具可用于采集或处理这些相关素材吗？请将你知道的工具写在表 1-4-10 的最后一列中，并与其他学友交流。

表 1-4-10　多媒体素材的类型、优点及对应的采集与处理工具

多媒体素材类型	在教学中应用的优点	你所知道的采集和处理工具
文本	计算机屏幕上直接呈现的文字内容，能准确、有效地传播教学信息。通常应用于概念、原理的阐述，问题的表述，案例的具体描述等。	
图形图像	图形图像比文本更容易被学习者接受，形象、生动、直观。承载信息大，寓意丰富，通常用于表现大量细节的对象。	
声音	声音是一种过程性的信息，一般用于言语解说、背景音乐、效果音等。能够集中学生的注意力，在信息化资源中合理使用声音更可以激发学生学习的潜力，有利于限定和解释画面。	
动画	生动、有趣，可以对事物运动、变化过程进行模拟，帮助学习者把握本质规律，同时也可以形象地展示与具体生活相关的信息，有利于激发学习者学习的兴趣。	
视频	视频信息量大，具有更强的感染力，一个可以直接用于教学的视频通常是由上面几种素材编辑整合而获得的。	

■ **第2步　多媒体素材的采集与制作体验**

采集和处理多媒体素材是进行数字化学习资源开发的第一步，每一种素材都有自己的

获取方法。"资源篇"中的资源四至资源七分别介绍了媒体资源的获取办法以及相关软件的操作指南,请利用这些资源学习每种素材的采集与处理方法,并根据表 1-4-11 所示的练习要点进行相应软件的操练。

表 1-4-11　多媒体素材采集与处理软件的练习要点

资源篇	软件名称	练 习 要 点
资源四	轻松工具箱	了解各个学科的相应功能;重点了解本学科相关的功能。
	Snagit	截取屏幕上自己所需要的任意大小的图片;截取菜单图像;获取滚动的屏幕;录制在计算机上某一操作过程的视频;获得某个当前网页上的全部精美图片;获取保存链接的图片……
资源五	Sound Forge	编辑一段音乐,为自我介绍的 Swish 动画配音。
资源六	Swish	使用 Swish 工具制作一个自我介绍的动画,可将该动画插入介绍项目学习活动的演示文稿中。
资源七	绘声绘影	在故事板中添加视频素材;去除开始或结束位置不需要的部分;删除中间一段不需要的部分;分割视频;在视频之间添加转场效果。

 技术实践 2　利用出版物整合资源

说明:在实际的教学中,教师往往需要对编辑好的多媒体素材进行整合,使其为某一确定的主题服务。文字编辑软件、演示文稿软件等都可以作为整合素材的工具。在这一模块中,我们介绍一种前面未涉及的整合工具:出版物。在这一活动中,我们将体验出版物开发工具——Microsoft Office Publisher2019,并尝试着用 Publisher 软件为项目学习活动制作一个资源。

■ 第 1 步　了解 Publisher

Publisher2019 同 Word、Excel、PPT 一样,是 Microsoft Office 的组件之一,主要用来设计、制作和发布新闻稿、小册子、海报、明信片以及网站等。

1. 熟悉 Publisher2019 界面

当你打开 Publisher2019 后,系统会直接打开模板界面,在窗口的右侧显示 Publisher 提供的所有出版物类型,有**特别推荐**的模板,还有很多**内置**的模板。**内置**的模板中包括很多常见的出版物和印刷品的名称,例如:海报、贺卡、名片、日历、小册子、新闻稿等。如图 1-4-6 所示。

2. 利用模板创建出版物

如果用户在**内置模板**选中某一个出版物类型,如**新闻稿**,在出现的界面中间栏会列出属于此类型的所有已安装模板,并且可以在右侧的窗口中预览选中模板的样式。值得注意的

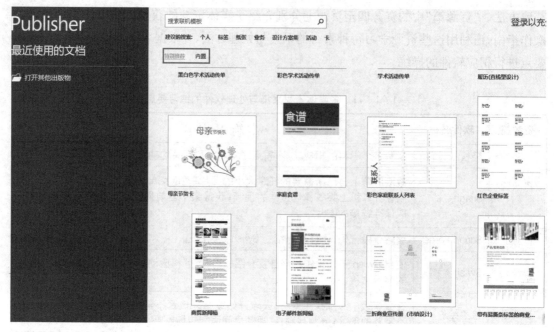

图 1-4-6　Publisher2019 初始窗口

是，当用户对模板的配色方案和字体方案不满意时，只需要在对话框右下侧的**"自定义"**区域中修改相关方案，就可以大大提高设计者的工作效率，如图 1-4-7 所示。当选择某一模板并修改相关方案后，点击**"创建"**按钮，即可创建一个出版物。

图 1-4-7　方便快捷的模板选择和自定义配色方案

如果系统中的默认模板无法满足用户的需求，还可以通过**搜索联机模板**的功能，从微软官方网站上搜索相关模板。如果连官方网站上都无法提供满意的模板,用户还可以创建一个空白页面,自己动手建立个性化模板,或修改系统自带的模板,并将新的出版物模板保存为 Publisher 模板文件。用户只要在**"文件"**菜单中单击**"另存为"**;之后在**"保存类型"**框中,选择**"Publisher 模板"**;输入该模板的名称,并将目标文件夹更改为 Publisher 默认模板库位置(如果用户将模板保存到其他位置,Publisher 可能无法自动找到此模板);最后单击**"保存"**按钮,此模板就保存到 Publisher 模板库中了。以后只要打开模板库,就可以方便快捷地找到该模板。

3. 设置出版物格式

创建了新的 Publisher 出版物后,你就进入到了出版物的编辑模式,Publisher2019 的界面样式和 Word、PPT 的界面样式保持了统一的风格,可以方便学习者快速掌握 Publisher 的功能。利用模板新建新闻稿的初始界面如图 1-4-8 所示。页面最上方是 Publisher 的功能选项卡,左侧是该模板所包含的页面缩略图,右侧是编辑区域。

图 1-4-8　Publisher 的编辑界面

4. 不同类型出版物间的转换

用户要将一种类型的出版物转换为另一种类型的出版物或者要将当前使用的模板替换成另一个模板时,Publisher 提供了更改模板的方式。在**"页面设计"**选项卡下,选择"更改模板"的功能,如图 1-4-9 所示。在弹出的"更改模板"的窗口中,可以选择同一类型出版物的另一个模板,也可以选择不同类型出版物的模板。如果选择不同类型出版物的模板,将会弹出一个窗口,上面有两个选项:①**"对当前的出版物应用模板"**,转换后的出版物模板将会完全覆盖原有文件；②"**使用我的文本和图形新建一份出版物**"，则系统将会复制原有出版物的所有内容，保留原有文件，并建立一个新的出版物文件，如图1-4-10所示。

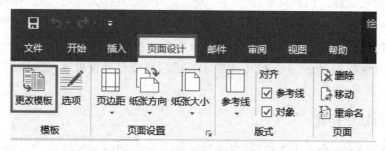

图1-4-9　为出版物更改模板

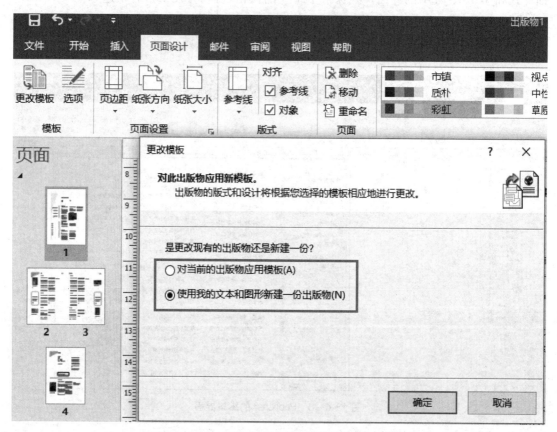

图1-4-10　不同类型出版物间转换模板的设置

如果用户已经在原有的出版物页面中添加了内容或插件，Publisher会将所有不适合新出版物类型的内容和插件都移至编辑界面右侧的"**其他内容**"部分，如图1-4-11所示。如果用户关闭在"**其他内容**"部分存有内容的出版物时，Publisher会提示用户处理出版物中未使用的项目，这样用户就不会由于一时马虎丢失先前已经做好了的工作。

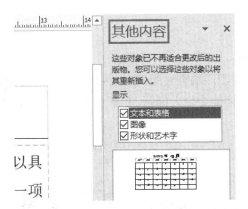

图 1-4-11　不适合新出版物类型的其他内容

■ 第 2 步　使用 Publisher 模板制作新闻稿

1. 利用模板创建新闻稿

启动 Microsoft Office Publisher2019 程序，在内置出版物类型中选择**"新闻稿"**，根据个人喜好和需求选择合适的模板，必要的时候自定义配色方案和字体方案，设置业务信息，选择页面尺寸，设置完成后点击**"创建"**按钮，一个基于模板的新闻稿就初步成形了，如图 1-4-12 所示。

图 1-4-12　基于模板创建的新闻稿页面

2. 编辑新闻稿

使用模板创建新闻稿后，Publisher2019 提供了一个 4 页的出版物框架，每页的页面会使用固定位置的文字和图形为新闻稿创建版面，排版风格各有不同，如图 1-4-13 所示。通过单击鼠标，你可以在现成的框架中输入标题、文章和剪贴画。下面需要做的工作就是填充新闻稿的内容。

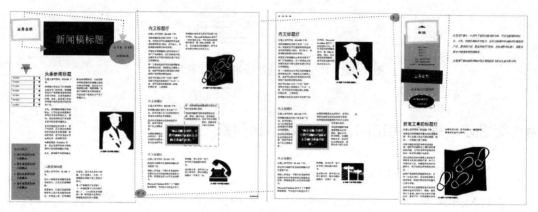

图 1-4-13　新闻稿页面框架（组合图）

（1）使用现成的文本框。新闻稿向导会创建一些固定位置的文本框。通常，这些文本框内的文字会告诉你应该在这里输入什么内容。在文本框内单击任何位置就可以开始输入文字了。要改变文本框的大小，则要单击文本区域，然后将鼠标移到文本框的边框线上，当鼠标的形状变为双向箭头时，就可以通过拖曳鼠标放大或缩小框架了。

（2）创建和取消文本框链接。如果文本框的大小不足以容纳文本的内容，Publisher 会自动将溢出内容倒入后续文本框内，并且会创建文本框之间的链接，以便在多栏多页之间导航。

● 定位文本框：如果文本框已被链接，文本框的左侧和右侧会分别显示"**定位至前一文本框**"和"**定位至下一文本框**"箭头，如图 1-4-14 所示。

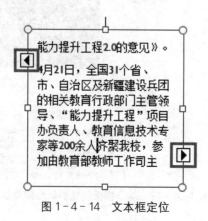

图 1-4-14　文本框定位

- 取消文本框链接：要取消文本框和其他文本框之间的链接，选择要断开链接的文本框，单击**"文本框工具/格式"** 选项卡下的**"分隔符"** 按钮即可，如图1-4-15所示。

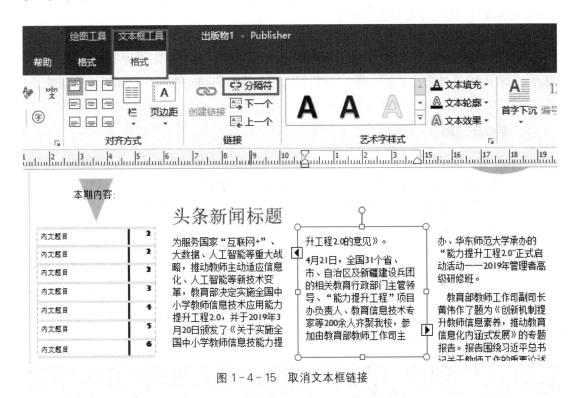

图1-4-15 取消文本框链接

取消链接后，文本框中容纳不下的文字将进入**溢出区**。"…"标记表示部分文字未能显示。为此你必须扩大文本框，或将文本置于另外的文本框中，如图1-4-16所示。

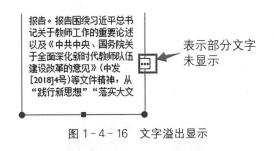

图1-4-16 文字溢出显示

- 重新建立文本框链接：取消文本框链接后，如果想通过链接文本框继续组排文章，则先要选择包含溢出文字的文本框，单击**"文本框工具/格式"** 选项卡下的**"创建链接"** 按钮，鼠标指针变成罐形 。单击空白文本框的任意位置，将文字**倒入**目标文本框中 。

（3）添加文本框。用户可以根据需要自主添加文本框，单击**"插入"** 选项卡中的**"绘制文本框"** 按钮，从需要添加文本框位置的左上角开始，沿对角线方向拖曳鼠标，设置文本框尺寸。单击文本框内的任意位置，进入编辑模式，如果需要，可以利用**"文本框工具/格式"** 选项卡中的功能改变文字的格式，如字体、字号、颜色等，然后开始输入文本内容。

（4）插入页。如果 4 页默认的新闻稿不能满足内容要求，可以利用"**插入**"选项卡的"**页面**"功能实现，或者在左侧页面缩略图区域选择其中的一个页面，右键单击，在弹出的菜单中选择"**插入页**"，根据提示向导完成操作。

（5）删除页。如果新闻稿的页面太多了，也可以很方便地把它们删除：打开要删除的页面，在"**页面设计**"选项卡下，单击"**删除**"按钮，或者在左侧页面缩略图区域选择要删除页的页面，右键单击，在弹出的菜单中选择"**删除页**"，根据提示向导完成操作。如果不想删除了，可以用"Ctrl+Z"组合键来恢复被删除的页面。

3. 保存新闻稿

新闻稿编辑完成后，需要保存以备后续查看和使用。在"**文件**"菜单中单击"**保存**"或"**另存为**"，在弹出的对话框中选择保存位置，并对文件进行命名，Publisher 会默认将其保存为".pub"文件，单击"**保存**"。在制作过程中要养成经常保存文档的好习惯。

4. 润色新闻稿

（1）改变插图或图片。利用模板创建新闻稿后，系统会自带一些插图，这些插图可能不符合用户要求，这时需要对插图进行更改。双击插图，Publisher 会在页面顶端自动打开"**图片工具**"的"**格式**"选项卡，如图 1-4-17 所示。单击"**图片**"按钮，可以选择电脑上已有的图片，点击"**插入**"按钮即可完成图片替换工作。

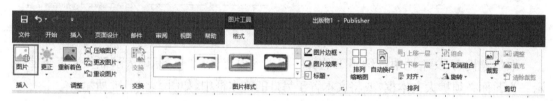

图 1-4-17　插入外部图片

（2）输入插图题注。模板自带的图片一般会留有对图片进行说明的位置，要更新或改变图片说明，需要单击图下方的文本框，选中文本，再重新输入文字，如图 1-4-18 所示。完成输入后，单击文本框外的任何地方即可退出。

图 1-4-18　更改图片说明

(3) 首字下沉。有时你需要将段落的第一个字符进行首字下沉处理,这样可以引起读者的注意或充实版面。方法很简单:选择一段文本,在**"文本框工具/格式"**选项卡下,单击**"首字下沉"**按钮,并选择一种样式。也可以在**"自定义首字下沉"**命令中改变**首字下沉**的设置,如图 1-4-19 所示,单击**"确定"**后即可完成首字下沉设置。

图 1-4-19　自定义首字下沉格式

(4) 其他设置。还可以通过其他方法为新闻稿增添色彩,如 Publisher2019 的**"插入"**选项卡还提供了**艺术字**、**插入文件**、**对象**的功能,用户可以根据需要在自己的新闻稿中有选择性地增加。

■ **第 3 步　为项目学习活动制作一个出版物**

在这一步骤中,请你尝试着为自己的项目学习活动制作一个出版物(如新闻稿、小册子或海报等),在制作出版物之前,请考虑好以下几个问题:
- 这个出版物是给谁看的?
- 制作出版物的目的是什么?
- 这个出版物将在项目学习的什么阶段使用(如开始、过程、结束)?
- 出版物中将有哪些栏目?将提供哪些资源给阅读者?
- 你将选择哪类出版物?新闻稿、小册子,还是海报?

 技术实践 3　开发微课程

说明: 正如前文所言,微课程是一个非常有价值的支持自主学习的数字化资源。在这个活动中,你将学习不同的技术工具,并尝试着利用合适的技术工具开发自己项目学习活动所需要的微课程。

■ **第 1 步　学习微课程设计与开发工具**

在谈及微课程的制作与开发时,我们主要谈的就是微视频的制作与开发。相应的工具可以分为五类:

(1) 基于拍摄的工具:手机、相机、平板、DV、摄像机。选取原则当然是因地制宜,适宜最重要。在用手机、平板等进行拍摄时,往往需要借助摄像支架等辅助,以保证视频拍摄的稳定性。

（2）基于录屏的工具：Camtasia Studio、屏幕录像精灵、WebEx Recorder 等。选取原则主要是从占用资源的情况、兼容性、输出格式、编辑功能、录制品质、体积大小等方面综合考虑。综合评估下来，录屏软件 Camtasia Studio 是比较适合的工具，请参考本教材"资源篇"中的资源八"微课程的速成工具- Camtasia"，学习与 Camtasia Studio 相关的技术操作。此外，用 Puppet Pals、Story Maker、Vittle 等 PAD 录屏软件录制的内容活泼有趣，非常适合给幼儿园和小学的学生制作微视频。

（3）基于动画的工具：提到动画，相信大家首先浮现脑海的是 Flash，作为动画制作的专业级工具，Flash 因技术门槛较高，往往令动画爱好者望而却步。随着软件发展趋势越来越亲民，皮影客等一批"草根"级动画创作软件脱颖而出，通过现成的素材库和动画库，使用者就能快速制作出生动有趣的角色动画。

（4）基于演示的工具：传统的演示文稿设计工具如 PowerPoint，从 2003 版升级到 2019 版，功能表现可谓越来越趋向完美，从便捷的多媒体素材编辑与处理，到华丽的动画演示效果，PPT 能让创作者轻松自信地设计和制作精美的演示文稿，使其自然成为微视频制作的首选。除此之外，还有打破传统的单线性演示工具，如 Focusky、斧子演示 Axeslide、Prezi 等，它们完全颠覆了 PPT 式的线性演示思维。这些演示工具的所有内容都在一张大画布上，内容组织方式类似思维导图。利用平移、旋转和缩放，可以达到镜头推进和拉出的演示效果，让你的演示更简单、生动。可参考本教材"资源篇"中的资源九"微课程的速成工具——Focusky"，学习与 Focusky 相关的技术操作。

（5）基于交互的工具：如果要在微视频中制作出丰富的人机交互效果，可以再配合更专业的工具，如 Articulate Storyline、Adobe Captivate、OutStart Trainer 等。其中 Storyline 因具有如下功能而更受青睐：支持中文，无乱码烦恼；可导入 PPT 并编辑；预设大量课件模板、大量矢量人物角色模板；互动性效果设置便捷；图层化的设计理念；所见即所得动作出发机制；魔术般的测试题生成方法；集成了屏幕录制和软件模拟功能；可以发布为 HTML5。

请参考本教材"资源篇"中的资源十"微课程的速成工具——Storyline"，学习与 Storyline 相关的技术操作。

■ 第2步 选择适当的工具制作微课程

在学习了不同的制作工具后，请根据表 1-4-12，为自己要开发的微课程选择合适的制作工具并开始制作。

表 1-4-12 不同类型工具在支持不同类型微课程时的适应情况

	拍摄	录屏	PPT	动画	交互
理论讲授型	＊＊＊＊	＊＊＊＊	＊＊＊＊		
推理演算型	＊＊＊＊＊	＊＊＊	＊＊	＊＊＊＊	＊＊＊＊＊

续 表

	拍摄	录屏	PPT	动画	交互
技能训练型	＊＊＊＊	＊＊＊＊	＊＊	＊＊＊	＊＊＊＊
实验操作型	＊＊＊＊＊	＊＊	＊＊	＊＊＊	＊＊＊＊
答疑解惑型	＊＊＊	＊＊	＊＊		＊＊＊＊＊
情感感悟型	＊＊		＊＊＊＊＊	＊＊＊＊	

注：星号越多表示越适合。

 作 业

1. 继续完成出版物和微课程

说明：请继续完成出版物和微课程的创建工作，在下一模块的开始阶段，你将和学友结对分享所创建的作品。在创建这些作品时，请关注表1-4-13或表1-4-14所示的评价指南。

表1-4-13 出版物的评价指南

出版物的评价指南
内容要求： ● 结构清晰； ● 内容适合用所选择的出版物类型来展示； ● 能够有效地针对该出版物所面对的对象； ● 能够有效支持使用该出版物的目的。 **技术要求：** ● 图片、图表等有效支持内容表达； ● 界面美观，富有吸引力。

表1-4-14 微课程的评价量规

一级指标	观 测 点		权重
基本规范	● 微课程以文件包的形式来提交，在目标、内容、活动、评价方面具有完整性。 ● 微视频时长不超过10分钟。 ● 微视频采用通用格式，易于分享。		10
选题	● 选题符合课程标准。 ● 教学目标明确、可达。 ● 聚焦一个知识点。		15
内容设计	导入	● 简短，1分钟以内。 ● 目的明确，直入主题。 ● 生动，能激发学习兴趣。	5

续 表

一级指标		观 测 点	权重
内容设计	讲解	● 教学内容的组织符合学生的认知规律,逻辑主线清晰。 ● 重点难点明确突出。 ● 口语讲解,不照本宣科,深入浅出,通俗易懂。 ● 没有文字、语言、图片上的知识性错误或者误导性描述。 ● 教学过程中擅用问题、案例等方法启发引导学生思考。 ● 学习步骤完整,连贯性强。 ● 教学方法有创意,形式与内容新颖,精彩有趣。	20
	小结	● 对所讲知识加以总结、整理,突出重难点。 ● 概括性强,便于记忆。	5
活动设计		● 活动形式灵活多样,符合学生的学习习惯。 ● 活动方式有效运用信息技术,能实现有效的反馈或共享交流。 ● 能够根据学生学习需要和教学内容特点,通过"学习单"等方式对学生的自主学习进行整体设计。	20
媒体效果		● 根据内容选择合适的媒体表现形式。 ● 设计风格符合学生年龄特点,和内容匹配度高。 ● 画面设计美观大方,配色合理,图像和内容契合度高。 ● 动画运用合理流畅,能有效引导学生学习而不分散学生的注意力。 ● 合理运用字幕、标注、放大细节等手法突出关键信息。 ● 配音清晰,语速音量适中,有利于学生理解内容。 ● 根据内容需要合理选配音乐和音效,有效烘托气氛。	25

2. 回顾反思

说明:请在你的个人博客或微博上对本模块的学习进行回顾反思,你在哪些方面收获最大?在哪些方面存在困惑?至少浏览并点评(回复)其他两名学友的博客或微博。

模块五　设计学习评价

 **概　述**

在本模块的学习中,我们将分享项目学习活动的前期设计,然后完成"评价"部分的设计工作。你将接触到"以学生为中心"的教学评价理念,并将该理念应用于评价设计之中,为自己的项目学习活动设计评价量规,进而完成整个项目学习活动。

- 讲座:"以学生为中心的评价"、"量规及其应用"。
- 资源:"量规范例"、"技术支持的学习评价"。
- 技术:Microsoft Office Word2019,问卷星(https://www.wjx.cn/)。

活动 1　分享为项目学习活动开发的学习资源

说明:在这一活动中,我们将分享在上一模块中为项目学习活动开发的学习资源(出版物及微课程),并讨论出版物和微课程的教学应用。

■ 第 1 步　分享出版物和微课程

学友之间两两结对,对彼此的作业进行浏览,并尝试着进行评价。评价的时候考虑以下问题,同时也对学友的评价意见进行记录,以便修改自己的作品。

- 该作品是否有效地利用了技术工具的特点？有哪些改进意见？

- 该作品是否能为学生提供有价值的资源？有哪些改进意见？

- 该作品的表现形式是否美观、简洁、界面友好？

- 该作品的设计要素是否完备？有哪些改进意见？

■ 第2步　讨论出版物的教学应用

在这一步骤中，我们讨论一下出版物在教学中可以派上什么用场。表1-5-1中列出了出版物对教师和学生的可能用途，你还能想到哪些用途，请补充在后面。

表1-5-1　出版物的教学应用

学生可以用出版物做什么？	教师可以用出版物做什么？
• 为学校组织的活动制作新闻稿，并在校内或社区内分发。 • 为项目活动制作、分发广告传单和小册子。 • 在开展项目学习活动期间，准备一些具有地方特色的食品，并为此制作一份菜单。 • 为学校活动制作卡片或宣传单。 • 为家长会制作邀请函。 • 制作简易网站，发布项目新闻。	• 为家长们设计一个特别的活动。制作一些邀请函、传单或标语来宣传这个活动。 • 为学生们的项目学习活动制作一本学习指南。 • 编辑一份报纸，将相关资源汇集到一起。 • 设计项目宣传海报，招募兴趣小组的志愿者。 • 制作广告或小册子。使用 Microsoft Office 绘图工具来绘制。 • 为展览会、讨论会或音乐会制作邀请函或节目单。 • 学生利用其制作周历并带回家，以便让家长了解情况，共同参与。 • 把课程计划做成日程表形式，在其中加入相关的社团或校园活动。

■ 第3步　讨论微课程的教学应用

在这一步骤中，我们讨论一下微课程在教学中可以派上什么用场。表1-5-2中列出了微课程对教师和学生的可能用途，你还能想到哪些用途，请补充在后面。

表 1-5-2 微课程的教学应用

学生可以用微课程做什么?	教师可以用微课程做什么?
• 制作专题科普知识,参加公益活动。 • 制作学习技巧类的课程,与学友分享。 • 制作网上课程,让更多的同学们受益。 • • • • • •	• 为学生们提供在线学习资源。 • 将微课程在线播放,方便家长和学生了解情况。 • 向家长介绍项目的进展。 • 形成微课程群,支持学生们自主学习。 • 制作不同的微课程,支持学生们的个性化学习 • • • •

活动 2　全面理解教学评价

说明：在项目学习活动中,涉及的评价工具大多只采用了"量规"一种。而要理解这种评价工具,我们需要对其产生的大背景——"以学生为中心"的评价做全面了解。在本活动中,我们将关注全面的评价理念与评价工具,力图厘清这样两个问题：为什么要评价？如何开展"以学生为中心"的评价？

■ 第 1 步　思考评价的意图

我们为什么要开展评价？请以小组为单位,将开展评价的三个最主要意图写在下面的横线上,并与学友共享。

_____

_____

_____

■ 第 2 步　对比不同教学理念指导下的评价

在"以教师为中心"的教学中,评价往往是在教学之后进行的一种孤立的、终结性的活动,目的在于对学习结果进行判断；而在"以学生为中心"的学习中,评价具有指导学习方向、激励学习过程的作用,是镶嵌在真实任务之中、自然而然地出现的,成为整个学习不可分的一部分。请阅读"讲座篇"中的第六讲"以学生为中心的评价",试分析比较"以教师为中心"的评价和"以学生为中心"的评价的不同之处,填写完成表 1-5-3。

表 1-5-3 不同教学理念指导下的评价比较

对比项目	"以教师为中心"的评价	"以学生为中心"的评价
评价目的		
评价时机		
学习者的角色		
教师的角色		
对资源的关注		

■ 第 3 步 评价方法和工具

评价方法和工具有多种。相似的评价方法和工具可能用于不同的目的,这取决于它们的组织形式和评估目的。评价方法通常分成三类[1],如表 1-5-4、表 1-5-5、表 1-5-6 所示。

1. 监测进步的方法

这些方法能帮助学生在项目学习期间不偏离主题。它们能够帮助学生在完成开放性任务时进行自我管理;能够帮助教师了解学生是否需要额外的帮助或者指导;能够随着时间的推移提供学习成长的证据。

2. 检查理解或鼓励元认知的方法

这些方法能够帮助教师检查学生的理解力。同一种方法既可以用于检查理解,也可以用来鼓励元认知,这就要求教师必须清楚自己的评价目的,以便通过问题和提示帮助学生思考学习的内容和方法。

3. 展示理解的方法

这一类评价包括"制作产品"和"展示绩效"两种方法,每一种方法都有许多例子。产品是学生创作的东西,有时我们称之为人工作品。绩效是学生所做的事情。项目学习活动的终结性评价往往是通过"制作产品"和"展示绩效"来实现的。

当你对每类方法进行评论时,请在"评论"一列用以下符号表示感兴趣或有体验的类别:
√ 我已经使用过这种方法;
+ 我对这种方法感兴趣并想进一步尝试使用;
— 我对这种方法不感兴趣;
? 我不理解这种方法。
与学友分享你的评论,共同讨论不太清楚或有疑问的评估方法。

---

[1] 此部分内容引自英特尔未来教育《高级研修手册》3.0 手册。

表 1-5-4 监测进步的方法

评估方法	目的	使用时间	工具	评论
观察和记录	对学生个体和小组的学习过程进行观察并且记录,这种记录能为学生的表现提供客观的反馈,为教学的调整提供参考的依据	在整个项目的学习过程中均可进行。	对个人或小组文件夹的便笺式评论;预设的用于观察的问题;关注预期行为的检查表	
写日记	在整个项目开展的过程中,教师或学生定期地更新日记内容,也可以通过一些提示性的开头语(如今天我完成了……,我还需要……),使学生在记日记的时候关注一些重要的问题。这些日记提供了过程性的反馈信息,从而帮助教师和学生对学习进展回顾、反思并调整努力方向。	可以按照计划,跟随着研讨会、教师点评、学友互评等活动定期开展。	撰写框架 提示语	
填写进程检查表	进程检查表可以由教师设计,也可以让学生们参与设计。它详细标明了学习过程中的具体任务、建议步骤、时间分配和完成时间等,在要求学生按次序或日程达到某种具体要求时,它显得尤为必要。	可以在小组会议上使用,学生与教师利用检查表一同回顾过往的进程。	时间表 时间线 标明步骤和完成日期的检查表	
填写进步报告	学生通过填写进步报告,可以展示自己的进步,或者按自己的理解对事物进行新的解释。	在项目的关键阶段使用,如在学生撰写大纲初稿、二稿,或准备中期报告、结题报告时。	表格 提示语	
召开项目会议	用于评价项目开展情况,决定继续开展还是停止某种活动,以便更好地设计、调整或开展下一阶段的工作。	简洁的、经常化的项目会议可以在检查学生进步、保持团队责任心或设计下一步活动时使用。	研讨会议程(包含研讨会的目的、时间和地点、过程设计、研讨主题、参与人员等)	

表 1-5-5 检查理解或者鼓励元认知的方法

评估方法	目的	使用时间	工具	评论
写日记	通过强化反思,此外,在关键时刻,通过重要的提示语(问题)能够引发学生具有针对性的思考。如,"你调查或研究的东西是怎样改变或者证实你的观点的?"	可以周期性地使用,也可以在项目结束时使用。	提示语 日记回顾计划	
编辑视觉日记	视觉日记应该是结构化的,学生能够按照预设的大纲来编辑视觉材料,以便获得他人的反馈,展示技能的发展,并适时进行反思。	贯穿到整个学习过程中,并且可以整合到最终的产品或绩效中。	主题大纲 视频场景的分镜头 表格	

续表

评估方法	目的	使用时间	工具	评论
正式访谈和观察	安排教师或专家与学生个人或小组就项目的发展情况进行正式的口头交谈。交谈中，教师或专家所提的问题大部分是事先设计好的，要求学生解释重要的问题。观察指标也是预先设计好的。大部分观察指标是相似的，但观察的技巧、应用的过程和评估的重点不尽相同。	通常在项目结束时使用。	预设了问题的访谈计划 观察指标	
书面或口头测试	能对知识的获取和理解的程度提供直接的证据。	通常在项目的关键阶段和结束时进行。	测试题 测验题	

表 1-5-6 展示理解的方法

评估方法	目的	使用时间	工具	评论
制作产品	由学生创造的，用于展示学生学习的东西（详见表 1-5-7 示例）	取决于项目开展的时间；通常在项目结束时完成。	量规	
展示绩效	由学生设计的，能够展示学生学习的示范、成果和事件（详见表 1-5-7 示例）	取决于项目开展的时间；通常在项目结束时呈现。	量规	

评析：

在研究以上工具和方法时，我们还要思考一个问题：什么样的计划才算是一个有效的评价计划？根据多位学者的研究成果，一个有效的评价计划应满足以下一些条件：

第一，用各种评价方法去满足不同的教学目标。常见的中小学教学目标分为知识技能、过程方法和情感态度价值观三个维度，随着课程标准的修订，有的学科还出现了四维教学目标、五维教学目标。教学目标是多元的，评价方法也要多元。比如说标准化测试题适合评价事实性知识和简单技能的掌握程度，量规适合评价电子产品或绩效表现，问卷调查适合评价学生在学习前的水平，过程性文档适合评价学生的过程性表现，到底选择哪个或哪些评价方法，就要看教学目标是什么。评价要为教学目标服务。

第二，评价工具的可操作性要强。几乎所有的评价方法均需要评价工具的配合，如"观察"是一种很好的评价方法，但如果没有成熟的"观察表"，这种评价方法就往往流于形式，名存实亡，不能起到真正的评价作用；再比如，如果没有相应的撰写框架和提示语，"写日记"很有可能就只是一个自发的写作行为，完全起不到评价的作用。因此，要提高评价的可操作性，应有非常细致的、有效的、易操作的评价工具相配合，而这些评价工具的成熟度需要教师的积累、实践、研究与修订，使其越来越好用。

第三，评价贯穿在整个学习过程中。正如我们在相关讲座中看到的那样，评价要贯穿教学始终。在教学开始前，要评价学生的准备状态；在教学进行过程中，要评价学生的理解力、元认知能力，监控学生整个学习的发展状况；在教学结束的时候，要评价学生的知识能力掌握情况、作品完成情况,等等。只有这样,才能保证在学生自主学习的状况下不偏离方向,向预期的教学目标前进。

第四,使学生参与到评价的过程之中。为了提高学生对于整个学习过程的自主导航能力,让学生参与到评价工具的设计之中是非常重要的策略之一。为了让学生参与到评价过程之中,常用的方法包括:请学生一同来设计或修订评价工具,在学习开始前就公布评价标准,为自评与互评创建良好的氛围等。

活动 3 为项目学习活动设计量规

说明:由于项目学习活动的任务往往是产品或绩效,因此量规无疑是非常适用的评价工具。在这个活动中,你将为自己的项目学习活动设计一个量规,并借此体验量规设计的全过程。

■ 第1步 了解量规

项目学习活动中的任务表现往往是产品和绩效,根据任务目标的不同,可能的产品和绩效也不同,如表1-5-7所示。

表1-5-7 项目学习可能产出的产品和绩效示例

产　品	
报告	历史研究报告、科学研究报告、政策建议等
设计	产品设计、家居设计、建筑设计、校园蓝图、交通运输方案等
建造	模型、机器、陈列品、立体模型
文章	给编辑部的信、为报纸杂志撰写的专栏、书评、影评、自编的故事
艺术表达	陶器、雕塑、诗歌、海报、卡通、壁画、拼画、油画、歌曲写作等
印刷媒体	实地考察指南、社区历史手册、公共服务告示、历史剪贴簿、照片时间表、调查文献、导游手册
电子媒体	视频日记、照片日记、电子书、演示文稿、动画或卡通
绩　效	
演示	有说服力的建议、鼓舞人心的演说、辩论、讲座、研究报告、新闻广播
示范	科学实验过程、具体的运动技能、指导他人
表演	舞蹈、竞赛、讲故事、戏剧、广播、演出
模拟	模拟审判、再现历史事件、角色扮演

那么,面对如上所示的产品和绩效,我们该如何评价呢?通常的评价工具都会选择量

规。量规是一种结构化的评价工具,请你学习"讲座篇"中的第七讲"量规及其使用",了解量规的特点及设计与应用方法。同时,你可以浏览"资源篇"中的资源十一"量规范例"中的多个量规,借此直观地感受量规的结构和特点。

请思考:什么样的量规才算是一个好量规?

■ 第 2 步　确定评价指标

从这一步骤开始,你将按着常规的步骤来设计一个将应用于自己项目学习活动的量规。为了使讨论时的用语一致,在这里我们有必要对量规中涉及的多个术语进行界定,如图 1-5-1 所示。

- 级别:固定的测量等级;
- 评价指标:评价的框架,规定了从哪几个方面进行评价;
- 标准:一系列清晰并精确定义的质量要求,为每一个等级说明了行为特征;
- 权重:每个评价指标在总分中所占的比重(可选)。

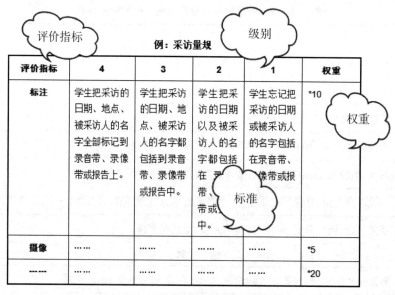

图 1-5-1　量规中的关键术语示意图

设计一个科学的量规,其步骤一般包括:

(1) 确定学习目标(某个活动);

(2) 确定要评价的评价指标(选择重要的内容);

（3）为每一个评价指标设计级别；

（4）确定每个级别应如何描述（标准），用清晰的语言描述对质量的要求；

（5）设计一个表格，把评价指标、级别、标准填进去；

（6）为不同的评价指标设计不同的权重；

（7）在设计初步完成后，试评学生作品以便修改。

在上述七个步骤中，第七步是非常重要的，有些量规在使用时会出现评价指标不合适，评价出来的结果与心中的直观选择差距很大等问题，这大多是由于缺少量规的试用环节。在本课程中，由于不具备量规的试评条件，因此在设计时将不涉及试用环节，但请大家一定要记住这一重要环节。

现在，就请你为自己的项目学习活动设定评价指标，记住在设定评价指标时一定要考虑项目学习活动的目标和学习的重点！在选择和设计评价指标的过程中，可邀请至少 3 位以上的学友参与到头脑风暴式的讨论之中，这样你可以尽可能全面地思考。从头脑风暴的结果中，确定几个较为重要的方面作为量规的评价指标。

■ 第 3 步 进行标准描述

在这一步骤中，你将对自己的项目学习活动量规中的各个评价指标进行标准描述，这一步是非常具有挑战性的。在为各个级别的评价指标设定标准时，用语精确非常重要。在开始自己量规的标准描述之前，先让我们看看表 1-5-8 这个例子——"科学小论文"写作量规，请仔细研究这个案例，看看它在哪些方面不尽如人意？

表 1-5-8 "科学小论文"写作量规

评 价 标 准	分值	自评	互评	教师评分
1. 论文段落包含重要的问题和你的观点	10			
2. 至少已经讨论过和论文相关的 3 篇文章	8			
3. 这些文章都被准确引用	2			
4. 对每篇文章的要点都进行了归纳	10			
5. 对每个作者的观点都进行了讨论	10			
6. 对任何能说明你观点的论据都进行了讨论	10			
7. 为以后的研究和学习讨论了开放性的问题	10			

续 表

评价标准	分值	自评	互评	教师评分
8. 对于科学内容题目的理解给出依据	20			
9. 书写是清晰的	10			
10. 语法、标点符号、拼写是正确的	10			

你的观点是：

评析与提示：

在设计量规时，如何通过"标准"将你所要求的质量说清楚，对大多数老师来讲都是一个挑战。量规的存在就是为了在最大程度上避免评价的主观性，帮助学生了解教师的期待，因此教师把标准说得越具体，学生就越容易判断自己是否达到了所要求的质量。上面这个案例是一个简化了的量规，通常也称为"评分指南"。在它的描述中，几乎每一项都只是说明了要做什么，而没有明确要做到什么程度，或者说，评价标准不具体。如"为以后的研究和学习讨论了开放性的问题"，那么，只要讨论了开放性的问题就能得到 10 分吗？这真的是教师心中的标准吗？显然不是，对于讨论的评价自然会涉及讨论的深度。用这样的量规进行评价，会产生好的作品与差的作品得分几乎一样的问题。更重要的是，即使教师心中知道什么样的作品是好的，但如果将这样的量规给了学生，学生会认为只要达到表格中所描述的"评价标准"就可以了，因而无法引导他们的学习。

接下来，请你针对在第 2 步中设计的评价指标，思考各评价指标下的优、良、中、差四级的评价要求。语言表述力求简洁，准确，具有较强的可操作性。

评价指标一：＿＿＿＿＿＿＿＿

优：

良：

中：

差：

评价指标二：＿＿＿＿＿＿＿＿

优：

良：

中：

差：_____

评价指标三：_____

优：_____

良：_____

中：_____

差：_____

评价指标四：_____

优：_____

良：_____

中：_____

差：_____

■ 第4步　完成权重设计

在评价量规初步设计完之后，你会发现在一个确定的作品或绩效中，你对各个指标的重视程度是不一样的。比如说，在对数字化作品进行评价时，你可能会更看重作品内容的质量，而不是作品载体（如多媒体的设计、布局等）的质量。在这种情况下，就应该为不同的评价指标设计不同的权重。权重的表现形式并不相同，有的以百分比的形式表现，有的通过在基本分上乘上一个数值的形式表现，还有的直接将权重表现为不同的分数。

下面，请为你的量规中的不同评价指标设计权重，以显示你对不同指标的关注程度，借此也能引导学生理解在各个方面的努力优先级，如表1-5-9所示。

表1-5-9　评价量规框架

评价指标	优	良	中	差	分值/权重

活动 4　考虑量规的常规使用

说明： 虽然量规具有很强的实用性与可操作性，但要设计好量规并不是那么简单的事情。很多接触量规并尝试用量规来实施评价的教师都承认，设计量规需要更多的时间与经验，而自己显然有些力不从心。在这一活动中，我们将讨论常用的量规设计流程，并讨论在常规教学下如何使用量规。

■ 第1步　常用的量规设计流程

在常态使用时，最容易做的事情是从网上的量规资源中寻找适切的工具，然后根据自己的主题进行修订和使用。但是，如果在网上找不到相应的量规工具该怎么办呢？一般来讲，我们可以采用这样的方法（比较适用于前面有过类似作品的项目）：

（1）先将前面有过的作品分类，凭直觉将其分为优、良、中、差四类。

（2）3—4人组成团队，对分列于不同类别的作品不断地进行描述，描述为什么某个作品放在"优"，而不是放在"良"。在这个过程中，一些标准和指标会自动出现。如，我们在描述一个学生的面具彩绘时，会说"这个做得好，你看细节多丰富，配色也很好，而且很有创意……"，这样，在对多个作品进行反复描述后，本来内隐在我们心中的指标就会越来越清晰。

（3）逐渐确定好评价指标与相应的标准描述，形成初稿量规。

（4）请未参与此次团队工作的教师（8—12人），利用这一初稿量规对作品进行评价，观察这些教师是否能够理解量规中的用语，并且能够准确地判断作品的质量（与设计量规团队的判断趋同）。

（5）根据试评的情况，对量规进行调整，形成可使用的量规。

请与学友分享自己对上述流程的理解：

....

....

....

....

■ 第2步　讨论量规的常态使用

量规不仅能在项目学习活动中使用，而且它在常态教学中也有广阔的用武之地，比如语文老师在让学生们写作文时，可以提供一个评分指南，在每个作文后面都加了评阅结果的评分指南，可以很方便地让学生知道自己在哪方面做得好，哪方面做得不好……除此之外，你还有哪些在常态教学下使用量规的想法？请与学友讨论如下问题：

- 在常态教学中，你可以在哪些方面使用量规？

- 在哪些情境下,不适合使用量规?(可以从学科、项目类型、学生年龄等方面进行分析)

评析与提示:

在项目学习中,量规是一种非常实用的工具,特别适合对作品和绩效进行评价。但我们也要清晰地认识到,对于教学这一复杂活动而言,墨守成规地套用量规的格式及其使用方法是不可取的。在选择评价工具时,教学目标与教学对象是我们最为看重的依据。量规并非万能工具,此外,即使是在确定使用量规之后,我们还可以根据学科的性质、项目的大小、学生的年龄、评价的项目等因素对量规的表现形式做一些改变,例如,对幼儿园的小朋友而言,适合他们阅读能力和喜好的"笑脸 & 哭脸"评价会更有效;对于短时间的互动活动而言,简明的评分指南会更易操作。

除了以上的评价方法外,还有一些技术支持的学习评价可以用于日常教学过程中,请阅读"资源篇"中资源十二"技术支持的学习评价",了解常用的信息化教学评价工具,选择合适的评价工具将会让你的教学事半功倍。

技术实践 利用"问卷星"做问卷调查

说明: 在"以学生为中心"的评价中有多种评价方法,信息技术可以很好地支持这些评价方法的应用,如利用博客支持"学习反思",利用"网盘"支持"档案袋评价",等等。在这个活动中,我们将利用信息技术平台来支持问卷调查的设计、生成、发布与回收统计。

使用信息技术平台来制作调查问卷有很多优势:其一,发放和回收问卷便捷;其二,数据收集和整理即时、迅速;其三,具备一般的计算机操作技能即可完成,无须寻求技术人员的支持。当前,网上有很多支持问卷设计的网站或工具,例如:
- OQSS,http://oqss.com/。
- 调查派,https://www.diaochapai.com/。
- 问卷星,https://www.wjx.cn/。

这些问卷调查网站的特点是方便、快捷,而且均提供免费使用的权限,可供初学者体验与应用,当然,如果需要更专业的调查统计功能,这些网站还提供收费的功能可供选用。

■ 第1步 问卷调查在教学中的应用

在这一步骤中,请与学友一同讨论:问卷调查工具可以在教学中起到什么样的作用?

- 在项目学习开始前了解学生的学习准备状况；
- 利用问卷调查的功能进行在线的标准化测试；
- _____
- _____
- _____
- _____

■ 第2步 体验"问卷星"的功能

在这一步骤中,你将体验"问卷星"的功能,并利用"问卷星"初步设计一个与自己的项目学习活动有关的问卷调查表,问卷调查的目的请自行确定。

(1) 请访问 https://www.wjx.cn/,如图 1-5-2 所示。

图 1-5-2 "问卷星"首页

(2) 完成注册。
(3) 在登录后的页面里,单击**"创建问卷"**开始你的问卷设计,如图 1-5-3 所示。

图 1-5-3 在"问卷星"中选择"创建问卷"

（4）选择问卷的类型，如图1-5-4所示。

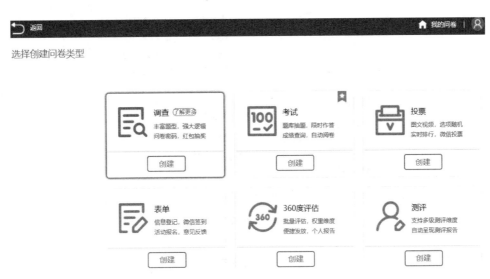

图1-5-4　选择创建问卷类型

（5）以"**调查**"类问卷为例，点击"**创建**"。可以输入调查名称，点击"**立即创建**"，也可以**引入他人问卷**、**导入文本**或**录入服务**，如图1-5-5所示。

图1-5-5　创建问卷

（6）遵循"问卷星"界面的步骤提示，相信你可以很好地了解这个平台的功能。在"问卷星"的问卷设计中，基本上囊括了所有的标准题型，可以一一尝试，如图1-5-6所示。

（7）对于设计完成的问卷，确认无误后可以发布。如果是公开发布，一个公开的网址将会生成，任何能够浏览互联网的人，都可以访问这个网址来填写问卷调查。你可以将这个网址发送给调查对象，然后就可以等着收集和统计问卷填写的结果了。你也可以通过推送二维码分享问卷。

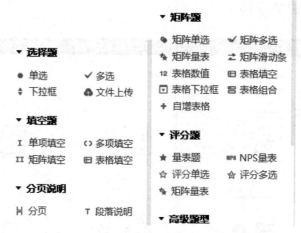

图1-5-6 "问卷星"中包含了几乎所有标准题型

图1-5-7 通过"链接与二维码"分享问卷

(8)在"问卷星"中,除了设计问卷外,你还可以发送问卷、**分析和下载**问卷,还能够复制他人的问卷,然后在此基础上修改生成新的问卷,如图1-5-8所示。

图1-5-8 "问卷星"中对问卷可以做多种处理

(9)在**"发送问卷"**功能中,可选择**"链接 & 二维码"**命令,如图1-5-9所示。

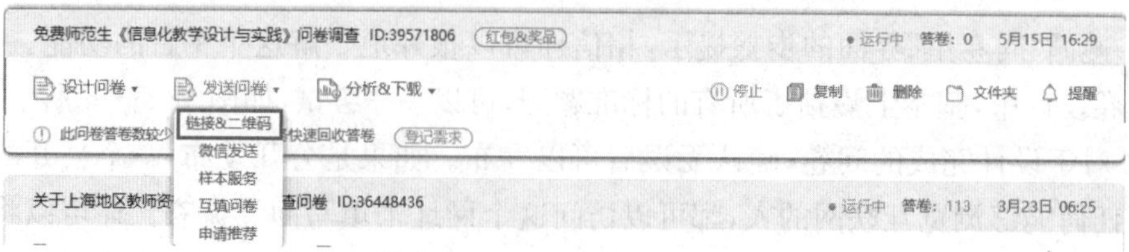

图1-5-9 "发送问卷"中的"链接 & 二维码"功能

（10）在出现的页面下方，可以获得该问卷的 HTML 代码。在你的博客或开发的网站上，只要允许嵌入 HTML 代码，你就可以将这段代码复制过去，从而在自己的网络应用（如博客、网站等）中整合这个问卷，而且问卷填写功能俱全，如图 1-5-10 所示。

图 1-5-10　在"嵌入网站"标签下可获得 HTML 代码

作　业

1. 完成项目学习活动中的量规设计

说明： 请完成项目学习活动中的量规设计，并全面修订整个项目学习活动，尽可能使其符合优秀的项目学习活动标准。

2. 完成项目学习活动相关的问卷设计

说明： 请继续利用"问卷星"完成与自己项目学习活动相关的问卷调查，并将其发布。将发布后生成的网址链接标注到项目学习活动的相应位置。如：学习前的问卷调查，可以将网址粘贴到整个主题的最前面；学习中的问卷调查，可以将网址粘贴到"过程"部分中的某一步；学习后的问卷调查，可以将网址粘贴到整个项目学习活动的最后面。粘贴完网址后，要清晰地说明此问卷调查的目的。

设计完成问卷调查后，请你利用下面的"问卷调查自查表"修订改进。

问卷调查表自查表

（1）此问卷的目的是什么？＿＿＿＿＿＿＿＿，是否所有的问题都为这个目的服务？

（2）你打算从哪几个方面来开展调查：＿＿＿＿＿＿、＿＿＿＿＿＿、＿＿＿＿＿＿、＿＿＿＿＿＿？

你为什么选择这几个方面进行调查，是否还有其他方面值得调查？

问卷调查表中的问题是否覆盖了以上要调查的各个方面？是否还要补充一些问题？

(3) 你所调查对象处于哪个年龄层次？_____
调查表中的用语是否适合这个年龄层次？是否有不易理解的术语或生僻词？

(4) 从头到尾审视一遍你所设计的问题并思考这些问题之间是否存在交叉？如何修改比较好？

(5) 从头到尾审视一遍你所设计的问题并思考：问题的表达是否清晰，是否有暗示性的语句？你提出的问题会不会产生歧义？

(6) 是否有导言，以方便调查对象清楚地了解你的调查目的？是否向调查对象表达了感谢之情？

(7) 为了让调查对象尽量少地花费时间，你是否为一些问题预设了一些选项？这些问题的选项是否界限分明？

你预设的这些问题是否能够覆盖所有的回答？是否要为调查对象留有类似"其他"之类的开放式填写空间？

(8) 你是怎样安排整个问卷调查表中各个问题的顺序的,为什么要这么安排?

(9) 你都做了哪些努力,使此调查表的调查结果便于统计?

(10) 预想一下,在调查中你的调查对象是否能愉快地参与你的调查,如果不能,你认为可能的问题是什么?

是否有补救或改进的方法?

3. 回顾反思

说明: 请在你的个人博客或微博上对本模块的学习进行回顾反思,你在哪些方面收获最大? 在哪些方面存在困惑? 至少浏览并点评(回复)其他两名学友的博客或微博。

模块六 了解并应用学科技术工具

 概 述

在本模块的学习中,我们将在分享评价量规设计的基础上,从学科的角度探讨信息技术在教育教学中的应用问题。你将在学科信息技术应用案例、学科技术工具的学习和研究的基础上,在主题探究活动中选择和应用学科技术工具,体现学科应用的需求与特色。
- 资源:"学科信息技术应用案例"。
- 技术:根据学科特色选择,见表 1-6-4。

活动 1 共享评价量规

说明:在开始模块六的正式学习之前,请将模块五作业中完成的项目学习活动与学友共享,并重点关注量规的设计,为学友提出修改意见并进一步完善量规。

■ 第 1 步 结对共享

在这个步骤中,请你与学友两两结对,交流共享彼此的项目学习活动设计,结合项目学习活动的整个设计来重点分析量规设计的优点与不足,提出明确的修改意见,并填写到表 1-6-1 中。

表 1-6-1 量规设计评价指南

评 价 指 标	量规设计的优点或不足	修改意见
量规中有明确的测量等级,等级制定合理。		
评价指标设计合理,包括项目学习活动任务中所指示的作品或绩效的关键要素。		
评价标准描述合理、清晰、准确,说明了每一指标的质量标准,具有较强的可操作性。评价者可以借此做出较为客观的判断。		

续 表

评价指标	量规设计的优点或不足	修改意见
各评价指标的权重设计合理,突出了重要的评价要素。		
其他方面的说明		

■ 第2步　完善自己的量规

结合学友提出的修改意见,完善自己的量规,同时考虑如下几个方面的问题:
- 此量规将会随着项目学习活动方案一同提供给学生,它的"目标导向"作用明显吗?
- 从学生的角度去阅读量规,评价标准是否能够得到学生的充分理解?
- 在评价过程中,如果量规不能满足所有的评价需求,你是否还采用了其他一些评价方法或工具?

- 对哪些方面进行改进可以让你的量规设计得更温馨?

活动 2　了解技术支持的学科教学

说明:信息技术与课堂教育教学的深度融合是教育信息化努力的目标。本活动中我们将深入探究技术工具在支持解决学科教学问题、破解学科教学难题中的作用和价值,并结合自己的学科背景思考,信息技术还有可能解决学科教学中的哪些问题?

■ 第1步　案例学习

请根据你的学科背景或学习兴趣阅读"资源篇"中的资源十三"学科信息技术应用案例",并与学友进行交流讨论,该案例中用到了哪些信息技术工具? 这些工具在课堂教学中发挥了什么作用? 并填写表1-6-2。

表1-6-2　学科案例研读记录

学科			
学段			
案例名			
工具/技术	教学环节/步骤	使用方法	工具/技术的作用

续　表

工具/技术	教学环节/步骤	使用方法	工具/技术的作用

■ **第2步　工具梳理**

从整体上看，我们可以将教育教学中应用的工具分为两类："通用工具"和"学科工具"。"通用工具"是指普适于多个学科或者能够在教育教学的多个环节中发挥作用的工具，例如PPT、Word、电子白板、有道云笔记、概念图、问卷星等；"学科工具"是指明显体现特定学科的基本教学规律或需求的工具，例如几何画板、历史地图、外语学习类 APP 等。请用"通用工具"和"学科工具"的分类框架对案例中的工具或应用进行分析，并填写表1-6-3。除了案例中的工具外，你还知道哪些可以用在教学中的"通用工具"和"学科工具"？也可将工具名称填写在表格中。

表1-6-3　"通用工具"与"学科工具"记录表

来源	通用工具	学科工具
案例		
其他		

■ **第3步　学科工具作用分析**

上述学科工具在学科教学中发挥了什么作用？请你结合学科教学的特点进行分析与思考，同时选择一个工具做重点分析。以下这些线索或许有助于你展开思考：

- 丰富学科知识和资源；
- 建立学科知识间的关联和结构；
- 创建学科思维探索的空间；
- 营造学科能力发展的环境；
- 创造或丰富技能训练的机会；

- 增加学生的体验和互动；
- 提供框架，丰富思维活动。

工具名称：_____

适用学科：_____

工具的学科特性：_____

 技术实践　学科技术工具研究

说明：在这个活动中，全班将分小组分别学习、体验和实践具体的学科技术工具。在学习这些工具时，不但要熟悉并掌握它们的功能和特性，还要考虑它们在课堂教学中的可能应用，因而最好结合案例进行研究，以便开展下一个活动的时候在全班范围内共享小组的想法。表1-6-4按照学科列出了一些工具和应用，也欢迎你贡献更多的信息。

表1-6-4　学科工具信息表

学科	网站	APP	其他
语文	小学语文教学资源网、中学语文教学资源网、中国语文教育网、语文资源网、悟空识字	荔枝、微信读书、书入法、悟空拼音、悟空识字、简书、纳米盒	
数学	小学数学教学网、中国数学教育网	洋葱学院、小猿搜题、洪恩数学	几何画板
英语	英语教师网、中学英语教学资源网、Voki、Razkids	盒子鱼、荔枝、百词斩、英语流利说、RAZ课堂、少儿趣配音、Puppetpal、Spark video、Razkids	
物理	中学物理教学参考网、上海物理教育、PhET模拟实验网站、Algodoo、Fossweb	吃掉物理、初中物理、物理实验课、PhET模拟实验、Algodoo、Barometer Altimeter DashClock（大气压传感器）、Color Grab（色度传感器）、智能测温仪（温度传感器）	
化学	中学化学资料网、化学教育网、中学化学教学参考网、PhET	高考化学通、化学方程式、烧杯、仿真化学实验室、化学金排、PhET	
历史	中国国家博物馆、中国历史教学园地、中学历史	历史地图、上下五千年	
政治	无忧无虑中学政治网		
生物	中学生物教学网、生物教学网、PhET	形色、花伴侣、PhET虚拟实验	
地理	地理教育网、21世纪教育、地理教师网、GIS数据平台	百度地图、世界地图、GIS数据软件	

续 表

学科	网站	APP	其他
科学	小学科学教学网、科学网、Redshift	星图（Starchart）、科学少年社、Google星空、地球仪与国旗	
美术	美术教学网、中国美术教育网、VoiceThread	Infinite Painter、Medibang Paint、VoiceThread	仿自然绘画软件
音乐	中小学音乐教育网		Cakewalk、Garageband
体育	中国体育教师网		无线计步器
学前	上海学前教育网、北京学前教育网	幼师口袋、4D书城、白板、Sago Mini、汉字王国、美慧树课堂、Melodist、ForestFlyer	

活动3 分享与展示学科技术工具研究成果

说明：在这个活动中，每个小组将派代表来介绍自己小组所研究的学科工具或应用，然后在全班范围内分享除本教材提供的资源以外的其他有价值的工具。

在这一步骤中，请各个小组派一个代表来介绍自己小组所研究的工具，每个小组的介绍时间不超过10分钟，介绍需包括以下内容：

（1）简单介绍该工具的功能与特点，以及适用学科。
（2）对一些关键功能进行操作演示。
（3）介绍教学实例或教学运用的设想。
（4）展示小组利用该工具完成的作品（可选）。

在各个小组进行介绍时，请利用表1-6-5进行记录和思考。

表1-6-5 学科工具的概述、特点与教学应用思考

工具	适用学科	工具功能概述及特点	教学应用思考

活动 4　将学科技术工具应用到教学中

说明：在本活动中，请你再次阅读资源十三"学科信息技术应用案例"，跟学友讨论如何在学科教学中应用学科信息技术工具。当然，并不是所有的教学主题或教学环节都要应用学科工具，在这里，我们仅从突出学科特征和学科要求的角度，努力做这一方面的思考，并不做作业要求。

■ 第1步　学科案例分享

你是否主持、参与或观摩过一堂信息技术支持的教学活动课？请向学友描述该堂课中信息技术应用的方法和策略。

■ 第2步　应用学科工具

通过前面的学习，相信你对如何将学科信息技术工具整合于教学已有自己的想法。在这一步骤中，请你以自己的项目学习活动为基础，思考你的项目学习活动中可以整合哪些学科信息技术工具，这些工具将在哪些方面改善原来的学习效果，完成表1-6-6，并进一步整理完善自己的项目学习活动。

表1-6-6　项目学习活动中的学科信息技术工具应用思考

项目学习活动中的学习步骤	可能用到的学科信息技术工具	学科技术工具所起到的作用

　作　业

1. 继续完成项目学习活动的修改

说明：请继续完善你的项目学习活动设计，必要时返回去修改电子作品集中的PPT。此

次修改可考虑学科信息技术工具的整合,但不做硬性要求。

2. 回顾反思

说明：在你的博客或微博上对本模块的学习内容进行反思,重点思考这样一个问题：技术给教育带来了什么？你是怎样理解"技术推动教育变革"这句话的？至少浏览并点评(回复)其他两名学友的博客或微博。

模块七　尝试在线教学设计

概　述

在线教学是教育技术的重要研究方向,也是中小学教师必然要接触和实践的领域。对于这一领域的认知和应用将会帮助教师打破教室的樊篱,在更广阔的空间中支持学生们的发展。在本模块的学习中,我们将了解在线教学的三种主要模式,体验在线互动学习平台 UMU 以及在线直播教学平台 CCtalk 的使用。UMU 和 CCtalk 因技术门槛低,且学习与管理功能比较完善而受到教学工作者的青睐。在条件允许的情况下,我们不但要了解 UMU 和 CCtalk 的基本功能,还将以教师的身份尝试将自己设计的项目学习活动改造成在线教学中的"微型课程",实践"所见即所得"的在线课程编辑,或利用 CCtalk 的直播功能为学生讲解知识及答疑解惑,深入体验如何利用技术平台支持学生的在线学习。

- 技术:UMU,CCtalk。

活动 1　共享整合了学科教学工具的项目学习活动

说明: 在这个活动中,你将与学友共享再次修改了的项目学习活动,关注是否应用了与学科相关的信息化教学工具,以及这些工具是如何应用的。虽然信息化教学工具的整合并不是项目学习活动所必须的,但努力学习和尝试这类工具将使你的技术视野不断扩大,教学专业能力不断得到提升。

请与学友共享彼此的项目学习活动设计,并推选优秀的学科教学工具应用案例在全班共享,同时记录学友的创新做法:

_____

_____

_____

_____

_____

活动2　了解在线教学模式

说明：在线教学模式是在师生处于物理分离的状态下基于互联网实施的一种新型教学模式。信息技术的快速发展为在线教学提供了形式多样、互动灵活的功能，可以实现视频授课、同步交流、异步讨论、成果展示与分享等。同时，在线教学还可以与电视授课、自主阅读等方式灵活组合。尽管当前中小学主要以面对面集中授课为主，单纯依靠在线教学进行授课的相对较少，但在课外学习以及特殊时期，在线教学能够发挥优势并起到重要作用。

■ 第1步　学习三种在线教学模式

依据教育教学需求与学生特点，在线教学在实践中可以具体体现为多种变式，例如同步授课模式、先学后教模式、课程助学模式、主题讨论模式、项目学习模式、操练与练习模式、自主学习模式等。下面主要学习三种适用于中小学的在线教学模式。

1. 同步授课模式

同步授课模式是老师和学生在不同空间的同一时间进行互动和教学的模式。一般需要利用视频直播系统来实施。视频直播系统集成了群体授课所需要的多人视音频的交流、演示文稿的展示、文字研讨等，而且能够在平板、手机、电脑等多种终端上进行显示，如腾讯课堂、钉钉、CCtalk 等。

按照教学环节的设计，同步授课模式可以采用两种操作方式：

● 入门级。这是一种环节清楚、操作简单的方式，适合入门级的老师。基本环节包括了课前导学、课上精讲、课后作业三个环节，也称之为在线教学"三板斧"。课前导学推送学习任务与资源，课上精讲是采用直播方式进行授课，网络状况如果不佳时可以采用音频在线的方式，精讲时间控制在 20 分钟左右，其余时间可用作在线答疑。课后作业阶段可以利用讨论区、作业提交等功能，使学生完成作业、开展讨论或其他活动。如图 1-7-1 所示。

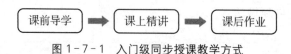

图 1-7-1　入门级同步授课教学方式

● 进阶版。这种教学方式将教学过程分成三个梯度：掌握基础知识、破解疑难问题、提升与拓展。第一梯度是为了帮助学生掌握基础知识。由于有了"练习反馈"这个环节，教师可以在线了解学生对知识内容的掌握情况，在这个基础上提出"疑难问题"，进入第二个梯度，让学生们互动研讨来破解疑难问题。接下来，在教师的评价与点拨后，通过作业的布置来实现第三个梯度，即提升与拓展。如图 1-7-2 所示。

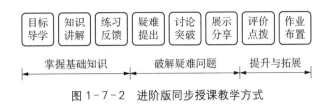

图 1-7-2　进阶版同步授课教学方式

2. 先学后教模式

先学后教模式其实是翻转课堂模式的线上版。在同步授课模式的进阶版中,我们看到,目标导学、知识讲解、练习反馈都是可以预设的。既然这些环节可以"预设",那么就可以让学生先学起来。如图1-7-3所示。

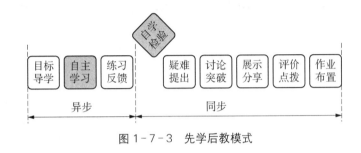

图 1-7-3　先学后教模式

上述的变化我们称之为教法变身。教法变身后,"异步"的几个环节可以让学生在任何合适的时间来完成(当然,为保证教学进度,合适的时间也是有限的)。而"同步"的几个环节是因学情变化而生成的学习内容。注意有底纹的两个环节:

- "知识讲解"变成了"自主学习":这是强调让学生利用资源进行自学。
- "自学检验"是新加的环节,教师在"同步"阶段开始前,通过"自学检验"了解学生自学的效果,据此再确定精讲内容并提出新的难题。

有了时间上的灵活性,对不同的网络环境又有了新的处理可能。例如,在一些农村地区,家里只有父母有手机,没有电脑,网络流量也很有限。教师可以通过有限的流量布置自学内容,学生们可以在家里学习书本教材、做练习题。然后教师与学生约定时间进行自学检验并答疑,虽然因陋就简,会影响一些效果,但教学可以开展起来,还可以培养学生的自学能力。

3. 项目学习模式

当前很多在线学习关注的是学课程、学教材、做练习……除了这些基于知识、技能的学习,在线教学能不能要求学生完成复杂任务,进而培养学生的综合素质呢?答案是肯定的。基于项目学习的在线教学模式可以为学生布置离线即可完成的实践性或研究性任务,促使学生在强烈的学习动机下主动思考、探究、应用所学知识开展实践。这对于实践性或研究性较强的学科来说是一个不错的选择,如一个具有挑战性的科学实验、物理原理探究、历史事件揭秘、社会议题辨析等。如图1-7-4所示。

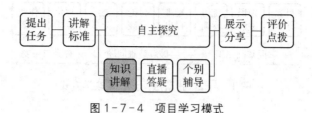

图 1-7-4 项目学习模式

■ 第2步 思考：三种在线教学模式对教师和学生的要求

学习了三种常用的在线教学模式后，我们对这三种教学模式从"教师的信息化教学能力"和"学生的自主学习空间"两个维度进行了对比，请结合图 1-7-5 思考：

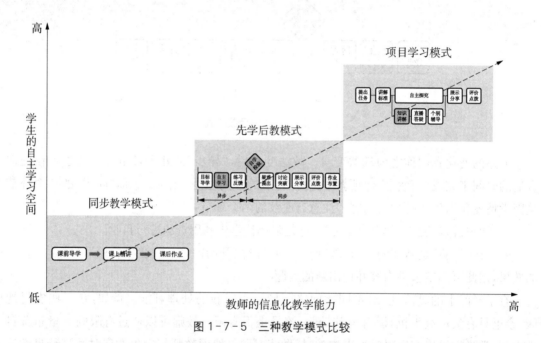

图 1-7-5 三种教学模式比较

- 对于学生来说，为什么三种在线教学模式给学生的自主思考空间越来越大？
- 三种教学模式对学生的自主学习能力要求如何？
- 三种教学模式对教师的教学设计能力提出了哪些挑战？

■ 第3步 讨论：在线教学模式的选择

在本教材中，我们主要学习了主题探究设计模式，请和学友基于以下问题展开讨论：

- 你参与过在线学习或者在线教学吗？所采用的教学模式是哪一种？学习/教学效果如何？
- 主题探究教学活动如果通过在线教学的方式开展，你认为哪种教学模式更适合？
- 基于你前期的教学设计成果，如果将教学活动通过在线方式完成，你计划如何开展，可能会遇到什么困难？
- 你认为在线教学和面对面教学应该如何结合，才能更加充分地发挥两者的优势？

活动3 熟悉在线学习平台

说明：在线教学离不开平台和工具的支持，当前主流的学习平台有哪些，如何在众多的学习平台中选择一款适合自己的学习平台，平台能为在线教学提供哪些功能支持，新手教师能否快速学习并应用这些平台，如何借助其他的工具来让自己的教学更具成效。本活动中将为大家解决这些问题。

■ 第1步 了解主流的在线教学平台

选择一个好的平台可以极大地方便教学。目前支持直播授课的平台很多，除了通用的QQ、微信等，还有ClassIn、CCtalk等专业直播授课平台。一般专业平台都会提供丰富的配套工具支持教学，教师需根据自身需要选择适合的平台。为方便大家了解，我们将目前主流的可用于直播授课的几大平台分为通用型、专业型与商务型，先总体了解一下：

- **通用型**：指QQ、微信等社交软件。这类软件对硬件要求低，以微信群/QQ群为依托，可随时随地进行互动。操作便捷，但毕竟不是为直播授课而设计的，仅能提供有限的辅助教学功能，缺乏过程性数据支持。
- **专业型**：如CCtalk、ClassIn、雨课堂、UMU等，能够为教师提供丰富且实用的教学及课堂管理工具等。此类软件/平台可实现的基础功能包括：音频直播、课件演示、电子白板、资源发放、举手发言等，并在满足教学基本需求的基础上，各自发展出了特色功能，适用于不同的教学任务。

- **商务型**：指钉钉、Zoom、腾讯会议等办公软件。这类软件一般用于商业办公，能提供一些商务沟通服务，包括双向视频、多人通话等。效果稳定且简单易用，但一般强调视频功能，不突出教学支持。部分平台免费版对互动人数有限制，仅适合小集体（10人左右）使用。

对以上几种类型直播平台的具体区分如表1-7-1所示：

表1-7-1　不同类型的直播平台对比

类型 项目	通用型 QQ、微信等	专业型 CCtalk、ClassIn、 雨课堂、UMU等	商务型 钉钉、Zoom、 腾讯会议等
硬件要求	低	高	中
操作难度	低	高	中
参与人数限制	无	无	有
教学工具支持	低	高	中
课程录制/回放	无	有	有
数据统计	无	有	有

总体来说，三类平台均可多终端（手机、平板、电脑）适用，但部分专业类平台电脑端比移动端提供的功能更多。下面对一些平台做详细介绍，你可结合自身实际情况选择适用的平台。

1. QQ群（腾讯课堂）

作为通用社交软件，QQ有着庞大的用户基础。作为青年人社交的主体工具，QQ能够避免多重软件学习的成本。教师在建立好班级授课QQ群的基础上，可以在群内及时沟通、分享课件、发放课程资料、在线讨论等，也可以通过QQ电话进行白板教学、屏幕共享、在线授课。如图1-7-6所示。

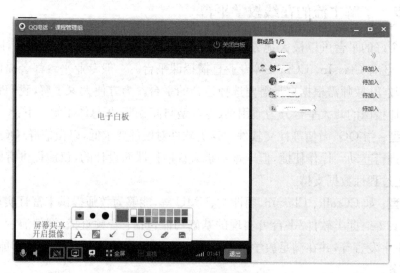

图1-7-6　QQ群视频界面

腾讯公司还开发了腾讯课堂(https://ke.qq.com/)，其教学支持效果比 QQ 更佳，能够实现课件播放、在线答题、笔记涂鸦等功能。

2. CCtalk (https://www.cctalk.com/)

CCtalk 能够为教师提供完善的在线教育与课程管理工具。教师通过构建 CC 群作为学习社区，保证师生课上及时互动交流、课下延续双方交流、文件共享等。如图 1-7-7 所示。CC 群形式与 QQ 群类似，但提供了专业的教学支持，这种"社交＋学习"的教学形式能够让在线教育更有温度，也更有效率。

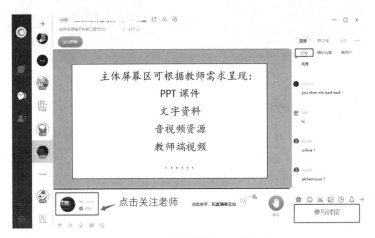

图 1-7-7　直播授课 CC 群状态

作为沪江旗下的教育平台，CCtalk 在语言教学方面独占优势。作业练习支持音频题、语音回答等，良好的数据分析功能也能帮助教师及时了解学生对知识的掌握情况。

3. ClassIn (http://www.eeo.cn/)

ClassIn 是一款支持师生同时线上面对面教学的专业在线教室，能够满足不同课堂类型与教学场景的应用，如图 1-7-8 所示。这款软件把传统课堂搬到网络上，强调教学的互动性，并提供了多种教学小工具(如计时器、骰子、抢答器、花名册等)为学习增添乐趣，如图 1-7-9 所示。

图 1-7-8　师生双向视频直播授课状态

图 1-7-9 师生互动(骰子)

4. 雨课堂（https://www.yuketang.cn/）

雨课堂是内置在 PPT 中的插件，将教学工具巧妙地融入教师日常教学用到的 PPT 与微信中，如图 1-7-10 所示。丰富的教学资源可以轻松插入 PPT 文件并推送到学生的微信；创新师生互动方式（如弹幕、课堂红包、随机点名等）让大班教学丰富多彩；满足不同作业需求（附件作答、拍照上传、语音回复），降低学生操作门槛，如图 1-7-11 所示。

雨课堂强调"用大数据替代经验教学"，能够为教学过程提供数据化、智能化的信息支持，从而让师生互动更多、教学更精准、学生学习更便捷。

图 1-7-10 微信登录参与雨课堂

图 1-7-11　雨课堂插件操作界面

5. UMU 互动学习平台（https://www.umu.cn）

UMU 是一个互动学习平台，教师可以创建活动和课程两种主题的内容，更好地与学生进行教学互动，学生也会获得更好的在线学习体验。活动和课程的创建可以通过电脑浏览器或移动端的 APP 完成。活动可以是面对面的沙龙、培训学习、论坛会议、混合式的翻转课堂、线上的交流分享；课程可以是以文章、文档、微课、视频、直播等多种形式创作的学习内容。在内容环节中还可以加入互动，如进行调研投票、提问讨论、考试、签到、点名等，促进学生深入思考，增进教与学的交流，让学习效果更突出，如图 1-7-12 所示。

图 1-7-12　UMU 中的课程内容和活动

利用 UMU 互动学习平台，可以很好地实现"翻转课堂"的教学，在课前和课后通过微课讲解知识点，学生学完后，及时给出学习的反馈。在课上，该平台的互动功能可以很好地调动学生的参与度和学习热情,让学生有良好的在线学习体验。

除了以上介绍的平台外,还有很多支持互动和直播的学习平台,这里无法一一列举。当然,众多软件平台各有千秋,难以界定哪个最优,因此需要教师在正式授课前了解各个平台,并根据授课学科、讲授内容、功能需求及自身使用习惯做最终决定。但为了保障学生有良好的在线学习体验,并取得较好的教学效果,建议教师在能力范围内选择专业型平台。

■ 第2步 体验与分享

请与学友组成6—8人的小组,每个小组从以上介绍的平台中选择两个平台进行体验和教学尝试。小组成员之间可以进行分工,分别体验教师和学生的角色,注意总结和整理不同平台的功能和特色,可以从操作便捷性、功能完备性、适用学段、适用学科、互动效果、练习与反馈等几个方面进行总结,完成表1-7-2,并在全班范围内进行分享。

表1-7-2 不同平台的性能对比

平台	操作便捷性	功能完备性	适用学段	适用学科	互动效果	练习与反馈
QQ群(腾讯课堂)						
CCtalk						
ClassIn						
雨课堂						
UMU						

■ 第3步 选择最适合的学习平台

通过上面的活动,你已经对主流学习平台的功能和特性有了比较充分的了解,如果将自己前面设计的主题探究活动以在线教学的方式开展,你认为最适合自己教学的学习平台是哪一个?请说明理由。

你选择的平台是:_____

理由是:

技术实践 1　利用 CCtalk 开展在线教学直播

■ **第 1 步　注册 CCtalk、下载客户端**

在电脑端打开 CCtalk 官网 www.cctalk.com，点击右上角的"注册"按钮，使用手机号注册，接收到动态码后填写昵称和用户名。也可以使用沪江、微信、QQ、微博等第三方账号关联登录，登录后自行绑定手机号，如图 1-7-13 所示。

图 1-7-13　CCtalk 注册页面

注册完成后，在 CCtalk 官网的"下载"页面，根据自己的系统需要选择相应的版本进行下载，下载完成后根据提示进行安装，如图 1-7-14 所示。

图 1-7-14　CCtalk 下载页面

■ **第 2 步　入驻网师**

在 CCtalk 平台上，必须是"入驻网师"才可以在平台上开课。因此，计划使用该平台的教师在开设直播课程前首先需要入驻网师。入驻网师的方法如下：

（1）登录 CCtalk 平台，进入"我是网师"页面，点击**"立即入驻"**（电脑客户端或者手机 App 都可以完成入驻申请），如图 1-7-15 所示。

图 1-7-15　入驻网师

（2）在出现的界面中，选择第一项**"网师入驻"**，如图 1-7-16 所示。

图 1-7-16　网师入驻

（3）根据提示步骤，确认协议，填写资料，上传照片，最后提交审核。提示审核期一般是 5 个工作日，审核通过后会收到提醒短信，审核不通过可根据提示修改资料重新提交。

■ **第 3 步　创建课程**

入驻网师后，可以在 CCtalk 网页端、电脑客户端、手机端等多种端口创建课程、发起直播，此处以电脑客户端为例。

（1）打开并登录 CCtalk 电脑客户端，在页面左侧点击**"上课"**图标，打开上课窗口。默认情况下，该窗口中显示的是该账号中自己建立的和报名他人的所有课程。教师可以点击左上角的"＋"按钮，创建新课程。新课程有两种类型，一种是公开课，另一种是付费课。如果创建付费课，必须登录网页版来创建。日常教学使用，直接在客户端建立公开课即可。

点击下图中的**"公开课"**后，按照步骤填写课程的基础资料、图文简介，然后点击**"确认创建"**，如图 1-7-17 所示。

图 1-7-17 创建新课程

（2）创建完成后，点击新页面最下方的**"开始学习"**，如图 1-7-18 所示，即可进入课程管理界面。创建课程同时会生成一个群号，学生可以通过搜索群号加入到课程中。在课程管理界面的"功能区"中，有群聊、课程、推荐、课时、作业、文件、讨论帖、公告八项内容。其中，"课时"代表的是单独的一节直播课内容，"课程"由系列课时组成。创建课程后，可以分享课程给他人，也可以主动邀请他人加入课程，如图 1-7-19 所示。

图 1-7-18 课程创建结束开始学习

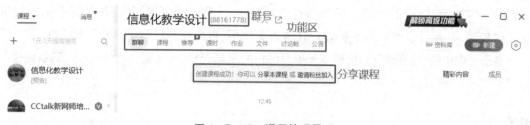

图 1-7-19 课程管理界面

■ 第 4 步　发布直播预告

在课程管理界面的右上角有**"新建"**按钮，点击该按钮可以发起直播。CCtalk 发起直播的方式有两种，一种是先发布预告，另一种是立即直播。先来看一下发布预告。点击**"发布预告"**按钮，进入创建预告的界面，根据提示输入课时名称、开始和结束时间，然后点击**"创建"**，一个直播预告就创建完成了。直播预告创建后，在课程管理的群聊、课程、课时三个功能区都可以看到该直播预告，如图 1-7-20 所示。

图 1-7-20 发布直播预告

■ 第 5 步　发起直播

发布直播预告后，在课时功能区中，点击**"开始直播"**即可发起直播，如图 1-7-21 所示。如果没有发布直播预告，也可以通过"群聊、新建、立即直播"的方式发起直播。

（1）选择直播模式。在弹出的窗口中，给出了三种直播模式，分别是：极速模式、普通模式、高清模式，如图 1-7-22 所示。对于教师来说，使用最多的是普通模式。

- 极速模式：占用少量流量，且无延迟，适合只使用 PPT 的语音授课。
- 普通模式：直播过程中需要使用到播放视频、打开摄像头、屏幕分享等功能，需选择此

图 1-7-21　开始直播

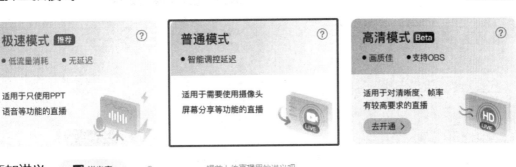

图 1-7-22　选择直播模式

直播模式。
- 高清模式：适用于对清晰度、帧率有较高要求的直播，该模式需购买高清功能后方可使用。

（2）添加讲义。在 CCtalk 平台中，添加讲义的方式有多种，可以在发起直播前将讲义导入到资料库，也可以在发起直播的过程中导入，还可以在直播创建完成后导入。添加讲义只需按照相应步骤完成即可。导入资料库的讲义可以删除，也可以对其名称信息进行再次编辑。

（3）直播前检测。CCtalk 自带直播前检测功能，教师可以利用图 1-7-23 的界面检测麦克风和摄像头的情况。

（4）直播开始。如果需要生成直播回放，一定要记得点击**"录制"**按钮，如图 1-7-24 所示。直播页面的功能区有讲义库（打开或切换讲义）、摄像头（开启或关闭摄像头）、屏幕分享（分享自

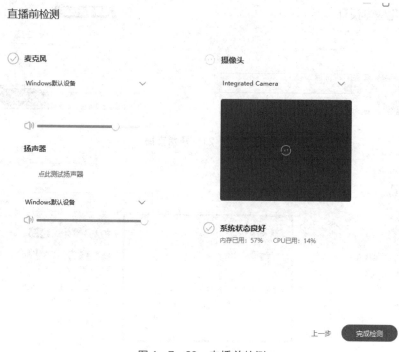

图 1-7-23　直播前检测

己的电脑屏幕)、多媒体(播放电脑上的多媒体文件)、白板(书写功能)、随堂练习(练习与测试)等功能,大家可以分别尝试使用。在播放 PPT 的右侧有工具栏,可以对讲义进行标记,或者直接切换讲义。

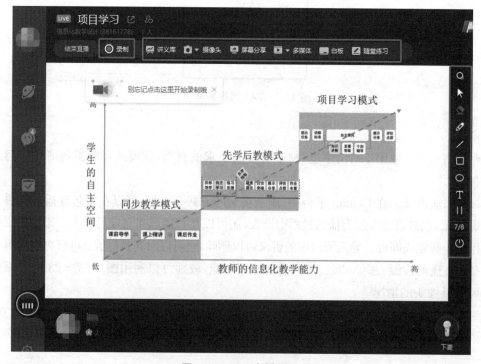

图 1-7-24　直播页面

■ 第6步　开展在线互动

CCtalk 平台支持师生语音互动,文字讨论。直播过程中,语音互动有两种模式：控麦模式和对话模式,如图1-7-25所示。讨论有允许讨论和禁止讨论两种模式,如图1-7-26所示。

图1-7-25　上麦模式

图1-7-26　讨论设置

(1) 控麦模式。允许举手或不允许举手。直播时默认是控麦模式＋允许举手状态,教师如果不希望学生举手,可以把允许举手前面的√去掉。教师点击举手的用户头像可以上麦,或者直接在学生头像处右击选择"邀请语音通话"。

(2) 对话模式。允许任何人上麦,最多可同时7人上麦(包括老师)。

(3) 讨论设置。允许讨论有两种类型,一种类型是可以在讨论区发送文字和图片,另一种类型是只能文字交流。

■ 第7步　发起随堂练习

CCtalk 支持在线随堂练习,老师可以通过**"在线创建"**和**"本地导入"**两种方式进行创建,创建后的随堂练习将存在自己的资料库内,可在不同的群反复使用。注意只有创建者本人可以使用自己创建的随堂练习。

(1) 在线创建随堂练习支持单选题、多选题和填空题三种题型,除了正常的输入题干、选项和答案,还可以添加解析,学生在做完题目后显示正确错误的同时,还会自动展示题目解析,更加人性化,如图1-7-27所示。

(2) 本地导入随堂练习。除了在线创建,老师也可以先在模板表格内输入题目保存至本地,直接选择文件上传,更加方便快捷,如图1-7-28所示。需要注意的是：如果选择本地上传的形式,要先下载模板,根据模板内的格式编辑好练习题,且本地上传对格式要求比较高,一定要严格按照表格内的例子进行编辑。

图 1-7-27 在线创建随堂练习

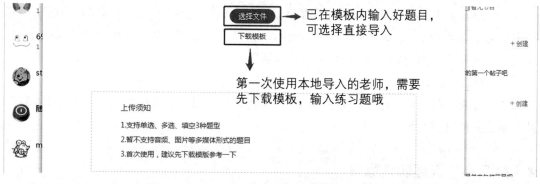

图 1-7-28 本地导入随堂练习

（3）发布随堂练习。随堂练习创建好之后，可以在直播的状态下发起练习。点击直播界面功能区的**"随堂练习"**，进入到随堂练习发起页面。选择相应的练习，点击**"发起"**，学生端就可以开始答题了，如图 1-7-29 所示。建议在直播前先创建好练习题，方便直播的时候直接调用。

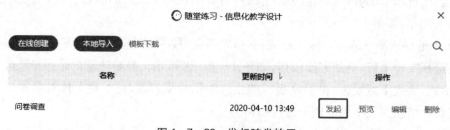

图 1-7-29 发起随堂练习

(4) 查看学生的随堂练习。学生提交作业后,教师端的页面会展示学生的正确率情况。教师还可以点击**"停止答题"**,这时所有学生无法再继续答题,已做完的题目系统会自动批改,未做完的部分则默认错误,如图 1-7-30 所示。

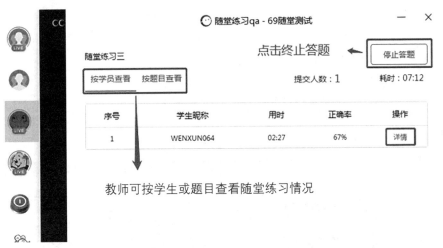

图 1-7-30　查看随堂练习

同时,学生端在提交练习后会同步展示正确率,且可以返回查看每道题的正确情况和解析。

 技术实践 2　利用 UMU 构建在线学习环境

■ 第 1 步　注册 UMU

第一次使用该网站,需要进行注册。打开 UMU 网站(https://www.umu.cn/model/home),首页就有注册的入口,支持使用手机号或邮箱注册,如图 1-7-31 所示,点击**"免费注册"**按照步骤即可完成注册。

图 1-7-31　注册 UMU 页面

■ 第2步 组建班级

在页面导航栏选择**"我的班级"**可创建班级,通过链接、二维码、访问码的方式邀请学员加入班级,如图1-7-32所示。UMU可以在线实时管理班级成员,方便快捷。

图1-7-32 邀请学员加入班级

■ 第3步 创建课程

在首页的"基本功能"模块,点击**"创建课程"**,进入后可以看到自己创建的所有课程,在"我的课程"页面中,点击**"创建课程"**,可以创建新的课程,如图1-7-33所示。

课程创建结束后,进入课程的编辑页面。可以输入课程的名称、形式、标签、图片、课程介绍等基本信息以及其他一些报名、高级和积分设置,在这里根据自己的需要输入课程的相关信息,输入完点击**"下一步"**完成保存,如图1-7-34所示。

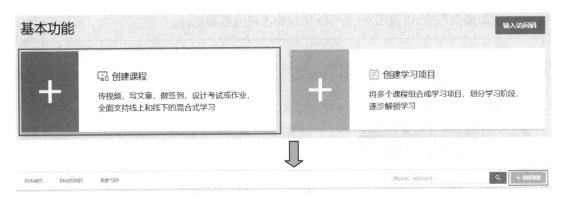

图 1-7-33 创建课程

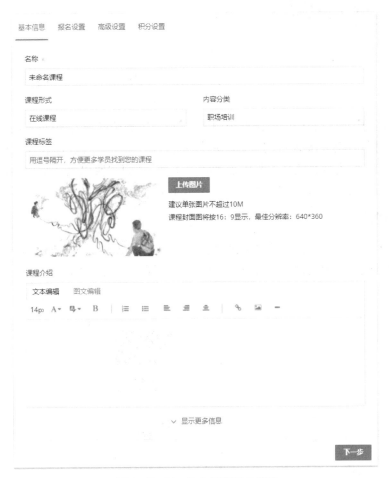

图 1-7-34 输入课程相关信息

■ 第 4 步 编辑课程结构

保存成功后,就进入课程结构的编辑,新建的课程没有课程小节,如图 1-7-35 所示,直接点击"立即添加"就会出现图1-7-36所示的课程内容和活动。

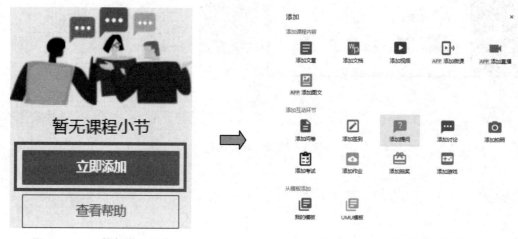

图1-7-35 添加课程小节　　　　　图1-7-36 课程内容和活动

课程内容包括文章、文档以及课程视频等，这里需要强调的是UMU还支持APP添加微课以及在线直播；互动环节支持问卷、签到、提问、讨论、拍照、考试、作业等，还支持抽奖、游戏等趣味性的活动；支持直接从模板添加课程。下面，我们主要以最常规的功能——添加视频、添加提问和添加考试为例，为大家讲解一下UMU的使用。

1. 添加视频

如图1-7-37所示，点击"**添加视频**"就进入到视频添加页面，如图1-7-38所示，选择已有的课程视频上传，输入相应的视频名称以及描述等信息，上传即可。

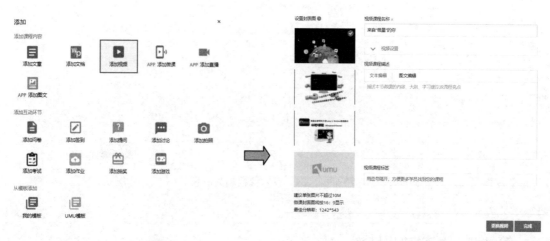

图1-7-37 添加课程视频　　　　　图1-7-38 输入课程视频的相关信息

2. 添加提问

在上课过程中,教师难免会需要提问,通过在线提问的方式,学生都能参与其中。如图1-7-39所示,点击**"添加提问"**就进入到提问添加页面,如图1-7-40所示,输入需要讨论的题目,点击**"完成"**即可。

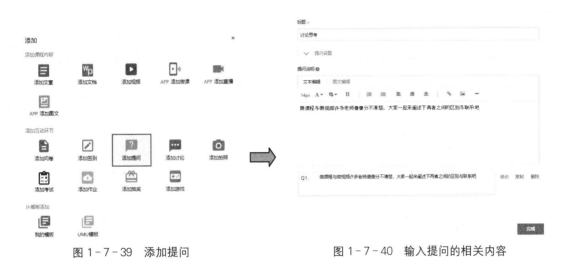

图1-7-39　添加提问　　　　　　　图1-7-40　输入提问的相关内容

3. 添加考试

在上课过程中,若需要给学生进行即时的测试,可以使用 UMU 的考试功能,能实时完成在线测试并显示出考试成绩。如图1-7-41所示,点击**"添加考试"**就进入到考试添加页面。

如图1-7-42所示,输入需要的测试题目以及相应的答案,点击完成即可。

图1-7-41　添加考试　　　　　　　图1-7-42　输入考试的相关内容

■ 第5步 分享与发布

课程都编辑完成后,如何能让其他人访问所创建的课程呢?这里就要用到 UMU 的分享与发布功能。整门课程可以通过右上角的分享功能分享给大家,同时课程的每个活动都可以进行分享,如图 1-7-43 所示。

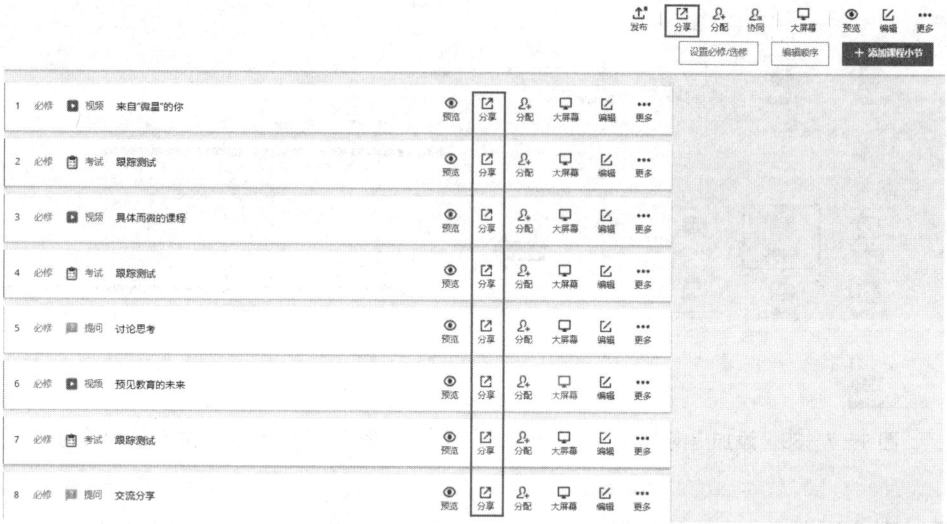

图 1-7-43 在 UMU 中分享

分享的方式有三种,如图 1-7-44 所示:一是通过链接进行分享,支持客户端与移动端观看;二是通过二维码进行分享,手机可直接扫码观看课程;三是通过访问码进行分享,用户输入访问码即可进行观看。用户可以选择合适的方式进行分享。

图 1-7-44 在 UMU 中分享方式的选择

除了分享以外，UMU还有一个发布的功能，如图1-7-45所示，在这里发布的功能并不是意味着课程创建完成以后一定要发布才能分享给别人，这里的发布是指将课程公开给UMU平台上的所有人，也就是意味着课程一旦发布后，将在UMU上被公开展示和推荐，其他人也可以通过课程搜索，找到并学习这门课程。如果课程优秀，还会被推荐至UMU首页或优秀课程排行榜，供更多人学习。课程发布后仍可以编辑和修改，发布的课程会同步更新。但是未发布的课程同样可以编辑和分享，此时课程是分享给指定的参与者。

图1-7-45　在UMU中发布

■ 第6步　课程学习

学生通过输入访问码、点击链接或者扫描二维码均可进入课程，可衔接之前的学习进度继续学习，也可以查看同学的进度。学生还可以根据自己的实际情况自定义学习顺序，如图1-7-46所示。

图1-7-46　在UMU中学习

■ 第7步 课程统计

可以在课程界面查看最新参与人数,如图1-7-47所示。

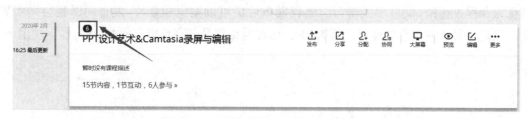

图1-7-47 查看课程参与人数

在学员管理界面实时呈现学生学习进度,点击某一学生头像可查看他所参与的学习任务,如图1-7-48所示。

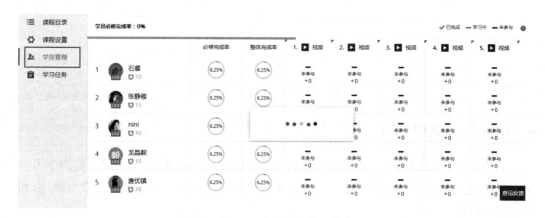

图1-7-48 查看学生学习进度

 作 业

1. 将项目学习活动以课程形式呈现在UMU平台上

说明：在了解了在线教学模式以及常用的在线教学平台功能之后,你可以试着将自己设计的项目学习活动"搬"到UMU上。由于项目学习活动是以支持学生自主学习的方式来设计的,而远程学习的最大特点就是支持学生的自主学习,因此项目学习活动将非常适合在UMU上呈现。当以这种方式呈现时,应尽量使学生通过阅读指导语来自主学习,并且将讨论、提交作业等互动活动全部采用UMU的相应功能来实现。

注：此活动只是为了让大家更好地学习和使用UMU,并不意味着项目学习活动都要用UMU形式呈现。

2. 为项目学习活动的最终展示做好准备

说明：在第八模块中,你将向同学们展示自己的项目学习活动作品集(包括项目学习活动设计和其他支持文档),虽然你的项目学习活动可能在 UMU 上已有所呈现,但建议这一展示仍然以作品集文件夹的形式来进行。为了做好展示,你需要对自己的作品集文件夹进行整理。

■ 第1步　创建项目学习活动的实施文档

为了让你的学友清楚地了解作品集文件夹中各个文档的使用时间、应用对象和使用目的,你需要创建一个名为"项目学习活动实施文档"的 Word 文档。文档中的内容可参考表 1-7-3 的示例。

表 1-7-3　《营养早餐》项目学习活动实施文档

制作该文档的软件或平台名称	文件名称（或网址链接）	使用时间	对象	使用目的
PPT	营养早餐.pptx	项目开始前	学生	向学生进行自我介绍,让学生们了解整个项目的安排,以及自己的任务
Word	营养早餐.docx	项目开始前	学生、家长	让学生和家长了解即将开始的项目
UMU	提供网址链接	贯穿项目始终	学生、家长、同行,任何感兴趣的人	展示项目开展的进程、成果、照片等,与家长交流
博客/微博	提供链接	贯穿项目始终	学生、家长、同行,任何感兴趣的人	让学生们在项目开展过程中,呈现过程性的思考或活动
问卷星	链接1	项目开始前	家长	了解孩子们的早餐情况
问卷星	链接2	项目结束时	家长	了解孩子们的改变

注:该文件可以在教材配套资源包"活动篇、模块七、营养早餐作品集"中获得。

■ 第2步　整理自己的电子学档

请你将在本课程学习过程中所形成的文档进行整理,按照图 1-7-49 所示的样子形成自己的项目学习活动作品集文件夹。

■ 第3步　参照项目学习活动评价量规来检查自己的学习成果

迄今为止,本教材的作品——项目学习活动作品集已经全部完成,请根据项目学习活动评价量规(见模块二),以及各个技术文档的评价指南(见各个模块的作业要求)来检查自己的作品设计是否已经达到要求,并进行必要的修改。

图 1-7-49　项目学习活动作品集文件夹(示例)

注:在图 1-7-49 中,＃＃＃用自己的姓名代替,"项目学习名""项目学习出版物"等文件名应以真实的项目学习活动名称代替,如"营养早餐""营养早餐宣传海报"等。

3. 关注最新的"基础教育创新驱动力报告"

说明：美国新媒体联盟（New Media Consortium）自 2004 年至 2017 年连续十四年推出《新媒体联盟地平线报告》（基础教育版）（以下简称《地平线报告》）。该报告旨在描述未来五年内可能对大学校园里的教学、学习和创造性研究等领域具有重大影响的新兴技术。2019 年，美国学校网络联合会以全新的视角推出了《基础教育创新驱动力报告》，它是继收官于 2017 年的《地平线报告》之后，继承其研究理念与方法发布的最新报告，报告在 2019 年共推出三个专题报告，分别关注技术应用于教育所面临的挑战、发展趋势和技术驱动。虽然聚焦的主题仍是技术，但本系列报告将关注影响技术在教育中有效应用的组织和人力。表 1-7-4 和表 1-7-5 分别呈现了 2010—2017 年度的《地平线报告》中描述的未来技术以及 2019 年《基础教育创新驱动力报告》中所描述的技术应用于教育所面临的挑战、发展趋势和关键技术。

表 1-7-4 《地平线报告》中的未来技术

年份	1 年内采用		2—3 年采用		4—5 年采用	
2010—基教	云计算	协作环境	悦趣学习	移动学习	增强现实	柔性显示
2011	电子书	移动学习	增强现实	悦趣学习	姿势计算	可视化学习分析
2012	移动设备应用程序	平板电脑应用	基于游戏的学习	学习分析	基于手势的计算	物联网
2013—基教	云计算	移动学习	学习分析	开放内容	3D 打印	虚拟和远程实验室
2014—基教	自带设备	云计算	基于游戏的学习	学习分析	物联网	可穿戴技术
2015—基教	自带设备	创客空间	3D 打印	自适应学习技术	数字徽章	可穿戴技术
2016—基教	创客空间	在线学习	机器人	虚拟现实	人工智能	可穿戴技术
2017—基教	创客空间	机器人	分析技术	虚拟现实	人工智能	物联网

表 1-7-5 2019 年技术应用于教育所面临的主要挑战、发展趋势、关键技术

类别	内 容				
五大挑战	保持并扩大创新	数字公平	**技术应用与教学技能的差距**	不间断的专业发展	**技术与未来的工作**
五大趋势	**学习者即创造者**	数据驱动实践创新	**个性化发展**	设计思维	培养未来领导力
五大驱动技术	移动设备	**混合学习**	云基础架构	扩展现实	**分析与自适应技术**

注：粗体字分别表示的是报告中所聚焦的两项主要挑战、两项发展趋势和两项关键技术。

请你通过网络寻找本年度的《基础教育创新驱动力报告》介绍文档,并以小组为单位分别研究本年度所描述的对教育产生重大影响的挑战、趋势和技术。研究某项技术时可以考虑如下线索:
- 这项技术的定义和英文名称;
- 这项技术的特点、研究现状、应用现状;
- 这项技术在教育中的应用案例和应用前景;
- 其他值得介绍的信息。

请每个小组做好演示文稿以便介绍相应的技术。在模块八中,每个小组的代表将有10分钟的时间来向全班同学分享该小组的研究结果。

4. 回顾反思

说明:请在你的个人博客或微博上对本模块的学习进行回顾反思,你在哪些方面收获最大?哪些方面存在困惑?至少浏览并点评(回复)其他两名学友的博客或微博。

模块八　作品展评及教育技术展望

　概　述

这是本课程的结束模块,在这个模块中,你将与学友分享学习成果,根据项目学习活动作品集的评价量规与学友结对互评作品。你还将通过分享最新年度《基础教育创新驱动力报告》中的几项技术来了解教育技术的应用前沿。最后,你还要回顾反思自己在本门课程中的学习成效。

- 技术：UMU、博客。

活动 1　项目学习活动作品集共享互评

说明：经过一个学期的学习,现在到了我们共享学习成果的时候了。在这个活动中,你将先在小组中交流共享彼此的项目学习活动作品集,然后推荐优秀作品在全班范围内共享。

■ 第 1 步　小组内交流共享

请在小组范围内与学友彼此交流分享项目学习活动作品集,介绍时可遵循如下思路：
(1) 项目学习活动的简要介绍,至少包括导言、任务、过程等；
(2) 详细介绍自己项目学习活动的设计亮点；
(3) 具体展示 1—2 个自己最满意的项目学习活动支持文档。
在小组中选出优秀的代表作品。

■ 第 2 步　优秀作品共享

请各小组派代表展示优秀作品,同样遵循如下思路：
(1) 项目学习活动的简要介绍,至少包括导言、任务、过程等；
(2) 详细介绍自己项目学习活动的设计亮点；
(3) 具体展示 1—2 个自己最满意的项目学习活动支持文档。
在分享作品时,你可以记录这些作品的哪些地方对自己的设计或未来教学有启示。

活动 2　探讨技术对未来教育教学的影响

说明：在这个活动中，我们将分析几个典型的实际案例，洞悉技术对未来教育的作用，并通过分享关于本年度《基础教育创新驱动力报告》的研究，展望技术对未来教学的影响。

■ 第1步　洞悉技术对未来教育的作用

下面给出了几个典型的技术支持教育的实例，它们符合国内外对未来教育的构想，能够代表未来教育的发展取向。请以小组为单位，讨论分析这些案例，尝试提炼出几条技术对未来教育的作用，并作简单解释。

例1：美国硅谷精英马克斯·文蒂拉(Max Ventilla)不满现行学校的教育，毅然决然地离开谷歌公司，创办了面向未来的新式科技学校典范——Altschool。这所学校专门组建了一支信息技术工程师队伍，根据师生需求研发与教育教学活动相配套的软硬件，为学校的个性化教育提供平台和工具支撑。他们也会运用大数据技术采集、处理师生教育活动中的各种信息，为学生的个性化发展"把脉问诊"。可贵的是，Altschool在此基础上，为每位学生定制私人专属的、富有灵活性的玩学单（本质上就是课表），让学习就像玩游戏一样。大数据技术的赋能，也让玩学单能够根据学生的能力，每周更新。不仅如此，Altschool还采用"跨级"、"混龄"、"小班化"的教学组织方式，让学生通过项目学习解决本真问题。

例2：为服务于由于种种原因不能在校学习的学生，美国大多数州都拥有K12虚拟公立学校。学校培训教师为学生提供在线教学，设置学习教练确保学生不偏离学习轨道；学生拥有与教师、家长共同商定的个性化学习计划、优质的K12课程及相关学习资源；与传统学年一样，学生全日制参与学习，可参与丰富的线上和线下活动，只是学习场所更为灵活多样；学校遵循州立标准评估，完成学业的学生可获得相应文凭。目前，美国虚拟公立学校可分为五种模式：虚拟学院是全州范围在线公立学校，提供全套K12培养方案；Insight学校为有学习困难的学生提供大力度的学习支持服务；混合学校与弹性学院(Blended Schools and Flex Academies)为传统学校环境结合优质在线教育；生涯定向学院为学生就业与升入大学作准备，采取在线课程加课外体验模式；学区联校则通过在线学校平台，多学区共享全日制在线课程及"加油教育课程",学生在家学习,并有权利参加社区运动会及课外活动。

例3:Coppell 学区(Coppell Independent School District)采用"IBM Watson Element for Educators"APP 来为 K-12 教师提供个性化教学服务。Watson 是人工智能前沿代表,达到了认知智能的水平,曾经长时间通过回帖解答学生的学习问题,学生竟没发觉是智能机器所为。借助这款 APP,Coppell 教师快捷地为每位学生画出精准画像,一位学生一幅图,图中会有学生的技能水平、偏好、兴趣、出勤率,还有不同群体的发展趋势。在此基础上,Coppell 教师快速获得教学见解,实时做出数据启发的教学决策:在学生停滞不前或落后时进行个性化干预;把具有共同技能水平或感兴趣领域的学生聚集在一起进行小组教学;在 iPad 上即时反馈他们对每个学生技能掌握情况的观察和趋势分析结果;开展个性化教学研讨。当然,教师还能够获得 Watson 通过认知计算推荐的与学生特点和需求相匹配的个性化学习内容,提高资源推荐的效率和精准度。

例4:继可汗学院之后,可汗创办了一所实体学校——可汗实验学校。与可汗学院不同的是,可汗实验学校受到欢迎的原因并不是先进技术的应用,而是理念的创新。这所学校采用了一种促进学生个性化学习体验的学习架构。按照架构,学校作了多方面的变革:按照学生的独立水平分组,而不是年龄或能力水平;学生进行协作式项目学习,并由学术指导支持;课表灵活,既包括指导教学部分,也包括个人兴趣部分;学习时间是灵活可变的,而知识的掌握深度才是恒定的;个人兴趣部分将沉浸式学习延展到了学习假期,提供更多的时间和机会利用学校空间来学习;采用混龄式的同侪学习促使学生相互指导和帮扶。

你(们)的答案:

_____
_____
_____
_____
_____
_____
_____

■ 第2步 展望技术对教学的影响

在模块七的作业环节中,每个小组都研究了一个本年度《基础教育创新驱动力报告》所关注的技术,请每个小组派出一名代表利用 10 分钟的时间来分享你们的研究成果,包括如下内容:

- 这项技术的定义和英文名称;

- 这项技术的特点、研究现状、应用现状；
- 这项技术在教育中的应用案例和应用前景；
- 其他值得介绍的信息。

请你利用表1-8-1对这些技术进行记录。

表1-8-1 本年度《基础教育创新驱动力报告》所关注的技术

名称	英文名称	技术特点	应用现状及其他

活动3 回顾本课程的学习收获

说明：在这个活动中，你将从"信息技术习得"和"教学策略体验"两个角度来回顾本课程的学习收获，希望通过这种回顾与分析，你能对整个课程的学习过程有更深入的理解。

■ 第1步 回顾你在本课程中习得的信息技术

在这一步骤中，请在小组中以头脑风暴的形式，回忆你在本教材中学习了哪些信息技术（包括工具、平台和技术概念），并根据你对这些技术的掌握程度，将它们分别填写在下图所示的"掌握"、"了解"、"知道"三个分类中。

图1-8-1 本课程中所学习的信息技术回顾

■ 第2步 回顾分析本课程应用的教学策略

本课程的教学是经过精心设计的,而且也是"以学生为中心"的,在结束模块,我们有必要对整个课程中所应用的教学策略做一下回顾。请利用表1-8-2来思考本课程中应用到的教学策略,回顾这些教学策略应用在哪个环节(如某模块的某活动或某类活动),以及它们所起到的作用。

表1-8-2 本课程中所应用教学策略的回顾与分析

教学策略	是否使用	应用在哪个环节	所起到的教学作用
参与式学习			
过程性评价			
合作学习			
混合式学习			
自评互评			
学习支架			
任务驱动			
档案袋评价			
其他			

活动4 反思自己在本课程中的学习

说明:至此活动,整门课程的学习就结束了。你是否达到了本课程的学习目标?你有哪些收获,哪些感想?在这一结束活动中,做一个总结回顾吧。

■ 第1步 回顾开篇问题

"如果让你用事物来隐喻信息技术在教学中的作用,那会是什么?"这是在本课程第一模块中提出的问题,经过一个学期的学习,你的观点有变化吗?

■ 第2步　学习目标达成度自查表

请你对照模块一中提到的本课程学习目标进行自查,看看自己是否有较好的达成度,如图1-8-3所示。

表1-8-3　课程学习目标达成度自查表

学习目标		达到程度			
		完全达到	基本达到	达到一点	未涉及
知识技能	了解教育技术领域理论与实践领域的最新发展,理解相关理论与实践对本领域的影响。	□	□	□	□
	掌握常用软件(如PowerPoint,Word等)中有助于教学应用和文字表达的功能,学会利用这些技术支持自己有意义地、有逻辑地、有深度地表达。	□	□	□	□
	掌握支持教育教学的关键及前沿技术,理解不同技术所能支持的教学形式。	□	□	□	□
	掌握必要的策略与方法,学会利用恰当的技术来支持学习过程和学习资源。	□	□	□	□
	将教学策略、评价策略与技术相结合,形成开发主题探究活动的能力。	□	□	□	□
过程方法	通过边学边练,边研究边学习的方式,体验技术对于学习过程与学习资源的支持,形成自学新技术的能力。	□	□	□	□
	通过以实际案例作支撑为教学设计活动,了解当前主题探究活动教学设计的最新发展,逐渐培养分析实际案例的能力。	□	□	□	□
情感态度价值观	从"教育技术"的维度,理解"终身学习"的重要性和可能性,理解"教育技术"学科建设的重要性与可能性。	□	□	□	□
	通过共享协作的实践活动,领会集体智慧的价值,增强自身在团队合作方面的投入。	□	□	□	□
	通过对教育技术领域的了解与分析,获得持续关注教育技术的动力与信心。	□	□	□	□

■ 第3步　撰写博客反思

在你的博客或微博上发表一篇博文,命名为"现代教育技术课程学后感",将你在整个课程学习中的感受、收获、展望等记录在上面。

讲 座 篇

第一讲　信息化教学设计的理论基础

教育技术学是一门综合地应用教育学、心理学、生理学以及信息科学的知识和技术,是研究实现教育目标的最优化手段、方法的一门学科。而学习理论是教育科学中最核心的理论,它是指导人类怎样学习的理论,对教育技术的产生、发展和应用具有重要的指导意义。纵观教育技术学的理论发展,行为主义、认知主义、建构主义学习理论为信息化教学设计奠定了坚实的基础。

一、行为主义学习理论

在20世纪的前半个世纪,占主导地位的学习理论是行为主义,学习被看作是明显的行为改变的结果,是能够由选择性强化形成的。在行为主义者看来,环境和条件(如刺激和影响行为的强化)是学习的两个重要因素,学习等同于行为的结果。

行为主义的代表人物是美国的斯金纳(B. F. Skinner)。在斯金纳看来,行为是人类生活的一个基本方面。因而他一直以行为作为自己的研究对象。他认为,通过对行为的研究,可以获得对各种环境刺激的功能进行分析的方法,从而影响和预测有机体(包括人和动物)的行为。斯金纳创立了操作性条件作用学说和强化理论,并把它们应用于人类学习的研究,提出了程序教学的概念,总结了一系列教学原则,如小步子教学原则、强化学习原则、及时反馈原则等,形成了程序教学理论。图2-1-1显示了程序教学的基本过程。

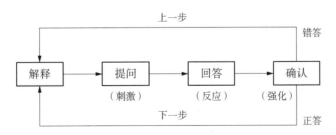

图2-1-1　程序教学的基本过程

行为主义的教学原则主要包括:

第一,小步子原则。行为主义强调将学习内容按其内在逻辑关系分割成许多细小的单元,并按一定的逻辑关系排列起来,形成程序化教材。学生的学习是由浅入深、由易到难、循序渐进地进行的,这种学习方式称为小步子教学原则。小步子原则要求对学习内容适当分割,对单元划分的大小要由具体的教学内容和教学任务来确定(步子不是分割得越小越好,否则容易使学生厌倦,也不利于学生从整体上认识事物)。

第二,及时强化原则。当学生做出反应后,必须使他们知道其反应是否正确。要求对学生的反应给予"及时强化"或"及时确认",特别要注意对学生所作出的正确反应给予及时强化,以提高其操作能力。

第三,自定步调原则。为了让每个学生都能自由发展,必须由他们根据自己的特点自定义学习进度。学生在以适宜速度进行学习的同时,通过不停地强化得到了进一步学习的内驱力。很多时候,教师也要根据不同学生的情况为学生设计适当的步调。

第四,低错误率原则。低错误率原则在教学中应由浅入深,由已知到未知,使学生尽可能作出正确反应,将学习的错误率降到最低限度,提高学习效率。

行为主义学习理论在研究中不考虑人们的意识问题,只是强调行为。把人的所有思维都看作是由"刺激——反应"间的联结形成的。这就引起了认知主义理论学派的不满,从而导致了认知主义学习理论的发展。

二、认知主义学习理论

1957年,乔姆斯基(Chomsky)对斯金纳的《言语学习》(Verbal Learning)提出了尖锐的批评,之后,学习理论经历了一场科学的变革,从运用行为主义原则转移到运用认知科学的学习理论和模型。认知理论不仅认识到了大脑的作用,而且研究了大脑的功能及其过程。

在认知主义学习理论学派看来,学习个体本身作用于环境,人的大脑的活动过程可以转化为具体的信息加工过程。生活在世界上的人既然要生存,必然要与所处的环境进行信息交换;人作为认知主体,相互之间也会不断交换信息。人总是以信息的寻求者、传递者,甚至信息的形成者的身份出现,人们的认知过程实际上就是一个信息加工过程。人们在对信息进行处理时,也像通讯中的编码与解码一样,必须根据自身的需要进行转换和加工。认知主义学习理论促进了计算机辅助教学(Computer Aided Instruction,简称 CAI)向智能教学系统的转化。认知主义学习理论的特征可用图 2-1-2 加以刻画。

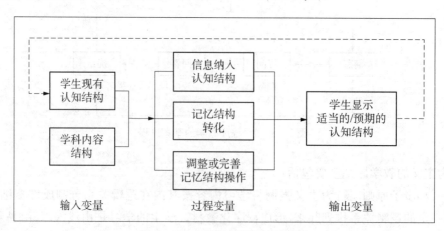

图 2-1-2 认知教学理论的模型

认知主义的代表人物是美国当代教育心理学家加涅(Gagne, Robert M)。在加涅之前，学习心理学家们都试图找到一个可以解释所有学习的理论，但是人类的学习现象十分复杂，用某个学习理论来解释一切学习现象的企图最终都失败了。加涅的理论则与这种"万能学习论"的思想截然不同。经过长期的努力，加涅终于形成了自己独具特色的学习结果的分类理论，并由此发展出学习层级论、学习过程论和学习条件论，逐渐形成一个新的学习论体系。加涅的研究深化和发展了教育技术学的基础理论，并促成了以行为主义为基础理论的教学设计向认知主义的根本转变。

在教学设计的方法方面，加涅在他的专著《教学设计原理》(*Principles of Instructional Design*, 1974)一书中提出了"教学事件"(instructional events)这一概念。加涅认为，学习的内部过程可以分为九个方面：警觉、期待、恢复工作记忆、选择知觉、语义编码、接受与反应、强化、暗示提取以及概括。学生的内部过程与外部条件是相互依存、不可分割的统一体。因而，由这九个内部过程可以推导出促进学习的九个外部因素——教学事件：引起注意(gaining attention)、告知目标(informing the learner of the objective)、激起回忆(stimulating recall of prerequisite learned capabilities)、呈现刺激(presenting the stimulus materials)、引导学习(providing learning guidance)、诱发行为(eliciting the performance)、提供反馈(providing feedback)、评估行为(assessing performance)以及加强保持(enhancing retention and transfer)。这些外部教学事件与内部学习过程之间的关系如表2-1-1所示：

表2-1-1 内部学习过程与支持它们的外部教学事件

外部教学事件	事件的内容	内部学习过程
引起注意	呈现促动信息(标题和先行思考题)。	警觉
告知目标	告诉学生在学习本课后能做什么。	期待
激起回忆	复习以前课程内容或提供起点测试。	恢复工作记忆
呈现刺激	取决于教学目标类型： — 对于言语信息，呈现新信息； — 对于定义概念，呈现定义； — 对于规则使用，介绍对象间的相互关系； — 对于问题解决，呈现涉及应用规则的代表性问题。	选择知觉
引导学习	因教学目标的类型而异： — 对于言语信息，显示助记符或关联对象，或将新信息加框； — 对于定义概念，提供概念的正例和反例； — 对于规则使用，逐步地演示规则应用步骤； — 对于问题解决，让学生尝试规则的各种可能用法。	语义编码
诱发行为	呈现精心设计的问题(必须与目标相符)，让学生应答。	接受与反应

续表

外部教学事件	事件的内容	内部学习过程
提供反馈	反馈可包含不同类型的信息： 确认学生反应的正误； 强化信息（赞扬）； 处罚信息（批评）； 说明信息（讲清学生对或错的原因）； 反馈信息的使用可因学习类型和学习对象而异。	强化
评估行为	给学生提供一个小型测试，并按一定的标准判断其是否达到了"掌握"程度。	暗示提取
加强保持	向学生提供操练与练习，或变化题型，或要求学生产生不同的解法。	概括

加涅认为这些教学事件都是一节课的"砖块"和"灰浆"，如果依据教学设计的原则恰当地利用这些教学事件，就可以构造出已知的任何教学方法。

三、建构主义学习理论

建构主义亦被理解为后期的认知主义，它在教育技术领域受到重视是 20 世纪 90 年代的事情，但它的哲学根源可追溯到古代的苏格拉底、柏拉图和康德，近代的建构主义代表人物则有杜威、皮亚杰等。乔纳森（Jonassen）对建构主义理论作如下解释：建构主义认为实在（reality）无非是人们的心中之物，是学习者自己构造了实在或至少是按照他的经验解释实在。每一个人的世界都是由他自己的思维构造的，不存在谁比谁的世界更真实的问题。人们的思维是工具性的，其基本作用是解释事物和事件，这些解释构成了个体不同的知识库。

德国的一则关于"鱼牛"的童话可以帮助我们更好地理解这个问题。这个童话说的是这样一个故事：在一个小池塘里住着鱼和青蛙，他们是一对好朋友。他们听说外面的世界好精彩，都想出去看看。鱼由于自己不能离开水而生活，只好让青蛙一个人走了。这天，青蛙回来了，鱼迫不及待地向他询问外面的情况。青蛙告诉鱼，外面有很多新奇有趣的东西。"比如说牛吧，"青蛙说，"这真是一种奇怪的动物，它的身体很大，头上长着两个犄角，吃青草为生，身上有着黑白相间的斑点，长着四只粗壮的腿，还有大大的乳房。"鱼惊叫道："哇，好怪哟！"同时在脑海里即刻勾画出他心目中的"牛"的形象：一个大大的鱼身子，头上长着两个犄角，嘴里吃着青草……（见图 2-1-3）。

图 2-1-3 "鱼牛"的童话

鱼脑中的牛形象(我们姑且称之为"鱼牛")在客观上当然是错误的,但对于鱼来说却是合理的,因为他根据从青蛙那里得到的关于牛的部分信息,从本体出发,他将新信息与自己头脑中已有的知识相结合,构建出了"鱼牛"的形象。这体现了建构主义的一个重要结论:理解依赖于个人经验,即由于人们对于世界的经验各不相同,人们对于世界的看法也必然会各不相同。知识是个体与外部环境交互作用的结果,人们对事物的理解与个体的先前经验有关,因而对知识正误的判断只能是相对的;知识不是通过教师传授得到的,而是学习者在与情景的交互作用过程中自行建构的,因而学生应该处于中心地位,教师是学习的帮助者。因而建构主义的学习理论强调"知识建构"。

在怎样看待知识、学习者及教学活动这三个基本问题上,建构主义确实有其独特的见解。譬如在怎样看待知识方面,建构主义强调:知识并非对现实的正确表征,而只是一种解释或假设;知识也不是问题的最终答案,而会随着社会的进步而被扬弃;知识不可能以实体的形式存在于每个个体之外,尽管已由语词符号赋予了它一定的普遍认可的外在形式。按照这种观点,教科书阐述的内容只是一些关于各种现象的较为可靠的假设,而不是解释现实的"模板";至多只是对现实问题的一种更可能正确的解释,但不是绝对正确的最终结论。所以这些内容在被学生接受之前对其毫无权威而言。学习者是以自己的经验和信念为背景来分析、判断教材的合理性,并靠自己的建构来完成对教学内容的接受。因此,不能把课本知识作为预先决定了的东西直接灌输给学习者。

又如在怎样看待学习者方面,建构主义认为,学习者并不是空着脑袋走进教室的,在过去的学习和日常生活中,他们已经积累了不少的经验。即使对有些事物尚无现成的经验,他们往往也会根据相关的经验作出合乎逻辑的假设,形成某种解释。所以,应该把学习者现有的经验作为新知识的生长点,重视学习者自己对各种事物的理解,倾听他们现在的想法,洞察这些想法的由来,并以此为据,引导学习者丰富或调整自己的理解,形成新的知识结构。

再如在怎样看待教学活动方面,建构主义主张,既然不应由教师向学生直接传递现成的知识,而应帮助学生自己建构知识,那么教学就不可能是行为主义所描述的"刺激——反应——强化"的简单过程。而且,知识的意义也不是简单地由外部信息所决定的,而是学习者通过新、旧知识和经验之间反复的、双向的相互作用建构成的。每个学习者都在以自己原有的经验系统为基础,对新的信息进行编码,原有经验又因为新经验的进入而发生调整和改变。所以教学也并非认知主义的信息加工理论所描述的,是在教师提供线索的情况下,学生对外部输入的信息进行选择、加工和储存,而是在有援的真实情境中的新、旧经验的相互作用,并包含新、旧经验之间的冲突引发的观念转变和结构重组。

举个具体例子,在以斯金纳的操作性条件反射理论和加涅的学习层级理论等为基础的"传统"教学设计中,基本上是倾向于自下而上地展开教学过程。因为前者主张将知识分为一个个小单元,让学生一步一步地学习,最终掌握整体知识;后者认为知识是有层次结构的,教学要从最基本的概念或技能的学习出发,逐渐学习高级的知识和技能。

据此进行教学设计时,首先须对学习内容作任务分析,逐渐找到学生应该提前掌握的知识,而后分析学习者已有的水平,确定合适的起点,制定出向学生传递知识的策略方案。从而在实际教学时,让学生从低级的知识技能出发,逐级向上,直到达成最终的教学目的。对于这样的教学设计,建构主义是持批判态度的,认为教学不应从简单到复杂,如果简单意味着脱离情境的话。相反,建构主义提倡自上而下地展开教学活动,即首先呈示整体性、情境性的学习任务,让学生尝试去解决问题。在此过程中,学习者要自己发现完成整体任务所需先行完成的子任务,以及完成各级任务所需先行掌握的知识和技能。在上述的建构主义关于知识、学习者、教学活动的见解中,实际上已包含了其对教学设计的一些主张。为了使这些主张明晰化,下面进一步归纳、罗列十条源自建构主义认识论和学习观的,可以指导教学设计的基本要求或原则性意见。

(1) 让教学活动与实际问题挂钩。这实质上是要求设计者或教师组织以任务或案例为基础的学习,设计问题和探究定向的教学,使学生的学习带有明确的目的性。于是,完成任务的目的应成为学生学习从属知识和技能的驱动力,解决问题的实际需要将促使学生主动去建构相关的知识。

(2) 支持学习者发掘或形成问题。经引发,学习者从认知疑惑中自己提出问题,或经确认,使学习者将别人提出的问题很快变为自己的问题而接纳,可以成为学习活动的刺激物,使学习成为学习者自愿的事情,而不应给他们强加学习目标和以通过测试为目的。

(3) 提供真实的学习任务和学习环境。所谓学习任务的真实性是指认知要求的真实性,即提供的学习任务应包含与实际问题相类似的认知要求;所谓学习环境的真实性也并非一定要真正的物理环境,但必须能够使学生经历比较严峻的认知挑战。为此,提供的学习任务和学习环境应具有与现实世界相似的复杂性,否则不但会降低对学习者的认知要求,还会导致他们对问题的认知差距过大。

(4) 让学习者拥有学习的主动权。在教学活动中不要规约、更不要代替学生做任何事情。只有让学习者自己分析问题情境,自己寻求与解决问题有关的知识和技能,自己调控认知策略,才能达到建构他们各自独特的认知结构的目的。这样做也有利于培养学生注意什么、理解什么、如何思考、如何运用、如何评价等高层次的认知技能。

(5) 为学习者提供必要的援助。给予学生学习的自主权并不意味着他们做的任何事情都是有效的,当他们遇到困难时还是需要获得恰到好处的援助的。当然,教师提供的援助不能束缚学习者的思路,更不能告诉学习者现成的答案,而是主要起到一定的咨询、示范、质疑、教练的作用。

(6) 鼓励学习者检验和积累各种不同的观点。丰富的信息资源和恰当的帮助,有利于学生探索和整合知识以形成对事物意义的建构。但由于经验基础和社会背景的不同,学习者对事物意义的理解难免会有差异,甚至形成各种不同的观点。要创设条件,让学生有兴趣和有可能去检验、积累这些不同的观点,并对这些观点进行分析、综合,以形成更为高级的观点。

(7) 鼓励学习者相互交流、取长补短。同样的原因,学习者建构的"理解"难免会不全面或失之偏颇,这就要经常组织学生相互交换看法,取人之长,补己之短,或通过相互协商、质疑、辩论,使不同观点逐步趋同,从而形成共享的、比较全面而深刻的理解。

(8) 采用目标自由的过程评价。评价学习者如何进行知识建构要比评价由此产生的认知结果更为重要,因此必须把评价与教学活动过程整合在一起。为了避免预先确定的目标带来评价时的偏见,评价的目标应该比较自由,而非标准参照的,而且最好是在与教学情境一样丰富和复杂的情境中进行这种评价。如果必须进行结论评价,就应参照学习可能产生的所有结果,采用多种形态的多种评价标准。

(9) 支持学习者进行反思。在不断从外部对教学活动进行形成性评价的同时,要支持或指导学生对自己学习的内容和过程进行反思。亦即要帮助学生有意识地从事自我监控、自我测试、自我检查,以判断其在学习中追求的是否是自己设置的目标,为了尽快达到这一目标,自己的学习策略该作怎样的调整。

(10) 发挥现代媒体因素的作用。建构主义的思想、观点由来已久,但现代化的媒体技术使真正创设建构主义的学习环境成为可能。特别是多媒体计算机和网络通信手段所具有的多种特性,不仅可以用来提供真实的情境、典型的案例和海量的信息,还能够促进学习者的认知过程、问题解决和交流切磋。所以在教学设计时要充分考虑现代化教学媒体的建构工具作用。

虽然行为主义、认知主义和建构主义学习理论都是在后者批判前者的基础上产生的,但它们之间不存在一决高下的问题。曾经有一段时间,在教育技术领域,人们认为行为主义和建构主义是互不相容的,在设计和实施学习支持方面经常是对立的两种观点。然而,全任务模式(whole-task models)、辅助模式学习的模式(models for model-facilitated learning)和基于问题的学习(problem-based learning)等新型教学模式已越来越多地将不同的学习理论整合在一起。这样一种状态体现了人们为支持复杂的、动态的学习所做出的努力,说明人们考虑到了教学的丰富性和多样性,在教学设计方面的思考更为全面与理性。

第二讲　项目学习及其设计模式

项目学习（Project-based Learning，简称 PBL）起源于美国，著名教育家克伯屈于 1918 年首次提出"项目学习"的概念，它指"学生通过完成与真实生活密切相关的项目进行学习，是一种充分选择和利用最优化的资源，在实践体验、内心吸收、探索创新中获得较为完整而具体的知识，形成专门的技能并获得发展的实践活动。"项目学习是一套从学生已有经验出发，在复杂、真实的生活情境中引导学生自主地进行问题分析与探究，通过制作作品来完成自己知识意义建构的教学模式。项目学习属于研究性学习的范畴，注重培养学生发现问题、分析问题进而解决问题的能力，但较之于研究性学习，项目学习更强调来源于真实情境中的任务，更注重学生实际动手能力和团队合作精神，更具有实践性和操作性。项目学习作为一种新型的教学模式，具有以下特点：

（1）主题明确。一个项目需要有一个明确特定的主题，学生围绕该主题展开实践探究，在活动中建构起新的知识体系，掌握一定的技能。

（2）情境真实而具体。按学习的需求立项，一般取材于生活，学习者面对的是真实而具体的问题，且往往需要在活动结束之际产生一个或一系列作品。

（3）内容上体现综合性。项目学习需要综合利用多方面的知识和技能来解决项目中的问题和任务。在某些项目中还需要用到多门学科或多个领域的知识和技能。

（4）学习方式多样化且强调协作。项目学习往往需要通过实践体验、学习书本知识、考察调研等多种途径来完成，同时过程中强调同伴之间、与教师或其他人之间的合作努力。

（5）学习手段数字化、网络化。项目学习可以充分利用多媒体和网络等信息技术进行学习，且支持学生使用各种数字化的认知工具和信息资源来陈述他们的观点。

从前面的项目学习定义以及特点，我们可以很容易发现，项目学习体现了"以学习者为中心"的教育理念，有利于促进学生实践能力的提高与综合素质的发展，这与我国课程改革所提出的"倡导学生主动参与、乐于探究、勤于动手，培养学生搜集和处理信息的能力、获取新知识的能力、分析和解决问题的能力，以及交流与合作的能力"相一致，为发展学生的核心素养提供了重要的方法论支持，因而在中小学教学中有着广泛的研究和应用。在具体实施中，以下一些模式均为项目学习提供了不同的设计框架。

一、研究性学习模式

"研究性学习"是教育部 2017 年版的《普通高中课程方案》中综合实践活动板块的一项内

容,也是《基础教育课程改革纲要(试行)》所规定的重要内容。随着学校学习环境的逐步信息化,研究性学习越来越多地从信息技术的支持中获益。

对于"研究性学习"的含义,可以有广义和狭义两种理解。从广义理解,"研究性学习"是一种学习方式,它是指教师或其他成人不把现成结论告诉学生,而是学生自己在教师指导下自主地发现问题、探究问题、获得结论。作为一种学习方式,"研究性学习"是渗透于学生的所有学科、所有活动之中的。从狭义理解,"研究性学习"是一种课程形态,这种课程是为"研究性学习方式"的充分展开所提供的相对独立的、有计划的学习机会。具体来说,是在课程计划中规定一定的课时数,以更有利于学生从事"在教师指导下,从学习生活和社会生活中选择和确定研究专题,主动地获取知识、应用知识、解决问题的学习活动",所以"研究性学习"课程是指向于"研究性学习方式"的定向型课程。

在研究性学习开展之前,教师可以只设计目标,由学生自己制定研究方法和研究步骤;教师也可以将设计目标和具体步骤都设计好,由学生依据教师设计的步骤进行研究。一般来说,研究性学习分为以下几个步骤:确定课题、组织分工、收集信息、整理分析信息、创建答案/解决方案、评价与展示作品。

1. 确定课题

此部分的目的在于确定一个可以发展学生综合能力的课题(问题或任务)。在更多的时候,学生会根据教师提出的课题初步构想自己要研究的子课题。教师则根据学生构想的针对性与可操作性帮助学生确定课题。

2. 组织分工

学生自由分组或教师指定分组。小组成员要一起确定所应承担的责任,决定谁将做什么工作,以及他们将如何合作。作为一个有经验的参与者,教师将帮助学生发展和完善他们的合作技巧,使组织分工更趋合理。

3. 收集信息

小组成员收集有助于回答或解决主要问题的相关信息。教师将对"如何收集信息"以及"收集什么样的信息"等技巧对学生进行指导,教师还可以通过提供资源、参与研究方法的设计和介绍专家等形式帮助学生收集信息。

4. 整理分析信息

当小组成员们认为他们已经收集到足以回答或解决问题的信息时,他们可一起将所收集到的信息分类。为了分析所收集的信息,教师将帮助学生明确回答以下问题:所收集的信息是否有助于我们回答主要问题?我们的信息充足吗?是否需要收集更多的信息?所收集的信息是否足以做出决定或解决问题?在这一步骤,小组成员需要更为深入地研究所收集到的信息。教师或学友给予支持,以便获得最终的答案和解决方案。

5. 创建答案/解决方案

在这一步骤,小组成员们要思考下面一些问题:我们怎样才能利用已有的观点和所收集的资料创建一个新的答案或解决方案？最终结果（产品）将是怎样的？这是一个富有创造性的步骤，教师将帮助学生们有效地展示他们的成果。

6. 评价与展示作品

教师组织专家、校内同行、其他班级的同学等参与学生成果的展示活动，共享学生们的研究成果，并对他们在项目上的表现和成果价值进行评价。如果是课题形式的研究性学习，这一步骤也称为"结题"。

二、主题探究活动模式

主题探究活动模式是在1995年初由美国圣地亚哥州立大学教育技术系的伯尼·道奇（Bernie Dodge）和汤姆·马奇（Tom March）博士创建的，他们对主题探究活动的定义是这样的："这是一种面向探究的活动，活动中学生们所用到的所有或大部分信息都来自网络。"主题探究活动是建构主义学习理论在网络学习中的实践表现，是在网络环境下由教师引导，利用互联网资源，以一定的目标任务驱动学习者对某个问题或某类课题自主地进行建构、探索和研究的学习模式。

从教学设计上来看，主题探究活动的用时比较灵活，包含短期和长期两种形式。短期的主题探究活动是为某个主题而设计的，可以是1—2个课时，重在引导学习者运用相关学科知识解决现实世界中的问题；长期的主题探究活动可能持续一周到一个月，甚至更长时间，其目的在于巩固和扩展学习者所掌握的知识，激发学习者高水平的思考活动，进而产生独创性的观点，长期性的主题探究活动通常需要用到多个学科的知识和技能。

具体说来，主题探究活动模式有以下几个特点：第一，在主题探究活动实施过程中，学生是探究的主体，教师在其中扮演的角色是学习资源的设计者和开发者、学习过程的组织者和指导者、学习环境的管理者和创建者、学生学习的合作学习伙伴；第二，主题探究活动提供了一个研究的"脚手架"，它引导学生像熟练的研究者那样对问题进行思考和探究，并采用了较为合理的研究步骤和方法；第三，主题探究活动提供了可以便捷存取的、高质量的信息和资源，有助于实施和完成整个学习任务；第四，主题探究活动的学习成果往往表现为绩效或作品，如表演、手工作品、演示文稿、电子小报、模型、方案等。

主题探究活动模式现在已是一种很受欢迎的网上学习模式，很多教师和学生都在利用它培养学习的高阶思维能力，实现有意义的学习目标。有的教学设计者还在网上提供了主题探究活动的模板、评价工具的模板、丰富的案例等供教师使用和参考。而在实践中，主题探究活动的实施范围和运用资源已经突破了网络的局限，可以综合运用现实生活中的所有资源，并采用多种多样的作品表现形式。

一般而言，一个主题探究活动教学设计包括导言、任务、资源、过程描述、学习建议、评价和总结七个部分。其中"过程描述"和"学习建议"两个部分常常合并，称为"过程"或"过程描述"。各部分的设计要点如下：

1. 导言

在这一部分中，教师可以向学生们简要介绍此主题探究活动的大致情况，以进行先期的组织和概述工作。由于主题探究活动中一般会为学生设置社会中的角色,因此,还会在这部分对于整个主题探究活动的情境和学生所扮演的角色进行交待,激发学生的学习兴趣。

2. 任务

对于学生们要做的事情的描述。在这一部分,教师应该清晰明了地将任务目标,即对学生行为的成果要求告诉学生。在主题探究活动中涉及的"任务"可以是:一系列必须解答或解决的问题;对所创建的事物进行总结;阐明并为自己的立场辩护;具有创意的工作;任何需要学习者对自己所收集的信息进行加工和转化的事情等。在大部分情况下,主题探究活动中的任务会以产品或绩效的形式出现。

3. 资源

一般是指向网上相关站点的链接。在这一部分中,教师指出一些可以被学习者用于完成任务的网址,以及对每个链接指向资源的简单描述,以便学生可以在点击前知道自己将获得什么。随着主题探究活动模式的普及,"资源"部分不再专指网上资源。

4. 过程描述

这部分描述学习者完成任务应遵循的步骤、思考或讨论的方向等学习建议,目的是为学习者搭建完成任务的"脚手架"。其过程可能包括:探究前的准备,如学生自选角色,组建探究小组和组员分工;收集和整理资料,包括阅读教师提供的参考资料和自己搜集资料,并对资料做好记录;交流和讨论,组员间共享彼此的资料,交流各自的观点,经充分的讨论确定研究的切入点和重难点;深入思考,围绕所探究的问题,组员们深入思考,充分交流讨论并得出本组的初步探究成果;展示成果,各组选择合适的载体,如科研小论文、演示文稿、网页、图片展、计算程序等方式来展示探究成果。

5. 学习建议

指导学习者如何完成任务。在此处,教师为学生提供一些学习支持,如建议、问题、图表等,以帮助他们组织、综合和分析所收集到的信息,获得问题解决的策略等。

6. 评价

通过量规来展示如何评价学生学习的最终成果,也可能包括对于学习过程、学习技巧的评价等。有的教师还会创建一个自我评价表,帮助学生对自己的学习进行评价和反思。

7. 总结

这是指对于将要完成或学习事物的简要总结。通过简短的一两句话,概述学生通过完成此主题探究活动将会获得或学到什么。

三、MiniQuest 模式

MiniQuest 是另一种利用网上资源进行探究活动的网上学习模式,教师可以借助它简单而有效的方式提高学生的批判性思维与知识建构能力。与主题探究活动不同的是，MiniQuest 针对单学科的学习，并且用时很短，通常情境下，学生在 1 至 2 个课时内就可完成一个 MiniQuest 的学习。正因为如此，MiniQuest 可以很容易地穿插在课程序列中，很受教师欢迎。

MiniQuest 的组成部分比较灵活，可以只包括情境、任务、成果三个部分，也可以将资源、评估等内容单列出来。各部分的设计要点如下：

1. 情境

情境部分为问题解决提供了可信的具体情境，通常会安排学生扮演一个社会角色。这部分的作用是导入学习情境，激发学生的学习兴趣。同时，这部分还往往以外显的形式提出学生要回答的问题，使他们对学习目标有清晰的了解。

2. 任务

任务部分包括一系列问题，这些问题是高度结构化的，学生可以借此获得回答关键问题的事实性信息。由于 MiniQuest 的学习时间有限（通常为 1 至 2 课时），因而还要为学生提供专门的网站，以便学生可以高效率地获得能够回答问题的"原材料"。

3. 成果

成果部分告诉学生将如何展示他们的回答。学生的理解只有通过一定的形式才能展示出来，教师将借以评估学生的理解。学生的成果需要对信息有适度的综合分析，呈现出解决问题的新观点，而不仅仅是展示网上信息。成果还必须是真实的，与情境中赋予学生的角色相一致。

4. 资源

资源部分为学生提供有助于回答关键问题的事实性信息的网上资源。这些资源将提高网上搜索的效率和质量，对于缺乏搜索技巧的中小学生更为重要。

5. 评估

评估是通过量规来实现的。量规不但要有助于评价学生的学习成果，还要有助于评价学生的学习过程及学习技巧。

四、英特尔®未来教育模式

英特尔®未来教育是一个大型国际合作项目，旨在通过培训增强广大教师的信息化教学能力，进而提高学生的学习能力和质量。该项目由于融合了现代教学理念和系统设计方法，体现了"以学生为中心"的基本原则，因而得到受训教师的普遍好评，许多学校将其视为推动教育改革的得力抓手。在这里，我们将这种模式称为英特尔®未来教育模式。

1. 成果形式

英特尔®未来教育模式的成果形式除了教案外，还有一套支持教案实施的电子文件，与

教案一起组成了单元教学计划"包件",在该培训中称之为"单元作品集",其中包括:

- 单元计划(教案)。具体地描述教学单元的主题、学习目标、学习活动(教学过程)、学习资源等,其中的学习活动和学习资源在很大程度上是由信息技术支持的。
- 学生电子作品范例。该模式通常要求学生以电子作品的形式展示他们的理解。为了给学生提供支持,教师需要事先做出电子作品的范例,当然这个范例是从学生角度出发,以学生应该达到的制作和理解水平进行设计的。有了教师展示的范例,学生浏览后就会对自己将要完成的任务和学习过程有一个感性的认识。
- 学生作品评价量规。利用可操作性强、准确性高的量规来评价学生的电子作品,从与过程和成果相关的多个侧面详细规定评级指标。
- 教学支持材料。为支持学生有效进行学习活动准备的各类辅助性材料,如软件工具、资料光盘、在线参考资料、参考书目、试卷、调查表、教师用电子讲稿等。
- 单元实施方案。包括教学活动的时间安排、学生分组办法、上机时间分配以及征求社会支持的措施等。

这些电子文件通过电子文档的形式组织在一起,共同支持学生的学习。图2-2-1就是英特尔®未来教育中单元作品集的组织结构。

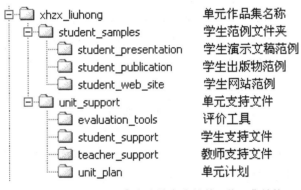

图2-2-1 英特尔®未来教育中的单元作品集结构

2. 英特尔®未来教育模式与项目学习

英特尔®未来教育模式一直讲求以学生为中心,但项目学习是可选项。在历经多次改版后,于2007年推出的V10版本中,明确提出了要开发"整合了项目学习的单元作品",将项目学习作为单元设计的追求目标。这样一种改动为单元设计给出了明确的定位,但也给这种模式的常态运用带来了困扰。

之所以在V10版本中强调项目学习,将它作为单元计划的设计追求,主要是由于该模式在综合了诸多学者的研究后,认为项目学习具有如下优势:

- 将单元设计成积极的探究和高级思维活动(Thomas,1998)。
- 增加参与度,增强自信,改善学习态度(Thomas,2000)。
- 能取得不逊于其他教学模式的学业成果,因为参与项目的学生比在传统课堂承担了更多的责任(Boaler,1999;SRI,2000)。
- 有机会发展综合性技能,例如高级思维、解决问题、合作以及交流技能(SRI)。
- 能在课堂上接触到更加广阔的学习机会,有助于不同文化背景的学生参与学习(Railsback,2002)。

根据英特尔®未来教育本身的设计特点,该模式的课程认为有效的项目学习单元应具有如下特点:
- 学生是学习过程的中心。
- 项目围绕着与课程标准保持一致的重要学习目标。
- 项目是由课程框架问题来推动的。
- 项目包括发展性的、多种类型的评价。
- 项目包括在一段时间内接连发生的任务和活动。
- 项目能和真实世界相连接。
- 学生通过发表或展示作品和绩效来验证知识和技能。
- 技术支持并加强学生的学习。
- 思维技能在项目活动中是不可或缺的。
- 多种指导性策略支持多种学习风格。

上述的大多数特点是项目学习的共同要求,其中"与课程标准保持一致的重要学习目标"是对于项目学习的深化要求,非常合理也很有意义;"由课程框架问题来推动"、"技术支持并加强学生的学习"是该模式自身的特点与目标追求所决定的,并不具备普适性。

特别值得一提的是,这种模式在这里所说的"整合了项目学习的单元作品",并不是指所有的单元都要从头到尾地整合项目学习。项目的整合程度有不同的级别。有些单元确实可以从开始到结束都是以项目为基础,而其他一些单元仅将一个项目在教学达到高潮时整合进来,或者将其整合在单元中的某个部分。到底选择哪种程度的整合级别,需要教师根据自己所要选择的单元主题来确定。

3. 英特尔®未来教育模式的特点

英特尔®未来教育模式的设计有自己的特点,讲求单元层面的中观教学设计,跨时比较灵活,短的单元可能是3—5课时,长的可以跨时一个学期。它的设计框架主要包括课程标准、学习目标、框架问题、评价设计、学习过程、本单元所需材料和资源、为个别化教学所做的调整几个部分,下面逐一介绍其设计要点。

- **课程标准**。这种模式要求所有的单元设计都要依据具体的课程标准。课程标准应直接从国家或地区课程标准中拷贝,选择适合具体单元的或指导具体单元的课程标准。
- **学习目标**。这种模式要求所有的学习目标都要依据具体的课程标准,以便将项目学习作为一种学习方式整合在现有的教学中,不鼓励完全脱离课程标准的探究,但要求学生要在知识掌握的基础上达到更深层次的理解。
- **框架问题**。框架问题是英特尔®未来教育模式中最具特点也最具挑战的要素,框架问题又包括基本问题、单元问题与内容问题。通过框架问题,引导教师设计出指向高级思维的、指向学科核心的"好"问题,从而有效指导学习的探究活动。

- **评价设计**。强调多元评估,既关注过程性评价,又关注终结性评价,特别强调根据学习目标来设计评估计划,使得学习目标得以很好地落实。
- **学习过程**。强调通过一系列学生活动来呈现学习过程,在学习过程中通过嵌入多种文档(如学生范例、学生支架、评价标准等)为学生的学习提供支持。
- **本单元所需材料和资源**。教师可以在这部分从技术硬件、技术软件、印刷品、辅助材料、网上资源等方面为学生提供相关的资源。
- **为个别化教学所做的调整**。为"天才学生"和"需要帮助的学生"分别设计相应的教学调整方案,以适应个别化教学的需要。

第三讲　项目学习活动类别与角色

项目是与真实生活挂钩的,而人们在真实生活中所面临的项目可谓多种多样、五花八门,因而项目的种类将注定是无法穷尽的。不过,学习项目与工作项目毕竟是不同的,前者的关注焦点是学生的个体发展,而后者则更多地关注的是集体的发展。从学生的个体发展角度来讲,一个好的项目应该是可行的、有趣的,能够使学生有机会应用所学的知识与技术,并且能够促进学生高级思维能力的发展。这样很多琐碎、重复、没有智力挑战难度的项目就可以滤除。

一、项目类别

我们以伯尼·道奇博士(Bernie Dodge)对主题探究活动模式的十二种项目分类为基础,根据对其他设计模式,如《追求理解的教学设计》一书中提到的数十个案例进行考察,从多元智能的角度入手归纳出十三种项目种类。在这里,我们有必要回顾一下多元智能的各项智能的含义。[①]

(1) 言语语言,指用语言文字表达、思考以及欣赏语言文字意义的能力。

(2) 数理逻辑,指数学运算、科学推理与分析的能力。

(3) 视觉空间,指运用空间思维、图像思维的能力。

(4) 肢体运动,指运用身体操纵物体和调整自身身体的能力。

(5) 音乐韵律,指对音乐符号、旋律、节奏、音色及音质等敏感的能力。

(6) 人际沟通,指善解人意、善于交往的能力。

(7) 自我认识,指能正确感知自我、认识自我的能力以及计划和引导自己人生的能力。

(8) 自然观察,指能细致观察自然界中的各种动植物形态及生态系统,并能进行辨别与分类的能力(Campbell & Dickinson, 1999)。

在分类整理后,我们发现一个项目学习活动中可能包括两种或两种以上的类别。

[①] 德·加德纳等人后来又为多元智能加入了一项"存在智能",指的是陈述、思考有关生与死、身体与心理世界的最终命运的倾向。但关于此项智能在教学上的研究较少,本讲在项目分类中未考虑这项智能。

表 2-3-1 基于多元智能的项目分类

智能分类	项目安排	
言语语言	编辑项目、采访项目、说服项目、创造性作品项目	陈述项目
数理逻辑	分析项目、科学项目	
视觉空间	设计项目、创造性作品项目	
肢体运动	表演项目	
音乐韵律	创造性作品项目、表演项目	
人际沟通	策划组织项目、采访项目、说服项目、神入项目	
自我认识	自省项目	
自然观察	观察项目、科学项目	

下面我们就结合具体的案例，对这些项目进行介绍。

1. 陈述项目

"陈述"是语言智能最根本的要求，仅仅是要求学生将获得的信息表述出来，以证明他们已经获知了这些内容。作为其他智能外化的有效途径，陈述项目是最基本也是最不具有挑战性的项目。学生可以口头陈述，也可以通过作品（电子或非电子的形式）将获得的信息展示出来。一般来讲，这类项目或者应用于认知水平较低的小学生，或者与其他类型的项目结合起来增强学生对某个主题的理解。

举例： 小小昆虫家

导言：同学们，你们喜欢昆虫吗？你们了解昆虫吗？学校要组织昆虫展了，想不想大显身手？在这个活动中，你们不但要研究昆虫，还要准备在昆虫展上向其他班级的同学们介绍呢。

任务：……大多数昆虫都是人类的益友，列举几种益虫。生活中也有一些昆虫对我们有害，这些害虫是哪些？如何防范它们？还有些昆虫正遭受着物种灭亡的命运，如何挽救它们？请将你的探索结果制作成一份书面报告。

2. 编辑项目

这类项目是让学生将不同渠道获取的信息整合到一起，并以自己的语言用某种形式（如游记、推荐信、景点手册、说明书、专栏等）表现出来。学生在整理资料的过程中将熟悉特定的内容，并且必须组织、消化和解释各种信息。由于在形式上有了特定的要求，学生不可能仅仅是收集、罗列信息，他还必须对这些信息进行切合目的的转换与整理。这种项目是比较常见的。

举例： 走近唐朝

导言：唐朝是中国历史上最繁荣的朝代之一，中国人也常因此被称为"唐人"。尽管如此,与现在相比,唐朝还是落后的。在那个时代,没有电,没有汽车,也没有超级市场。那时的人们是怎么生活的呢?在一个科学实验中,由于机器的故障你被送到了唐朝,在机器整修完毕前,你必须融入到唐朝人的生活中,确保不被发现。

任务:写一篇游记,介绍你在唐朝的生活。游记的内容必须包括唐朝的食品、衣着、住房、交通、职业、农业几个方面。另外,你还需要在你的游记中插入一些反映唐朝人生活的图片。

3. 采访项目

采访项目对学生的言语智能与人际智能都有较高的挑战。学生要在收集采访对象的信息,组织采访内容,安排采访,与他人合作分工,提出重要问题的同时,还要根据采访对象的反馈提一些跟随问题。最后,还要根据新闻报告的格式和措词将这些信息组织成一篇新闻稿。在这样的项目中,学生的语言组织能力、人际交流能力、觉察体验他人情感的能力都会得到提高锻炼。

举例: 高效率少年的习惯

导言:学校校报这个月的班级供稿由我们班来完成。校报主编告诉我们,家长和同学们最需要了解如何才能培养高效率学习的习惯。

任务:你将和你的小组一起采访被评为"市级十佳少年"的一位同学,以及他的学友和班主任,从采访中了解他是如何安排学习和娱乐的,并就此主题为校报撰写名为"高效率少年的习惯"的新闻稿。

4. 说服项目

说服项目同样对学生的言语智能与人际智能有着较高的挑战。当学生试图说服他人时,他必须精心准备材料,使得自己的语言、作品等具有说服力,同时他还要体察对方的立场与观点,最后他还要用简洁、准确、富有激情和美感的语言表达自己的意见、回应提问等。

举例: 保护热带雨林

导言:Big Bucks 公司计划修建一条通往河的公路,以便建造一个新的水电站。这条公路将恰好穿过你所研究的热带雨林……

任务:请你给国土资源管理部门写一封呼吁信,说服他们否定 Big Bucks 修建公路的计划。

5. 分析项目

分析项目关注学生对逻辑结构关系的理解、推理、思维表达能力。在分析项目中,学生将紧密关注一件或更多件事物,发现这些事物之间的相似及不同之处。通过对事物间各种关系的敏感体察,寻找不同变量的起因与结果之间的关系,猜测或解释所有的这些相同与区别都意味着什么。分析项目往往是开展数学计算活动的有力抓手。

举例: 做精明的消费者

导言:据很多装修的人家讲,承包商经常会在家庭维修报价单上做手脚,"宰"上你一刀。

难道你喜欢被"宰"吗？我们都不喜欢，但是有时也很难说。当承包者给你一份家庭维修报价单时，你怎么知道这份报价单有没有做手脚呢？

任务：目前有一家庭正要装修，他们告诉你房间的尺寸、材料和劳动力的成本数，请你辨别一下精明的承包人有没有"宰"他们。

6. 科学项目

科学项目有益于培养学生数理逻辑智能以及自然观察者智能。在这类项目中，学生们通常会通过科学实验的手段来测量和对比，然后根据现象推断原因，最后还可能会用标准格式的科学报告描述现象、验证假设或解释结果。科学项目使学生有机会参与类似科学家研究的学习活动，虽然学生们获得的成果绝大多数只能是在自己或周围同学现有的基础上有所创新，还不大可能达到科学发现水平，但学生们在这个过程中会理解科学研究是如何进行的，逐步形成认真、严谨、尊重事实、勇于探索和创新的科学态度。

举例：太空移民

导言：宇宙深邃，太空缥缈。古今中外，人们幻想着有一天能飞到那美妙的仙境，体验神仙的生活。现在中国太空旅行集团决定斥巨资在太阳系某行星的轨道上建立一个"太空村"以实现人们千百年以来的夙愿。

任务：迄今为止，人们发现太阳系中有九大行星，它们分别是：水星、金星、地球、火星、木星、土星、天王星、海王星和冥王星。作为中国太空旅行集团的顾问，你的任务就是做一份600人移居太空的可行性报告，并用电子讲演稿的形式陈述出来供董事会决定。要求如下：

- 移居地不能是月球，只能是除地球外的八大行星，或者环绕它们的某一轨道。
- 由于从地球上运输东西，费用很贵，所以移民的生活不能依靠远程运输、外界援助，他们必须能自给自足。
- 生活、生产材料必须能循环利用。

7. 设计项目

视觉空间智能表现为个人对线条、形状、结构、色彩和空间关系的敏感性以及通过图形将它们表现出来的能力。设计项目往往是学生根据要求创造出一个产品（作品）或方案，学生既要考虑现实的约束条件，同时又有空间发挥自己的创造力。

举例：花园设计师

导言：KIDS决定在公司新建的大楼楼顶建设一个屋顶花园，而且由于这家公司是开发面向儿童的产品的，公司决定在小学生中招募有才华的小小设计师来参加设计。去应聘吧！

任务：为KIDS公司设计一个屋顶花园，花园里要以各种形状：圆形、方形或三角形来展现公司的LOGO。作品的形式应该是一份有标识的花园素描，还有一份列出各种所需的植物及其数量和颜色的清单。

8. 创造性作品项目

与设计项目相比，创造性作品项目所受的现实约束较少，通常是要求学生以故事、诗歌、短剧、绘画、游戏或歌曲的形式重新创造某个主题。对结果的要求很开放,更加关注创新性和自我表现,当然还要考虑所选择形式的特质,如音乐的韵律、绘画的色彩等。

举例: 色彩日记

导言:大自然是最杰出的画家,它用自己多彩的笔绘出当下的世界。你知道吗?它的画笔是很神奇的,上面饱蘸的颜色会让不同心情的人有不同的感受。今天你的心情是愉悦还是略带忧郁?色彩可能是你心情的最佳表露者,试着做些色彩日记如何?

任务:连续一个月用色彩画图为你每天的心情作个日记,并在每个色彩图的旁边加上一小段文字来描述当时的心境。

9. 表演项目

从事表演艺术的人通常肢体运动技能比较强。表演项目正是为学生提供了用身体表达思想、情感的机会,同时,学生在表演过程中会对所表演的内容有更加深刻的理解。

举例: 自编体育游戏

导言:体育游戏是同学们喜爱的体育活动之一。它集体育锻炼和游戏娱乐为一体,能在轻轻松松的游戏中,锻炼同学们的多种运动技能。但是随着社会的发展,很多现成的体育游戏已不能适应时代发展的需求,所以学校体育教研组决定发动全校学生的聪明才智和创造力,来自己创编一些新的体育游戏。

任务:运用以下一种或几种动作技能,创编一套体育游戏,并和小伙伴一起表演讲解你创编的体育游戏。

- 剧烈运动的动作技能:爬行、行走、慢跑、快跑、双脚跳、单脚跳、滑行等。
- 非剧烈运动的动作技能:推、拉、弯腰、转动等。
- 眼手协调技能:让眼和手同时运动,如抓、投(上投、下投、旋转投掷或跳跃投掷)、转接等。
- 眼脚协调技能:让眼和脚同时运动,如踢、蹦、单脚跳、双脚跳、跨越等。
- 空间感知技能:在集体游戏中感知自己在群体中的位置,在个体活动中感知自己身体部位的空间位置,如滚鸡蛋、滚圆木、前翻滚、后翻滚、翻跟斗、前俯、后仰等。
- 节奏:跟着音乐或节拍一起运动。

10. 策划组织项目

策划组织项目对学生的各方面智能都有所要求,但对人际智能有着更高的挑战。学生在这样的项目中,将逐渐培养既从全局着眼又要考虑细节的工作态度。他们还必须学会交流合作、提出建议和达成共识的技巧。在项目的执行过程中,还有很多需要学生自己动手操作的活动。作为活动的组织者,他们还要站在参与者的角度考虑活动的安排是否适宜。所以说,这是一种考查和培养学生综合素质的项目。

举例: 家长茶话会

导言:我们的班主任这段时间要出去进修一周,但一周后就是家长会了。班主任本来还希望将这次家长会搞得更有特色,现在却来不及忙这件事情了。同学们来帮老师的忙好吗?

任务:为家长们设计并举办一次茶话会,你将与小伙伴们一起设计制作邀请函、日程表、欢迎标语、签到表等,还要制定一些特殊的计划让家长会更活跃。

11. 神入项目

所谓神入(即移情),就是一种从别人的观点中认识世界的习得能力,在人际交往中特别需要这种能力。神入项目就是给学生们一种想象别人是如何看待和感觉问题的训练。在这种项目中,学生将被引导从那些本来看起来古怪的、令人迷惑的观点和行为中找到合理的、明智的、有意义的东西,从而培养努力理解其他观点、其他人群、其他民族的倾向。但对这类项目的分寸把握与评价有一定的难度。

举例: 故事的真相

导言:我们每个人对自己的行为都有合理的解释,即使是那些被标榜为"恶人"的人也不例外。可惜的是,我们在评判那些所谓的"恶人"时,很少考虑他们的难言之隐,也常因此而掩盖了事情的真相。法律是公正的,每个"恶人"都有为自己申辩的机会。在本活动中,你将扮演一个儿童故事中的"恶人",并为自己的行为辩护。

任务:
- 选择一个大家熟悉的儿童故事,从为"恶人"辩护的立场出发重新编写这则故事,并制作成 Word 文档。
- 制作一个图文并茂的 PowerPoint 演示文稿,向同学们展示你的故事。

12. 自省项目

自省项目着重培养的是学生认识、洞察和反省自身的能力,使他们能够较好地意识和评价自己的动机、情绪和个性,并且有意识地运用这些信息去调适自己的生活。这种项目在设计时往往借助与自我密切相关的对象来引导学生的反思,如理想的朋友、未来的专业、未来的工作等,通过这些对象的折射,使学生对自己的喜好与偏见、强势与弱势有更深的理解。

举例: 订购朋友

导言:每个人都需要友谊。你有朋友吗?你喜欢什么样的朋友?假若你有机会可以打电话"订购"朋友,想一想你想要的朋友应该具备哪些素质。

任务:现在你将撰写一份订购朋友的"订单",在你订购朋友之前,先描述一下你想要的朋友的三种特征,每个特征都举个例子来说明,还要说明你为什么想要这样的朋友。

13. 观察项目

观察项目为自然观察者智能的发展提供了有效的支持。学生通过有针对性的定期观察与记录,增强对生物以及自然界其他事物的敏感度。在培养发现问题能力、获得实证研究体验的同时,学生还会增强对自然界的亲近感与尊重感,在情感上体认和接受人与自然和谐相处的观点。

举例：植物的生长

导言：你了解植物的生长过程吗？学校里将举办"我的植物"秀，请你亲自种植一株植物，并每天记录它的生长过程，最后到秀台上来展示。

任务：在种植物过程中，除了要记录植物每天的生长状况，还要用植物一周内的平均生长率等数学概念来做科学的记录。最后制作一份介绍你种植经历的演示文稿，并向同学展示。

二、项目中的角色扮演

"角色扮演"可以激发学生的学习兴趣，一直以来被作为"寓教于乐"的有效方法，在语文、英语课的"表演项目"中最为常见。事实上，在项目学习的过程中，"角色扮演"所起到的作用远远不止"寓教于乐"。真实情境有着不同于传统教学情境的特殊限制、特定目的和特定观众。在学习过程中，同样要让学生体验到这种真实性，因而常常要让学生在项目学习的过程中扮演一些角色。

表2-3-2列出了学生在各种项目中可能扮演的角色，从这些角色又可演绎出项目的特定观众、特殊限制等。也可以说，项目学习通过学生扮演的特定角色增强了情境的真实性。

表2-3-2 不同项目类型中学生可能扮演的角色

项目类别	可能扮演的角色
陈述项目	导游、新闻广播员、目击者、教师……
编辑项目	编辑、网页制作者……
采访项目	传记作者、记者、社会研究者……
说服项目	警官、律师、法官、文学评论家、候选人、演说家、推销员、政治家……
创造性作品项目	画家、作家、作曲家、剧作家、诗人、摄影师、卡通人物、发明家、雕刻家……
分析项目	数学家、科学家、逻辑学家、工程测量人员、营养学家、猜谜参加者、侦探……
科学项目	科学家、研究员、宇航员、发明家……
设计项目	工程师、建筑师、产品设计师、广告设计师……
表演项目	作曲家、演奏家、演员、教练、运动员、歌手……
策划组织项目	主席、制片人、班主任……
神入项目	社会科学家、历史学家、教师……
自省项目	求职者、选择专业的学生、征友者……
观察项目	侦探、厨师、博物馆馆长、动物园看守人、植物学家、园丁、兽医、绿色和平组织成员……

第四讲　学习支架概述

在学习过程中,作为学生学习的监控者、指导者、促进者和帮助者,教师需要对学生的主体活动进行观察,必要时介入学习过程并提供学习支架,当没有必要时则及时"隐退",为学习者提供主动和自主解决问题的机会,引导学生进入理解与能力发展的新领域。

一、学习支架的定义和作用

"支架"(Scaffold)原是建筑行业的术语,又译作"脚手架",是建筑楼房时施予的暂时性支持,当楼房建好后,这种支持就撤掉了。根据这个建筑隐喻,伍德等(Wood, Bruner & Ross, 1976)最先借用了这个术语来描述同行、成人或有成就的人在另外一个人的学习过程中所施予的有效支持。普利斯里(Pressly, Hogan, Wharton-McDonald, Mistretta, Ettenberger, 1996)等人为"支架"所下的定义是:根据学生的需要为他们提供帮助,并在他们能力增长时撤去帮助。

苏联著名心理学家维果斯基(Vygotsky, 1978)的"最近发展区"理论,为教师如何以助学者的身份参与学习提供了指导,也对"学习支架"提出了意义明晰的需求说明。维果斯基将学生的实际发展水平与潜在发展水平相交叠的区域称为"最近发展区"。这个发展区存在于学生已知与未知、能够胜任和不能胜任之间(Vygotsky, 1978),是学生需要"支架"才能够完成任务的区域,如图2-4-1所示。

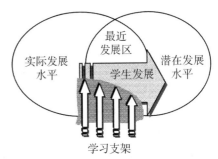

图2-4-1　学习支架帮助学生穿越最近发展区

总的来讲,学习支架的作用就在于帮助学生顺利穿越"最近发展区"以获得更进一步的发展。通过支架(教师或有能力的同伴)的帮助,管理学习的任务逐渐由教师转移给学生自己(学习过程被内化),最后撤去支架。具体来讲,学习支架的作用有以下几点:

(1) 学习支架使得学习情境能够以保留了复杂性和真实性的形态被展示、被体验。离开了学习支架,一味强调真实情境的学习是不现实、低效率的。

(2) 学习支架让学生经历了一些更有经验的学习者(如教师)所经历的思维过程,有助于学生对于知识,特别是隐性知识的体悟与理解。学生通过内化支架,可获得独立完成任务的技能。

(3)保证学生在不能独立完成任务时获得成功,提高学生先前的能力水平,帮助他们认识到潜在的发展空间。

(4)对学生日后的独立学习起到潜移默化的引导作用,使他们在必要的时候可以通过各种途径寻找或构建支架来支持自己的学习。

二、提供学习支架的原则

提供学习支架应遵循以下原则:

(1)适时性原则。与学习资源所能为学生提供的支持相比,学习支架具有更高的适时性,要在学生恰需帮助时提供适合的支架。

(2)动态性原则。最近发展区随着学习的发展是动态变化的,学习支架也要随之调整。

(3)个性化原则。不同水平的学生需要不同程度的学习支架。对于水平已知的学生而言,任务的难度越大,支架提供得越多。

(4)引导性原则。学习支架在于引导学生,而不是给出答案或替代学生完成。

(5)多元性原则。所谓"多元",主要是指支架角色的多元。支架并不是只能由教师给出,学友、家长、专家,甚至学生自己都可以提供支架。很多计算机软件也都内嵌了支架的功能。

(6)渐退性原则。当学习者能够承担更多的责任时,支架就要逐渐移走,给学生更多的意义建构空间。

三、学习支架的形式

学习支架的形式没有一定之规,随任务的不同、支架目的的不同而变化。从支架的目的来看,学习支架可以分为接收支架、转换支架和输出支架。

(1)**接收支架**,用来帮助学生整理、筛选、组织和记录信息,引导学生关注重要的东西,提高学生收集与发现信息的效率。

(2)**转换支架**,帮助学生转换所获得的信息,促进内化、交流和研讨,使所学的知识更为清晰、易于理解,或使劣构的信息结构化。

(3)**输出支架**,帮助学生将学到的、理解到的、创建的东西转化为可见的事物,如电子文档、演示文稿等。这些支架能够帮助学生在创作或制作他们的学习产品时,遵循特定的规定或格式。

从支架的表现形式来看,学习支架可以分为范例、问题、建议、向导(指南)、图表等。除了这些可设计的支架外,支架还有更为随机的表现形式,如解释、对话、合作等。

1. 范例

范例是符合学习要求的学习成果(或阶段性成果),往往包含了特定主题学习中最重要的探究步骤或最典型的成果形式。如教师要求学生通过制作某种电子文档(多媒体演示文稿、网站、新闻稿等)来完成学习任务时,教师可以展示前届学生的作品范例,也可以自己从学生的视角出发制作范例来展示,好的范例在技术和主题上都会对学生的学习起到引导作用。范例展示可以避免拖踏冗长或含糊不清的解释,帮助学生较为便捷地达到学习目标。

举例:

在脊椎动物探究项目中,学生需要探究鱼类、哺乳类、两栖类、鸟类、爬行类五类动物的特征。为帮助学生掌握动物特征的分析方法,教师设计提供了鱼类探究范例,该范例展示了从体表、呼吸、运动、繁殖、特色、定义几个方面探究鱼类的思路和过程,要求学生在认真学习范例之后开始对哺乳类、两栖类、鸟类、爬行类等四类动物的探究。"鱼类"范例展示了研究关注点以及技术需求,为学生开展相类似的研究提供了参考。

范例并不一定总是电子文档等有形的实体,还可以是老师操作的技巧和过程。教师在展示这种非实体的范例时,可以边操作边用语言指示说明,对重要的方面和步骤进行强调。

2. 问题

问题是学习过程中最为常见的支架,有经验的教师会在学生的学习过程中自然地提供此类支架。当教师可以预期学生可能遇到的困难时,对支架问题进行适当设计是必要的。

举例:

● 如学生从网上资源中学习营养相关知识时,不知需要选择哪些资源,教师可以设计如下一些问题引导他们的关注重点:什么是营养早餐?为什么说营养早餐对每个人很重要?什么是营养金字塔?青少年的早餐需要哪些营养成分?这些营养成分从哪些食物中可以摄取?每次早餐摄取多少为佳?

● 如学生在比较全国各主要城市的安全性时,不知从哪个方面入手。教师可以通过以下问题引导他们的探究:各个城市的犯罪比例是多少?在过去的十年间是如何变化的?

● 如学生在总结臭氧层对地球的作用时,教师设计了如下问题引导他们思考:臭氧层的存在对平流层温度有哪些影响?臭氧层的存在对大气循环有哪些作用?臭氧层在吸收紫外线方面有何作用?

3. 建议

当设问语句改成陈述语句时,"问题"支架就成为了"建议"支架。与"问题"支架的启发性相比,"建议"支架的表现方式更为直接。

举例:

● 如学生在比较全国各主要城市的安全性时,采用"主要城市"+"安全性"进行搜索,没有取得预期的效果。教师建议可以通过关键字"犯罪比例"+"司法部"+"主要城市"进行更具针对性的搜索。

● 如学生在检验某资源的可靠性时,教师建议将"资源的最后更新日期"、"创建人"作为重要的检验指标。

● 如学生在确定进一步研究的策略和方法时,教师建议通过"问卷调查"的方法来收集相关的信息。

4. 向导

向导(亦可称为指南)是问题、建议等片段性支架根据某个主题的汇总和集合,关注整体性较强的绩效。如观察向导可以避免学生错过关键细节,采访向导可以帮助学生收集特定信息,陈述向导可以帮助学生组织思维等等。

举例:

下面这个网站内容向导展示了更有经验的设计者的思考,为学生策划网站内容、准备必要资源、考虑润色效果提供了有益的提示。

网站内容向导

◇ 网站题目:_____

◇ 网站需要介绍某一学习理论:

　　◇ 准备介绍的学习理论:_____

　　◇ 为了详细介绍该学习理论,可考虑以下方面(借助复选框进行选择):

　　　　☐ 创始人及其生平　　　　　　☐ 该理论的代表人物
　　　　☐ 学习理论概述　　　　　　　☐ 该理论的发展情况
　　　　☐ 该理论的教学应用原则　　　☐ 该理论的教学应用范例
　　　　☐ 相关的网站链接及说明　　　☐ 参考文献
　　　　☐ 其他:_____
　　　　☐ 其他:_____
　　　　☐ 其他:_____

　　◇ 准备占用的页面数:_____

　　◇ 要在 Internet 上查找的主题及素材:_____

　　◇ 要用到的其他资源(如教科书、百科全书、其他印刷资料):
　　　　_____

◇ 为了达到网站的要求,网站还可包括以下内容(请利用复选框进行选择):

　　☐ 照片、图片、动画　　　　　　☐ 图表和表格
　　☐ 调查或反馈表单　　　　　　　☐ 版主自我介绍
　　☐ 其他:_____
　　☐ 其他:_____

　　◇ 此部分准备占用的页面数:_____

5. 图表

图表用可视化的方式对信息进行描述,尤其适合支持学生的高级思维活动,如解释、分

析、综合、评价等。图表的形式变化多端,即便是基本的图表形式也有数十种,在皮尔斯博士(Pierce J. Howard)的《知识工作者的可视化工具——批判性思考的助手》(*Visual Tools for Knowledge Workers：Aids for Critical Thinking*)一书中总结了足有四十八种图表(书中称为组织信息的可视化方法)形式,包括概念地图、维恩图、归纳塔、组织图、时间线、流程图、棱锥图、射线图、目标图、循环图、比较矩阵等。在这里,我们整理了学习支架中最常见的五种图表加以介绍。

(1) 概念地图

作用：概念地图适合于展示概念、要素、实例之间的相互关系,便于学生自由而有效地产生新的想法或者问题解决方案。在概念地图工具中,提供了非常多的模板,都是支持高级思维的支架。

举例：

图2-4-2是"百度脑图"在线软件提供的"植物根茎结构图"模板,学生可以通过该概念图非常清楚地知道植物根茎的结构,对植物根茎的结构及其各部分功能有整体的认识,了解不同结构之间的关联,形成自己的理解。

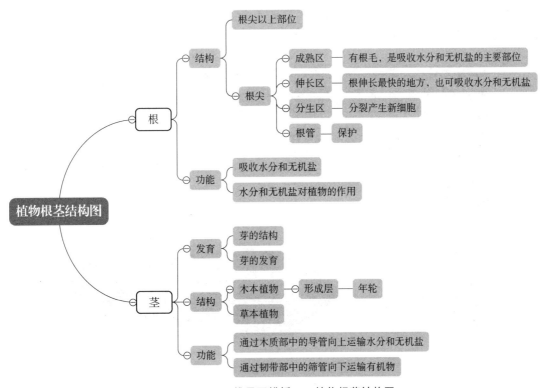

图2-4-2 思维导图模板——植物根茎结构图

(2) 维恩图

作用：便于学生整理、分析、归类几件事物之间的相似性和差异性。

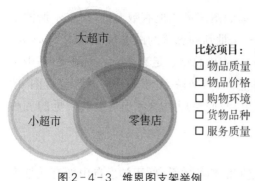

图 2-4-3 维恩图支架举例

举例：

如在研究性学习中，学生确定了"从超市发展看上海经济的变迁"的主题，教师可以借助自己的研究经验，为学生提供如图 2-4-3 所示的维恩图，提示学生可以从物品质量、物品价格、购物环境、货物品种、服务态度等方面比较零售店、小超市与大型超市的异同，从中寻找超市发展的外在与内在动因。

(3) 时间线

作用：当某个序列包含着重要的、随着时间发展的事件时，时间线可以帮助学生感受这种序列。

举例：

在"飞行器发烧友"的主题探究活动中，教师提供了一个不完整的时间线（图 2-4-4 所示的时间线用 Time Liner5.1 制作，可根据教师需要改变多种展示形式，如通过幻灯片的形式循环播放等），要求学生随着资料的收集整理不断完善这个时间线，借此帮助学生理清飞行器的发展历程，为学生的深入研究提供脉络框架。

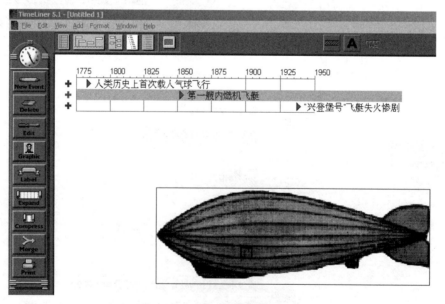

图 2-4-4 时间线支架举例

(4) 流程图

作用：流程图帮助学生了解问题解决的关键步骤、前提条件及因果关系等要素。

举例:

学生在访问专家网站时,教师提供如图 2-4-5 所示的一个简单的流程图,帮助学生提高资源的访问效率。

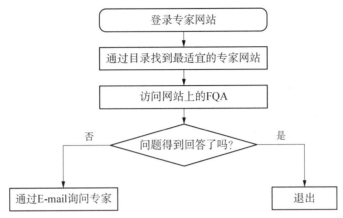

图 2-4-5　流程图支架举例

(5) 比较矩阵

作用: 比较矩阵便于展示和分析一系列可供比较的项目特征。当学生需要从三件以上的事物中归纳整理出它们的相似性和差异性,特别是希望以类聚的方式辨识出这种相似性与差异性时,比较矩阵可以提供有效的支持。

举例:

教师在学生研究梵高的绘画时,提供如图 2-4-6 所示的一张表,要求学生整理梵高的人物绘画中哪种色彩运用得最多,哪种色彩运用得最少。通过比较与类聚弄清楚梵高绘画的色彩特征。

	A	B	C	D	E	F
1	梵高绘画中的颜色					
2						
3		凯米莉	凯米莉的姐姐	凯米莉的哥哥	凯米莉的妈妈	凯米莉的爸爸
4	红色		√		√√	√
5	蓝色	√√				√√√
6	绿色	√√	√√	√√√	√√√	
7	黄色	√√√	√	√√√		
8	白色		√√√		√	
9	黑色	√		√	√√	√
10	褐色					
11						
12		√ = 一点颜色				
13		√√ = 一些颜色				
14		√√√ = 很多颜色				

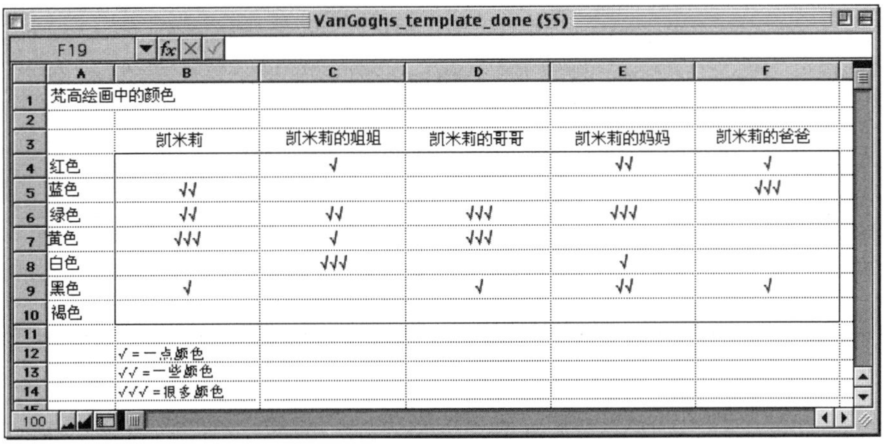

图 2-4-6　比较矩阵支架举例

四、技术 & 工具支持

在学习支架中,图表的数字化制作在技术上具有相对的难度。一些通用软件生产商为此增加了相应的图表插件,如 Microsoft Office 系列;还有一些公司则针对某种具体图表的制作开发了专用小软件,如 FlowChart;其中有些公司还特别从支持可视化学习的角度考虑了软件的种种功能,如 Timeliner、Inspiration。

表 2-4-1 学习支架的技术 & 工具支持

支架		说　明
常见框图	技术 & 工具	SmartArt
	简介	在 Microsoft Office 中已整合了 SmartArt 软件。该软件的功能十分强大,常用的框图基本都能覆盖,包括列表、流程、循环、层次结构、关系、矩阵、棱锥图等几大分类,每个类别中均设置了多种自动套用格式,可以制作简单的支架。
概念地图	技术 & 工具	Inspiration & Kidspiration
	简介	Inspiration 是 Inspiration 软件公司开发的一种专用概念构图软件。在不断的升级和完善过程中,它形成了自己的特色,成为当前概念地图软件的首选。Kidspiration 是 Inspiration 软件公司专门为 K-12 的学生开发的一种概念构图软件。它除继承了 Inspiration 的上述所有优点外,为了适应 K-12 学生的需求,它的界面更加卡通化,并具有语音提示功能。
时间线	技术 & 工具	Time Liner
	简介	Tom Snyder Production 公司开发的 Time Liner 软件是从支持可视化学习的角度开发的。借用这个软件可以方便地制作以百万年、年、月、周、日,甚至以时间、温度、距离、百分比为逻辑顺序的时间线。在时间线图表中可以方便地插入图片、音频、视频、网站链接、备注等内容,并依设定播放。对语言、科学、数学、社会、艺术等多个学科的学习都可提供支持。
流程图	技术 & 工具	Microsoft Visio
	简介	Microsoft Visio 是专门的制图软件,制图功能十分强大。流程图只是其中的一种,它还可以绘制 Web 图表、电子工程、机械工程等多种图表。该软件为每种类型的图表设计了多种可选的背景、模板、框架形状等,极大地方便了图表的绘制。
比较矩阵	技术 & 工具	Microsoft Excel
	简介	Excel 中以表格形式排列的单元格非常适合比较矩阵的表现形式,更为可贵的是,在行、列方向有方便而灵活的权重计算功能,方便学生以类聚的方式归纳某些事物的特征。

第五讲　微课程与翻转课堂

微课程在近几年来受到我国教育工作者的广泛关注。当前微课程在拍摄与制作技术上有较大突破,通过组织各类比赛也已积累了一大批微课程作品,各类基于微课程的实践探索也日渐丰富,而尤其以微课程在翻转课堂中的应用居多。"翻转课堂"(Flipped Classroom)这一"混合学习"模式被加拿大《环球邮报》评为 2011 年影响课堂教学的重大技术变革。2011年 3 月,美国人萨尔曼·可汗在 TED 发表主题为"让我们用视频重造教育"(Let's Use Video to Reinvent Education)的演讲后,翻转课堂更是引发全球范围内的研究热潮。在教学应用层面,微课程与翻转课堂的关系是怎样的呢?

一、微课程的教学应用

在国外主要将微课程应用于翻转课堂、电子书包、混合学习等教育改革项目中,对学生而言,可以更好地满足学生个性化学习的需要。如可汗学院和 TEDEd 提供的大量微课程,其教学应用形式基本上是"学习者自主观看微课程,完成在线练习,提问或参与主题讨论"。在这里,微课程扮演了传统课堂中的教师角色,而教师则成为背后回答学习者提问的答疑者,以及组织学习者开展主题讨论的引导者。在国内,尽管各级各类学校都在要求教师积极推进微课程的设计与制作,但其教学应用现状并不理想。教师在微课程设计与制作中存在一些问题,如微课程的"教学对象不清,不知道给谁用"、"教学主题不准,主题大内容小"、"对微课程的理解偏差,有的是说课,有的是示范课,都不是为学生学习而设计的"等。由此可见,微课程的设计开发是一个问题,而把它应用于教学实践则是另一个问题,两者是两个独立的过程,但又彼此联系,微课程的应用形态影响并决定教师对微课程的设计与开发。

(一) 微课程教学应用的维度分析

微课程在中小学教学实践中的应用形式很多,对其进行梳理、分析与归类,将有助于提高教师在设计开发微课时的针对性。下面从微课程的教学应用目标、应用阶段、组织形式等三个维度来梳理、分析微课程的教学应用,如图 2-5-1 所示。微课程的教学应用目标主要分为三个层面:

(1) 学习新知。教师就某个知识点进行有针对性的讲解,或者在学习新内容前通过微课程的方式帮助学生进行预习导学,前者是为学生掌握新的知识点提供个性化的教学支持,后者是让学生在预习新的教学内容时更好地引发思考和产生问题。

(2) 难点处理。教师根据教学经验,针对学生会重复出现的典型错误、问题,某些有一定

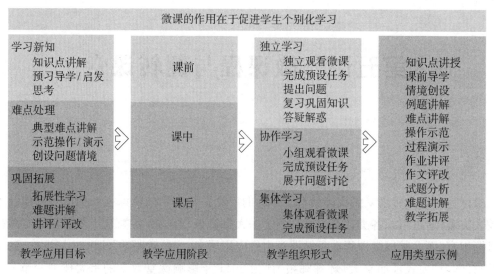

图 2-5-1 微课程应用的教学目标、教学阶段、组织形式及应用类型

难度的前导知识点,或者需要教师重复示范或演示的过程性内容(如小学数学上的量角器使用示例),以及就某些学生难以理解的内容创设问题情境,设计与制作微课程。

(3)巩固拓展。学生的学习程度是有差异的,对于一些程度较好的学生可以提供以拓展为目的的微课程,而对于程度稍差的学生则通过对难题的分析讲解、作业或试卷部分题目的分析讲评,及时解决学习困难。受实际教学环境的影响,不同的教学应用目标在很大程度上要受到不同教学阶段的影响。一般来说,课前以学习新知为主,课中以解决问题为主,而课后则以巩固拓展为主。

当然,在不同的教学阶段,根据不同的教学应用目标,应用微课程的教学组织形式也是不同的,主要包括以下三种形式:

(1)独立学习,就是学生根据自己的学习需要,自定步调,一次或多次地独立学习微课程,然后完成教师预设的任务、提出问题或解决遇到的疑惑,课前、课中和课后均普遍采用,也是微课程教学应用中最为主要的教学组织形式。

(2)协作学习,这种组织方式主要用于课堂教学中的小组合作学习,为小组讨论、探究创设问题情境。

(3)集体学习,这种形式主要适用于由于受课堂教学环境的限制,教师很难在课堂上完成的教学内容,或者需要课堂上重复演示、讲解的内容,以替代教师的现场讲授或演示。

微课程在中小学的教学应用中,无论课前、课中和课后,其主要作用在于更好地促进学生的个别化学习。

(二)微课程的结构化程度及其相关因素

微课程作为一种新型的课程资源,是教师根据特定的教学应用目标,选择合适的教学内容,并进行精心的教学设计而设计和制作的,一般都具有良好的内在结构。但是,不同的微课程其内在的结构化程度是有差异的,这与特定微课程的应用类型、应用的组织形式和不同的教学阶段有关,其相互关系如图2-5-2所示。从图中可以看出,微课程的结构化程度越高,则越适合学生的个别化学习,反之则适合于在教师指导下的协作学习或集体学习。从学生学习微课程的时间安排来看,用于课前和课后学习的微课程,由于没有教师或同学的及时指导和讨论,对其结构化程度的要求会更高;而应用于课中的微课程,其主要作用在于引发学生的思考和启发,对其完整性和结构化程度要求相对不高,在遇到问题或困难时教师可以进行及时的指导。

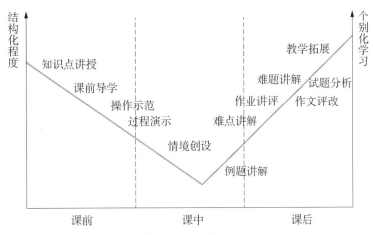

图2-5-2 微课程的结构化程度及其相关因素示意

(三) 微课程的教学应用模式

就目前教学实践来看,微课程的教学应用模式主要有:翻转教学、课内差异化教学和课外辅导答疑三种,如表2-5-1所示。

表2-5-1 微课程的教学应用模式

应用模式	教学环节	微课程的作用
翻转教学	学习微课程→完成预设任务 梳理问题/困惑(独立学习) → 教师获取反馈信息作出课堂教学决策 → 教师讲授……小组讨论 协作探究(协作或集体学习)	(1) 传授知识 (2) 启发学生思考,梳理问题和困惑 (3) 为教师的教学决策提供信息
课内差异化教学	学生完成课堂任务 —有困难→ 学习微课程 —继续完成任务;没困难→继续完成任务(独立学习或协作学习)	(1) 回顾知识和概念方面的理解 (2) 提供个性化的指导

续 表

应用模式	教学环节	微课程的作用
课外辅导答疑	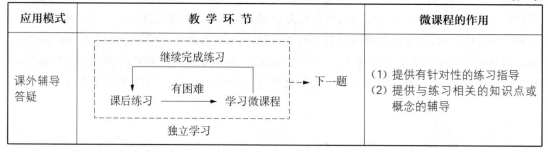	(1) 提供有针对性的练习指导 (2) 提供与练习相关的知识点或概念的辅导

1. 翻转教学

根据教学的需要,微课程可以安排在课前,也可以安排在课内,这种应用模式的重要特点是学生学习微课程发生在教师讲授或组织问题探究前,即"先学后教"。在学生学习微课程后,安排适当的预设任务,以获取学生对微课程内容的掌握程度,为教师的后续教学决策提供反馈信息。

2. 课内差异化教学

在课堂教学过程中,教师在完成某个模块或知识点讲授后,往往会要求学生完成相应的课堂任务(如数学的变式练习),以检测学生学习的成效或拓展教学内容,但由于学生学习程度的差异性,会使得部分学生无法顺利完成课堂任务。这部分学生就可以通过学习教师事先准备好的微课,及时回顾相关知识或概念,以帮助学生完成课堂任务。

3. 课外辅导答疑

学生在课后的练习中,经常会遇到某些题目不会做的情况,针对这些题目,教师根据以往的教学经验,将其解题分析录制成微课,以供学习有困难的学生自主学习。

总体来看,微课程的教学应用有两大特点:一是微课程的学习一般适合学生的独立学习,无论课内或课外;二是微课程的学习一般适合安排在课前和课后,课中由于受时间限制,一般较少安排。

二、翻转课堂的早期实践与发展

回顾翻转课堂的发展,其早期实践源于哈佛大学埃里克·马祖尔(Eric Mazur)教授1990年创立的同侪互助教学(Peer Instruction),他认为学习的步骤首先是知识传递,其次是吸收内化,而通过信息技术可实现知识传递,再借助同侪互助完成吸收内化。2000年,美国Maureen Lage, Glenn Platt 和 Michael Treglia 在迈阿密大学讲授"经济学入门"课程时采用一种新的教学形式:利用万维网和多媒体让学生在家或者在实验室观看讲解视频,在课上以小组形式完成家庭作业。2007年,美国林地公园高中的两位化学教师乔纳森·伯尔曼(Jonathan Bergman)和亚伦·萨姆斯(Aaron Sams)尝试应用翻转课堂模式帮助缺席学生补课的方式受到学生的广泛欢迎。他们用录屏软件制作Powerpoint演示文稿的播放和讲解，然后上传到网上，以供缺勤的学生课后学习。他们认为，实施翻转课堂带来最大的改变是提高学生与学生间、学生与教师间的交流。2007年萨尔曼·可汗创建可汗学院，促进了翻转课堂教学模式的推广，引起全球教育界广泛关注。在美国，翻转课堂受到很多学校的欢迎，中小学校在数学、科学等理科课程教学中展开实践。以下摘取了五个典型案例。

(1) 艾尔蒙湖小学于2011年9月至2012年1月间进行翻转课堂教学。在小学5年级的数学课中，学校为学生配备了iPad和耳机，要求学生先观看10—15分钟的视频教学，再通过Moodle学习平台完成一些理解性的问题。这些问题回答都被保存到Moodle平台上，教师在第二天上课之前就可通过平台了解学生的回答情况，然后再设计有针对性的教学活动。此外，教师还鼓励学生在Moodle平台上开展协作学习。该校翻转课堂实践很好地将Moodle平台应用到教学中，使得翻转教学活动能促进师生间、生生间进行良好的互动交流。

(2) 克林顿戴尔高级中学教师在2010年采用"翻转课堂"这一模式对140名学生进行了教学改革试验。两年后，该模式在全校范围内推广。教师利用TechSmith公司的一款录屏软件(Camtasia Relay)将课堂中需要讲授的内容制作成视频，让学生在家观看视频，并记下所遇问题；在课堂上，教师会重新讲授多数学生仍然存疑的概念，并用大部分时间辅导学生练习，反馈学生在作业中所出现的有关信息。学校还解决了部分学生在家不能上网的问题，课前课后分别提供校园电脑一小时的访问时间，或在特殊情况下，允许他们使用智能手机观看视频。

(3) 加州河畔联合学区翻转课堂的实践中采用了基于iPad的数字化互动教材。这套互动教材由专门的教材公司开发，里面融合了丰富的媒体材料，包括文本、图片、3D动画和视频等，还结合了笔记、交流与分享功能。与其他地区教师通过自备视频和教学材料的翻转课堂相比，互动教材更节省教师时间，更吸引学生沉浸其中。

(4) 德克萨斯州达拉斯地区的生活学校，一名有13年工作经验的化学教师布雷特·维廉在不同班级实施有区别的化学翻转教学。他自己开发教学材料来翻转相应的化学课程。首先，由于翻转课堂的实施，增加了课堂时间，布雷特有大量的时间与学生进行课堂活动，如讨论、实验、互动和基于项目的学习，同时也有更多的时间帮助学生在真实世界中应用化学。其次，翻转课堂有助于实现个性化学习，布雷特能有效评估每位学生的学习，并针对学生的基础提供相应的自定义课程内容，与学生一起解决问题，并能根据不同学生掌握情况，开展差异化的教学。普通学生可能在基本技能上需要额外的帮助和花费更多的时间，而较好的学生则可参与到实验室和小组活动；对于优等生则需要更快的学习进度和更多的学习材料来为课堂学习作准备。

(5) 美国马里兰州波托马克市的布里斯学校，史黛丝·罗桑在AP(Advanced Placement，大学预修课程)微积分教学中，使用平板电脑来录制她的讲解过程，并上传到iTunes，要求学生在家观看；如果看不懂就反复看，还有疑惑的就请教朋友。第二天上课的主要任务就是弄清楚问题和完成作业。史黛丝·罗桑表示，实施翻转课堂后，学生学习更独立，很少焦躁。

从知识传授和知识内化两个环节来看课堂教学，以上五个案例实施翻转课堂实现了知识传授和知识内化两个环节的颠倒。在课前，学生在家提前观看视频讲座，初步了解即将学习的新内容，将自己感到困惑的疑难点记录下来；在课中，教师集中讲解知识结构，并有针对性地答疑解惑，学生则专注于练习、项目或者讨论。翻转课堂的实施增加了教师与学生开展课堂活动的时间，帮助教师开展差异化教学，实现学生个性化学习。

三、翻转课堂的学习结构及其关键要素

（一）翻转课堂的学习结构

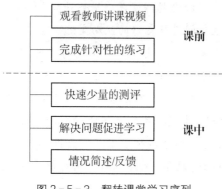

图 2-5-3　翻转课堂学习序列

美国富兰克林学院的罗伯特·塔伯特（Robert Talbert）教授将翻转课堂的学习结构以课前、课中为分界，归纳为如图 2-5-3 所示的学习序列：观看教师讲课视频、完成针对性的练习（课前）；快速少量的测评、解决问题促进学习、情况简述/反馈（课中）。该学习序列简要地描述了实施翻转课堂的主要环节。当然，翻转课堂不等同于教学视频，课前除了学生应用微课开展自主学习外，教师制作的其他资料、互动电子教材等都可成为学生的学习资源。同时，不同学校在实践翻转课堂时也展现出不同的应用模式，如艾尔蒙湖小学的模式为：课前学生观看 10—15 分钟的教学视频，并通过 Moodle 平台完成一些理解性问题；课中教师根据学生回答情况组织活动，开展基于 Moodle 平台的协作学习。克林顿戴尔高级中学的模式则为：课前学生在家观看视频，并记下所遇问题；课中，教师集中讲解共性问题，辅导学生练习并及时反馈。

基于此翻转课堂学习序列，国内学者根据实际应用需求，也从不同视角探索了翻转课堂教学模式。例如张金磊等构建了一个由课外学习和课堂学习两部分组成、以信息技术和学习活动为杠杆的翻转课堂教学模型，如图 2-5-4 所示，将学生完整的学习活动比较清晰地呈现出来。

（二）翻转课堂的关键要素

通过以上翻转课堂的学习结构可以发现，翻转课堂的有效性依赖于一系列的准备：便捷的学习平台设计、优质的微课程开发、导学案中启发式问题设计、针对性的在线测练、课堂活动设计、多样性的学习评价、个性化学习干预等。除了对技术条件的要求外，翻转课堂特别对教师信息化教学能力和学生的信息化学习素养提出新的要求。张金磊将这些实施翻转课堂的关键因素归纳为：教师角色、教学视频、个性化协作式学习环境的构建及课堂活动设计。

1. 教师角色

翻转课堂的实施中，教师需要向学生提供优质的微课程或其他学习资源，需要为学生设

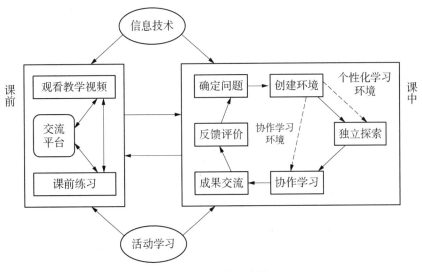

图 2-5-4　翻转课堂模型

计启发式问题和有针对性的练习,需要在上课前整理学生课前学习产生的疑问,需要精心设计课堂活动以促成问题解决,需要对学生的薄弱环节进行及时的补救……课堂的翻转把教师从知识讲授过程中解放出来,却相应地承担着更大的责任,也因此能最大限度地发挥教师的能力与才华。正如可汗所说:"越来越多的学生来看可汗学院的教学视频,然而却没有教师为此而担忧,因为他们发现这给了他们一个展示才华的机会。"

2. 教学视频

目前在翻转课堂中应用最多的是微课程,教学视频是否能帮助学生高效完成知识的学习、启发学生思考,对后续课堂中知识的内化起着至关重要的作用。因此,如何设计高质量的微课程,深入浅出地把知识点讲透,是实施翻转课堂的关键。林地公园高中的两位化学教师乔纳森·伯尔曼和亚伦·萨姆斯结合实践翻转课堂的多年经验,对如何创建受学生欢迎的教学视频给出了建议:视频短小,声音生动有活力,与另外一位教师合作录像,增加幽默感,通过增加注释、关键知识点放大特写以吸引学生注意力。

3. 学习环境构建

便捷的学习平台、用于观看微课的学习终端、课堂无线网络环境等是实施翻转课堂的技术基础。如艾尔蒙湖小学搭建了 Moodle 平台,配备了 iPad 和耳机;另一所阿拉帕霍高中的授课教师则使用 Wikispaces 平台为学生创造在线环境;美国高地村小学为了便于学生开展协作学习,改变教室物理环境,专门设置了"星巴克教室",并采用 BYOD 模式(学生自带设备)。可见物理学习环境(如教室)和虚拟学习环境(如在线学习平台)的构建,对顺利开展翻转课堂教学都非常重要。

4. 课堂活动设计

根据课前学习情况设置高质量的课堂师生活动,是学生达成知识内化的核心。不管是科学类课程中自主探究式学习,还是基于项目的学习或者基于游戏的学习,课堂活动的设计需要教师根据实际情况有针对性地进行。

四、翻转课堂翻转了什么

传统课堂教学中知识传授发生在课堂内,知识内化发生在课外。事实上在知识内化环节,学生需要克服学习中的重点难点时教师往往并不在现场。翻转课堂中知识传授和知识内化的环节颠倒过来了,学习将会发生怎样的变化?

(一)教学流程的颠覆

通过对课堂教学主结构分析发现,信息技术助力下的翻转课堂实现了教学流程的颠覆性变化,促成了有意义的课堂教学变革的发生。传统课堂教学的主结构可精炼为"教、练、评"三个环节:教,以教师讲授为主,内容由教师精心编排;练,学生做操练与练习;评,教师评阅作业及提供测试。在教的环节,假定教师精心准备的知识快餐有助于学生消化,可是实际上有较多学生无法跟上教师传授知识的节奏,往往处于被动应付状态;在练的环节,学生无法得到教师的个别帮助,同伴之间也缺乏互助机制;在评的环节,教师批改作业的结果信息无法及时反馈,学生失去纠正错误的最佳时机。翻转课堂模式的主结构可以精炼为"学、测、研"三个环节:在学的环节,学生在学案的引导下自主学习,通过微课程助学,可以自主控制学习步调和思考问题;在测的环节,学生通过在线练习和形成性测验诊断存在的问题,做到测练一体化,以评促学;在研的环节,师生一起集中精力"研磨"为数不多的疑难问题,包括经过测的环节筛选出来的老问题和研磨过程中产生的新问题,通过师生互动、生生互助开展协作学习以达成问题解决。翻转课堂创新了教学流程,从"先教后学"转变为"先学后教"。此时课堂中的学习者克服学习中的重点难点时,有教师的指导和帮助,能一一消除学习困阻,顺畅地将每节课上的知识技能进行内化,不断重组、修改和优化自己的认知结构。可见翻转课堂较好地解决了"当学习遇到困难时教师往往不在现场"的问题。

(二)师生角色的转变

"先教后学"更多的强调教师在课堂时间内把整节课内容变成"压缩饼干"并全部讲完。因此,课堂上留给学生思考、发问和讨论的时间十分有限,学生绝大部分时间处于被动接受状态。"先学后教"时,教师把课堂教学核心内容制成一个个短视频上传到网上供学生课前预习,并穿插一些在线问答来检查学生预习效果;通过即时的测验反馈可帮助学习者分辨容易混淆的知识点,并引入课堂学习。此时教师身份发生了"质"的变化,从单纯的知识传授者变为导学者、助学者、促学者、评学者,回归到学生最需要的本原角色;学生也从被动的知识接受者成为协作、探究活动的主动参与者。

(三)教学内容的变化

传统课堂教学内容由教师编排提供,以知识点为线索,对书本知识传授的效率不容置疑。翻转课堂中教学内容来自学生真正需要解决的问题,教学内容更具针对性。同时,微课、在线评测的应用让学习内容形式更为丰富,加之学生拥有自主学习时间,对学习内容的加工、理解也更为灵活。

(四)学生思维品质的提升

翻转课堂的实施越来越要求教师告别"独白"时代,给学生以充分的自主学习时间。课前学生根据自己的节奏观看微视频、完成作业、思考问题,课中成为研习问题的主体,在每一次完成知识学习、知识内化过程中提高自身的自主学习能力和问题解决能力。同时,学生在翻转课堂学习中有充分的"心力"投入,学习过程中有更多的参与、讨论、自主思考,在高投入后自然会有高的产出,掌握知识、技能的同时获得思维品质的提升。

第六讲　以学生为中心的评价

"以学生为中心的教学"所要培养的是积极主动的自我成长者。要实现这一高标准的目标，必然要对学生成长的每个阶段，每个阶段的不同时期，每个时期的不同活动制定切实可行的评价标准，用以判断学生是否达到或正在达到符合最终目标价值判断的子目标。传统教学评价对此已无法胜任，教学评价的发展与变革实为教育发展的必然。

一、传统教学评价的反思与发展

依据教学目的对教学活动进行评价由来已久。在我国乃至世界各国，始于20世纪30年代的教学评价的理论和方法——我们在此称之为传统教学评价，始终在实践中占有主导地位。虽然传统的教学评价简便易行、好操作，但随着教学改革的深入，公众对它的反思越来越多。教育界对它的反思主要集中于以下几点：传统的教学评价忽略了人的行为的主体性、创造性和不可预测性，忽略了过程本身的价值，对于人的高级心理过程而言它的作用非常有限，已经无法有效评价当代丰富多样的、关注个人心智多方面能力发展的学习活动。

国际上，以美国为例，随着《国家处于危机之中：教育改革势在必行》（1983年）、《2061计划：为了全体美国人的科学》（1985年）、《美国2000年：教育战略》（1991年），以及《2000年目标：美国教育法》等一系列报告、文件、改革计划的出台，美国的教育改革逐渐深入到学生的评价改革层面。美国三十六个教育和公民权利团体联合组织向当时的布什总统及其政府发出呼吁，希望对传统的标准化考试进行改革，选用多种形式的考试去测量教育效果。该组织的一位发言人称：标准化的选择题不再是一个恰当的测量教育进度的方法，也不能充分反映考试者的水平，考高分也不再是一个适当的教育目的，一些更有意义的测量方法是存在的，它将成为改进教学、测量教育成果的基础，同时也提供了一个对聪明才智的测量标准，因此选择新形式的考试方法已成为一个紧迫的任务。《2000年目标：美国教育法》对各科学习标准进行规定之后，学生评价方法的改革进一步落实，一场深刻的评价改革运动由此开始了。

近年来，随着基础教育改革的深入，我国的教学评价体系也在不断地发展。2014年12月，教育部发布《关于加强和改进普通高中学生综合素质评价的意见》明确规定，综合素质评价主要包括五个方面：思想品德、学业水平、身心健康、艺术素养和社会实践。面向综合素质的评价，可以称为教学评价体系中最为系统也最为深刻的一次挑战了。综合素质评价不仅仅要评出结果，更重要的是要通过这样的综合素质评价撬动或者彻底改变学校的育人环境和育人模式，使大家不再仅仅关注考试成绩，更关注学生的全面发展和可持续发展。虽然理念和发展方向上受到广泛的认可,但在具体的落地和实施中,如何兼顾科学性与可操作性确实是非常考验教育者的实践智慧的。

二、相关名词界定

随着评价改革的开展,很多相关的名词由国外引入,这里有必要选择主要名词进行梳理,以明晰其产生的背景及内涵。

(一)标准化测试(Standardized Test)

一种应用非常广泛的测试方式,在这种测试中,所有的学生面对的是相同的规则,包括逻辑、时间、反馈、评分,以及对测试的限制条件等。这种测试因其评价结果的客观性极强,曾一度受到教育界的青睐。在我国的高考中,即含有大量的标准化测试内容。

(二)另类评估(Alternative Assessment)

所谓另类评估是指用各种不同于传统标准化测验的手段获得学生学习表现的所有方法与技术。它不是以单一的多项选择为主的方法,而是以观察、记录、让学生完成作品或任务、团体合作计划、实验、表演、展示、口头演说、检查表等多种方式进行;不是从单一的考试背景中,而是从广泛的背景(从教室到家庭到社会生活)中收集信息;收集到的也不是单一的对标准呈现的试题反映的信息。由于这种评估方法通常用于替代传统评价方法,因而得名。这个名称虽然应用较广,但从字面上没能概括此类评估的特点,而只是凸现了与传统相比较的背景。

(三)真实性评估(Authentic Assessment)

即另类评估,但凸显了此类评估对评估背景的真实性要求。

(四)绩效评估(Performance Assessment)

即另类评估,也译为作业评估、表现评估等,凸显的是此类评估中评估手段的特征。

(五)档案袋评估(Portfolio Assessment)

曾一度被认为是另类评估的替代词,但随着评估手段的日趋多样,它只能作为另类评估的一种方法存在。

教学评价是指以教学目标为依据,制定科学的标准,运用一切有效的技术手段,对教学活动的过程及其结果进行测定、衡量,并给以价值判断的过程。随着教育改革的推进,教学评价的内涵与外延都在扩展。

为了比较方便,我们在本讲中,用"以教师为中心"的评价来指代目标取向的传统评价,关注的是学生学习的结果,标准化测试是它的重要手段之一。而"以学生为中心"的评价是以绩效评估为主体,与传统教学评价有效整合,它注重发挥学生的主体作用,并更为关注学习过程。前文所提到的面向学生综合素质的评价,必须采用"以学生为中心"的评价方式,才能有效地破解难题。

三、"以学生为中心"的评价特点

教育培养目标的转变必然带来评价的变革。"以学生为中心"的评价是为培养适应终身学习社会的"自我成长者"而设计的,其特点与传统的教学评价迥然不同,其区别可以概括为以下五点。

(一)评价目的不同

"以教师为中心"的评价侧重于评价学习结果,以便给学生定级或分类。评价通常包含根据外部标准对某种努力的价值、重要性、优点的判断,并依据这种标准对学生所学到的与没有学到的进行判断。为了评价学习结果,传统的评价往往是正规的、判断性的。而"以学生为中心"的评价则是基于学生表现和过程的,用于评价学生应用知识的能力。关注的重点不再是学到了什么知识,而是在学习过程中获得了什么技能。这种评价通常是不正规的、建议性的。

(二)评价标准的制定者不同

"以教师为中心"的评价是根据教学大纲或教师、课程编制者等的意图制定的,因而对团体学生的评价标准是相对固定且统一的。而在"以学生为中心"的学习中强调学生的个别化学习,学生在如何学、学什么等方面有一定的控制权,教师则起到督促和引导的作用。卡赛特(Csete)和詹(Gentry)(1995)甚至建议使用名词"学生控制的教学"(learner controlled instruction)来代替这种以学生为中心的教学,学生所"控制"的要素中也包括对"评价"的控制。为此,在教学设计的过程中,评价的标准往往可以由教师和学生根据实际问题和学生先前的知识、兴趣及经验共同制定。

(三)对学习资源的关注不同

在"以教师为中心"教学中,学习资源往往是相对固定的教材和辅导材料,因而对于学习资源的评价相对忽视,往往只是在教材和辅导材料等成为产品前,才有由特定学生与教师所实施的检验或实验性质的评价出现。而在信息时代,学习资源的来源十分广泛,特别是互联网在学习中的介入,更使学习资源呈现了取之不竭之势。然而这些资源的质量却参差不齐,有一流的精品,也有很多垃圾甚至是不良信息。在这种情况下,如何选择适合学习目标的资源不仅仅是教师的重要任务,也是学生终身学习所要获得的必备能力之一。因而,在"以学生为中心"的评价中,对学习资源的评价受到更广泛的重视。

(四)学生所获得的能力不同

在"以教师为中心"的评价中,学生的角色是被动的,他们通过教师的评价被定级或分类,并从评价的反馈中认识自己的学习是否达到预期。然而,在信息化社会中,面对不断更新的知识,指望他人像传统教学中的教师一样适时地对自己的学习提供评价是不可能的。因而,作为一个合格的终身学习者,自我评价将是一个必备的技能,培养学生的这种技能本身就是学习评价的任务之一。

(五) 评价与教学(学习)过程的整合性不同

在"以教师为中心"的教学中,评价往往是在教学之后进行的一种孤立的、终结性的活动,目的在于对学习结果进行判断,如图2-6-1所示。而在"以学生为中心"的学习中,培养自我评价的技能本身就是学习的目标之一,评价具有指导学习方向、在学习过程中给予激励的作用。正是由于有了评价的参与,学生才有可能达到预期的学习结果。因此,评价是嵌入在真实任务之中的,评价的出现是自然而然的,是一个进行之中的、嵌入的过程,是整个学习的不可分割的一部分,如图2-6-2所示。

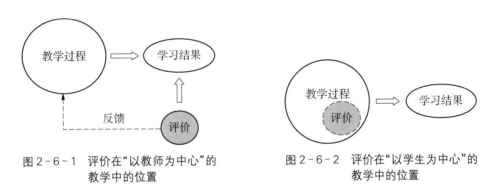

图2-6-1 评价在"以教师为中心"的教学中的位置

图2-6-2 评价在"以学生为中心"的教学中的位置

应该指出的是,虽然两种取向的教学评价有着种种不同之处,但在应用上并不是对立的。"以教师为中心"的评价关注结果,评价的客观性强,而"以学生为中心"的评价关注过程和资源,评价时有助于发挥学生的主动性。两者各有优势,教师在教学设计过程中应该注意将两者结合起来应用,只有这样才能达到有效的评价。

第七讲　量规及其使用

如果在字典查找量规(Rubric)的含义,上面的解释常常会使人更为迷惑,因为上面通常是这样一些解释,如"法规的标题"或"用红色突出某事"等。事实上,我们这里提到的量规是专属于教育领域的术语,量规专家海蒂·古德瑞齐(Heidi Goodrich)将它定义为"为一项工作列出标准的评分工具"。而我国的教育技术领域专家祝智庭教授则将它定义为"一种结构性的量化评价工具"。

从表现形式上来看,量规往往是个二维表格,它会从与评价目标相关的多个方面详细规定评级指标。从国内外的相关教案中,我们可以看出在新型的评价工具中,量规是最为普遍使用的,很多时候"提供评价量规"甚至成了"提供评价工具"的代名词。

一、为什么要使用量规

那么,为什么要使用量规呢?由于学习活动往往是真实任务驱动的,而最后的学习结果又往往是电子作品、调查报告、观察心得等。这就要求相应的评价工具不但要关注学习过程,还要具有操作性好、准确度高的特点。只要设计者掌握一些设计要旨,设计出来的量规完全可以胜任此类评价。海蒂·古德瑞齐对量规作用的评说可以帮助我们进一步认识使用量规的意义:

(1)它们帮助学生和教师定义"什么是高质量的学习"。在评价学生的学习时,应用量规可以有效降低评价的主观随意性,不但可以教师评,而且可以让学生自评或同伴互评。

(2)当学生有规则地通过量规来评判他们的作业时,他们将开始对学习的结果充满责任心,减少了"我还要做什么"的问题。

(3)量规减少了教师为学生作业评分的时间,并且使教师更容易向学生解释,为什么他们得到这个等级和他们做什么可以获得提高。

(4)使用量规评分的最大好处之一是使标准公开化,这意味着量规将和学生、学生家长和社区得到共享,这样学生就会精力集中在"学习"课题上,而不是在"学习"教师上。

(5)父母一旦明白了量规的含义,通常很喜欢量规,并且他们发现在帮助完成家庭作业时很有用,有一位教师说:"他们知道他们的小孩需要做什么才会取得成功。"

二、如何设计量规

虽然从字面上看量规是一个全新的名词,但从内涵上讲,它并不是全新的。在传统的教学评价中,特别是在评价非客观性的试题或任务时,人们已经自觉不自觉地应用了这种工具。例如,教师对学生作文的评价,往往会分别就内容、结构、卷面等方面所占的分数给予规定,以便更有效地进行评价;又如教师在期末评价学生一学期的表现时,也往往会从学生的学业成绩、劳动与纪律、同学关系等多个方面进行综合考虑,给出优、良、中、差的等级评定。只是教师在使用量规的自觉性和规范性上还远远不够。为了更好的评价学生的产品和绩效(Performance),并且获得可靠的分数,设计量规时要注意以下几点:

(一) 要根据教学目标和学生的水平来设计评价指标

教学目标不同,量规的评价指标也应不同。例如,在评价学生的电子作品时,通常从作品的选题、内容、组织、技术、资源利用等方面考虑;而在评价学生的课堂参与性时,又会从学生的出勤率、回答问题情况、作业完成情况、小组合作情况等方面考虑。另外,学生的水平也是决定量规结构的一个重要方面,不符合学生水平的评价指标在评价时往往是没有意义的。

(二) 根据教学目标的侧重点确定各评价指标的权重

对量规中各评价指标的权重(分数)进行合理的设置不但可以帮助有效的评价,还可以引导学生把握好努力的方向,起到目标导向的作用。评价指标的权重设计与教学目标的侧重点有直接的关系。还是以电子作品的评价为例,如果教师的主要目的是教会学生学习制作电子作品的有关技术,那么赋予技术、资源利用评价指标的权重应该高些;如果教师的主要目的是为了让学生通过电子作品展示自己的调查报告,那么赋予选题、内容、组织等评价指标的权重则应高些。

(三) 用具体的、可操作性的描述语言清楚地说明量规中的每一部分

在对量规的各评价指标进行解释时,应使用具体的、可操作性的描述语言,而避免使用抽象的、概念性的语言。如在评价学生的信息收集能力时,如果标准是"学生具有很好的信息收集能力",则此标准形同虚设;而如果标准是"从多种电子和非电子的渠道收集信息,并正确地标明了出处",则标准就明确得多。后者所具有的可操作性,正是量规最可宝贵的特质之一。

除了以上三点外,还有一些建议对于教师设计出规范的量规也是很重要的:同一部分必须出现在每个量规水平里,例如,如果水平1中涉及"信息收集"项,则水平2、3、4也最好包括此项;量规水平必须尽可能接近等距离,例如水平1和2间的距离应当与水平3和4间的距离相等;应尽量让学生参与设计量规,可以想象,当一个学生能够为数学问题设计量规时,他就会了解整个过程,他就能应用知识和经验,并且能够检查和掌握它们。

三、量规范例

表 2-7-1 采访活动的评价量规

评价项目	4	3	2	1
标注	学生把采访的日期、地点、被采访人的名字全部标记到录音带、录像带或报告中	学生把采访的日期、地点、被采访人的名字都记录到录音带、录像带或报告中	学生把采访的日期以及被采访人的名字都记录在录音带、录像带或报告中	学生忘记把采访的日期或被采访人的名字记录在录音带、录像带或报告中
摄像	镜头平稳,不摇晃,并且自始至终聚焦都很准确	镜头平稳,不摇晃,聚焦基本上准确	镜头有一些不稳,但聚焦基本上准确	镜头不稳,经常晃动,聚焦一直不太好
音质	声音质量很好,采访与被采访的人声音都听得很清楚,没有背景噪声	声音质量较好,采访与被采访的人声音都听得很清楚,但有些背景噪声	声音质量一般,能听清被采访人的声音,但不容易听清采访人的声音	声音质量很糟糕,听不清被采访人说了什么
知识获取	学生能够准确地回答出有关被采访人的多个问题,并能说明这次采访与课上的研究有哪些相关性	学生能够准确地回答出有关被采访人的几个问题,并能说明这次采访与课上的研究有哪些相关性	学生能够准确地回答出有关被采访人的几个问题	学生不能准确地回答出有关被采访人的问题
采访安排	学生介绍自己,解释他为什么要进行采访,并且请求被采访人的许可,以便为采访安排时间	学生介绍自己,请求被采访人的许可,以便为采访安排时间,但需要提示才会解释他为什么要进行采访	学生请求被采访人的许可,以便为采访安排时间,但需要提示才会介绍自己,解释他为什么要进行采访	学生在安排采访方面需要帮助
礼貌	学生从不打断或催促被采访人,并且感谢他们愿意接受采访	学生很少打断或催促被采访人,并且感谢他们愿意接受采访	学生很少打断或催促被采访人,但忘记感谢被采访人	有几次学生打断或催促被采访人,并且忘记感谢被采访人
准备	采访前,学生准备了多个有深度的问题,以及多个事实性的问题来提问	采访前,学生准备了两个有深度的问题,以及多个事实性的问题来提问	采访前,学生准备了多个事实性的问题来提问	采访前,学生没准备任何问题
格式化和编辑	学生编辑并组织了脚本,使内容清楚,富有趣味性	学生编辑并组织了脚本,使内容清楚	学生编辑并组织了脚本,但内容不够清楚	学生没有编辑和组织脚本
做记录	在采访过程中,采访人偶尔会做记录,但注意力主要集中于被采访人而不是记录,采访后做附加记录,这样就不会漏掉信息	采访过程中,采访人偶尔会做记录,但注意力主要集中于被采访人而不是记录,但采访后没有做附加记录	采访过程中,采访人偶尔做记录,但所采用的方式打断了采访,附加记录也可能做,也可能没做	采访人在采访过程中以及采访后都没有做记录

续 表

评价项目	4	3	2	1
跟随问题	学生认真倾听被采访人的话，并询问一些与被采访人的话题内容相关的跟随问题	学生认真倾听被采访人的话，并询问了两个与被采访人的话题内容相关的跟随问题	学生询问了两个他自以为与被采访人的话题相关的跟随问题	学生没询问任何与被采访人的话题相关的跟随问题
报告写作	报告组织得很好，其中包括采访中的事实，并且准确地引用了采访中的话语	报告组织得很好，其中包括了采访中的事实	报告中包括采访中的事实，并且准确地引用了采访中的话语	报告缺少采访中的事实和话语引用，或者话语引用与事实汇报不准确

（来源：Rubistar, http://rubistar.4teachers.org/）

当然，量规的形式并不总是二维表格，有的量规用项目符号引领标明各项标准，也有的量规中给出了所要求的最高标准（优），而并不写明其他（中、差等）标准。总之，设计量规时不必拘泥形式，实质永远比形式重要。

资源篇

麻醉学

# 资源一 项目学习活动案例

本资源中的项目学习活动,是以"主题探究设计模式"为框架来呈现的。

案例1 看云识天气

【学生学段】 小学二年级

【导言】

为什么有的人只要抬头看看天上的云,就知道会不会下雨?莫非他有什么特异功能?或者他像哈里·波特一样,可以呼风唤雨?其实这里面有很多学问。完成了本次网络探究活动,你也可以成为让人佩服的"哈里·波特"。不要犹豫了,让我们开始"魔法师的第一课"吧!

【任务】

完成云的分类知识图,制作"看云识天气"谚语宣传页。

【过程】

1. 天空中的云彩千变万化、色彩绚丽。它们是怎样形成的?又是由什么组成的?请学习下面的微课程,从中找到问题的答案。

微课程:云的成因。

2. 虽然云的形态千变万化,但是按照云层的高度划分,云只分为三种。你知道这三种类型的名称吗?它们又分别包括哪几种云彩?下面的网站可以告诉你这方面的知识。浏览后,请在Word中绘制如下所示的表格,并根据自己的研究结果进行填写。

- 中国天气网,http://www.weather.com.cn/tianjin/tqyw/03/2679282.shtml。
- 360个人图书馆:认识云的基本分类,http://www.360doc.com/content/16/0911/14/91885_590011174.shtml。

表3-1-1 云的分类知识

类型	特征	实例(图片)

续　表

类型	特征	实例（图片）

3. 天气状况对户外活动者来说非常重要，因为遭遇危险多半起因于天气骤然变化。千百年来，我国劳动人民在生产实践中根据云的形状、来向、移速、厚薄、颜色等的变化，总结了丰富的"看云识天气"的经验，并将这些经验编成谚语。为了享受快乐的户外生活，知道一些谚语，对你会有很大帮助哦！

中国科普网：看云识天气，http://www.kepu.com.cn/gb/earth/weather/water/wtr012.html。

4. 请把你了解的谚语编写成宣传页，贴在学校墙报上，让更多的同学来学习吧。

5. 学了这么多知识，现在就来展示一下你的"魔法"吧！看看窗外的云彩属于何种类型？今天天气会是怎样的呢？

【评价】

表 3-1-2　评价量规

评价项目	评 价 标 准	满分	得分	
			自评	教师评
问题的回答	完美地回答了所有问题	10		
谚语的收集和记忆	收集和记忆的谚语超过 10 条	5		
宣传页的内容	至少含有 10 条有关天气的谚语，没有书写和语法错误，文字表达清晰	10		
宣传页的设计	页面设计合理、美观、大方，能够吸引观看者的眼球	5		
总分		30		

【总结】

现在你不仅知道了云是怎么形成的，而且还能根据云彩预测天气。恭喜你！你已经成为一个小"魔法师"了。如果你还想进一步深造，还可以在中国科普网上了解更多云的知识以及其他气候现象知识。

案例 2　故事……的真相

【学生学段】小学四年级

【导言】

我们每个人对自己的行为都有合理的解释,即使是那些被标榜为"恶人"的人也不例外。可惜的是,我们在评判那些所谓的"恶人"时,很少考虑他们的难言之隐,也常因此而掩盖了事情的真相。法律是公正的,每个"恶人"都有为自己申辩的机会。在本活动中,你将扮演一个儿童故事中的"恶人",为自己的行为辩护。

【任务】

● 选择一个大家熟悉的儿童故事,从为"恶人"辩护的立场出发重新编写这则故事,并制作成 Word 文档。

● 制作一个图文并茂的 PowerPoint 演示文稿,向同学们展示你的故事。

【过程】

1. 选择一个大家熟悉的儿童故事,如《白雪公主》、《三只小猪》等。

2. 了解故事的基本内容,并通过头脑风暴讨论如何为"恶人"辩护。

3. 学会在故事中使用幽默。幽默是一项演讲的艺术,现实主义的幽默常常起到画龙点睛的作用。如《三只小猪》中的狼可以这样为自己辩白:"唉!以小兔子、小羊和小猪这些可爱的小动物为食,是狼的生活习惯,并不是我这只狼的错。如果我说三明治是可爱的,那么人就是最坏的。"

4. 讨论用图片表达故事的技巧。在讲故事的过程中,图片可以形象地再现故事的基本内容,增强表达效果。如从图 3-1-1 中我们可知,《三只小猪》这个故事发生在一个下雪的冬天。此时,三只小猪已成功地打败了恶狼的袭击。因此,为了准确地表达故事的内容,图片的选择非常重要。在没有现成图片可供选择时,你需要自己制作一些图片。

图 3-1-1 三只小猪

5. 根据你的需要,手绘一些图片,并通过相机或扫描仪将它们制作成图像文件。(也可以借助 Windows 自带的"画图"程序完成图片的制作)

6. 使用 Word 编辑故事文本,并在适当的位置插入自己制作的图片。

7. 将你的故事制作成 PowerPoint 演示文稿。

8. 向全班同学展示你的演示文稿,并根据老师和同学的建议对自己的作品做进一步修改。

【资源】

1. 新东方网:童话故事,http://tool.xdf.cn/th/。

2. 中国儿童文学网,http://www.61w.cn/。

以上网站收集了国内外多种经典童话故事。

其他网络资源:略。

【评价】

表 3-1-3 评价量规

评价项目	评价标准	满分	得分 自评	得分 教师评
作业艺术性	图片非常有创意	5		
观点的提炼	极好地从"恶人"的立场重述故事	5		
扫描仪的使用("画图"程序的使用)	能熟练使用扫描仪和保存图片(能熟练地使用"画图"程序完成图片的制作)	5		
语言表达	语法、书写错误不多,文字表达清晰	5		
总分		20		

【总结】

通过此活动,你不但可为故事中的"恶人"讨回公道,而且更重要的是,你学会了换位思考,学会了从别人的角度看待问题。

案例3 沙漠动植物园

【学生学段】 初中二年级

【导言】

你所在的学校打算开发一片沙漠动植物园,校方决定向全体同学征集设计方案。如果你的设计方案入选,你的名字将被刻在动植物园中醒目的地方。这实在是一项莫大的殊荣!希望同学们踊跃参赛!

【任务】

- 浏览微课程和资源网站,了解沙漠中的植物、动物以及沙漠土壤。
- 根据自己对沙漠的认识及收集的资料,设计出一套切实可行的方案。

【过程】

1. 与其他三名同学组成一个合作小组,通过学习微课程和浏览相应的资源网站,每个同学负责完成下面的一项工作。

(1)沙漠概况调查。

- 沙漠中四季的气温、昼夜温差。
- 我国沙漠的大致分布。
- 沙尘暴产生的主要原因。

(2)沙漠中的植物。

- 沙漠中的植物有哪些?它们与我们周围的植物相比,有何特点?请将它们的图片下载下来,放在专门的文件夹里。
- 沙漠植物对沙漠环境的改善有何作用?

- 你的动植物园中,将种植哪些植物?

(3) 沙漠中的动物。
- 沙漠中的动物有哪些?它们的生活习性如何?请将它们的图片下载下来,存放在专门的文件夹里。
- 沙漠动物对沙漠环境的改善有何作用?
- 你的动植物园中,将饲养哪些动物?

(4) 沙漠中的土壤。
- 沙漠土壤的特点。
- 你的动植物园中的土壤来自哪里?它的含水量是多少?

2. 展开小组讨论。你们必须解决的问题如下:

(1) 动植物园的命名。动植物园的名字既要有创意,又要能反映你们动植物园的特色。

(2) 动植物园的生态。你的动植物园是一个小型的生物圈,你们所选择的动植物能构成一个稳定的生态环境吗?这个生物圈的食物链是怎样的?

(3) 根据小组成员的研究成果,填写下表。

表 3-1-4 沙漠动植物园

土壤的来源	土壤含水量	植物的种类	动物的种类	动植物园名字	占地面积

3. 完成设计方案。

(1) 将设计方案粗略地在白纸或"画图"程序中画出来,包括素材的选取、布局的安排、前景和背景颜色的搭配等。

(2) 修改图纸,使之完善。别忘了签上你们小组成员的名字以及设计日期。

(3) 起草一份《设计说明书》,解释整个设计方案。

4. 把你们的设计方案及设计说明书打印出来,交给老师。

【资源】
- 微课程:沙漠中的动物;沙漠中的植物。
- 沙漠植被,http://www.kepu.com.cn/gb/earth/weather/human/man009_03.html。

其他网络资源:略。

【评价】

表 3-1-5 评价量规

评价项目	1分	2分	3分	4分	得分
设计方案	设计方案有科学性错误	设计方案无科学性错误,但无可行性	设计方案无科学性错误,且具有一定的可行性	设计方案无科学性错误,且具有较强的可行性,并有一些人文化的设计	

续 表

评价项目	1分	2分	3分	4分	得分
设计说明书	设计说明书没有能说明自己的设计方案	设计说明书反映了自己的设计思想,但说明不透彻	设计说明书基本反映了自己的设计思想	设计说明书以简明、扼要的语言说明了自己的设计思想	
小组活动	没有小组活动	小组活动组织松散,设计方案未能反映小组成员的意见	小组活动较好,设计方案基本反映了小组成员的意见	小组活动组织严密,设计方案是小组成员共同研究的结晶	
总分					

【总结】

这次活动使同学们进一步认识了沙漠生态环境。当今世界许多地区的沙漠化现象日益严峻,请积极参与到保护生态环境、防止沙漠化的活动中去!

案例4　太空移民

【学生学段】初中一年级

【导言】

宇宙深邃,太空缥缈。古今中外,人们幻想着有一天能飞到那美妙的仙境,体验神仙的生活。现在中国太空旅行集团决定斥巨资在太阳系某行星的轨道上建立一个"太空村",以实现人们千百年以来的夙愿。

【任务】

迄今为止,人们发现太阳系中有八大行星,它们分别是:水星、金星、地球、火星、木星、土星、天王星、海王星。作为中国太空旅行集团的顾问,你的任务就是做一份600人移居太空的可行性报告,并用电子讲演稿的形式陈述出来供董事会决定。

要求:

● 移居地不能是月球,只能是除地球外的七大行星上,或者环绕它们的某一轨道。

● 由于从地球上运输东西费用很贵,所以移民的生活不能依靠远程运输、外界援助,他们必须能自给自足。

● 生活、生产材料必须能循环利用。

【过程】

1. 请学习微课程《太阳系的八大行星》,并浏览相应资源,回答以下问题:

(1) 生命存在的必要条件有哪些?

(2) 七大行星中,你选择哪个为移民的目的地?请说明理由。不要忘了收集该行星的照片,供制作多媒体报告时使用。

(3) 你将选择什么样的运载工具,来完成这次移民之旅?

(4) 将要移民的行星上,一昼夜有几个小时? 一年有几天? 在这个行星上你的体重是多少?

(5) 移民到达目的地后,住在哪里? 生活用品如何解决?

(6) 生命要存在,能源是不可少的。在太空中如何生产能源?

(7) 移民居住地肯定有太空垃圾,这些太空垃圾是怎么产生的? 如何避开它们? 如何处理生活垃圾?

(8) 尽管移民的人不多,但也是一个小的社会,你认为文明社会哪些行业是必需的?

(9) 在移民地,需要安排哪些娱乐休闲活动?

(10) 居安思危。你移居的地方是否有危及安全的火山、地震和彗星碰撞? 发生此类事件的机会多不多? 如何确保人们的安全?

2. 将你的调查结果制作成演示文稿,并向同学们汇报。

【资源】

1. 微课程:太阳系的八大行星。
2. 人类探索太阳系八大行星,http://it.sohu.com/s2007/bdxx/。
3. 科普中国:遗祸人类的太空垃圾,http://www.kepuchina.cn/fiction/khxs/201801/t20180103_436468.shtml。

其他网络资源:略。

【评价】

表 3-1-6　书面报告评价量规

评价项目	1分	2分	3分	4分	得分
段落组织能力	组织性极差,内容与主题不相关,结论和论据不充分,丢三拉四	稍微有些组织性,许多观点都没有呈现出来	内容有思考性,组织良好,有些地方的思路不太清晰	段落之间有条有理;逻辑结构严密	
内容	遗漏了许多相关的信息,几乎没有有用的	既包括了必要的事实与数据,也有许多不必要的	包含的信息面广,涵盖的事实和数据基本符合要求	信息精微而广泛,涵盖的事实和数据完全符合要求	
直观性	包含的图片少,或者不符合要求	包含了少许图片	包含了许多相关的图片	包含了大量图片,并且都是有用的	
创新性	不仅没有独创性想法,而且不符合逻辑	几乎没有提出独创性的想法	思考周密,提出了一些新颖的想法	思考周密,提出了许多新颖的想法	
运用资源	运用了不到2个资源	运用了2个以上的资源	运用了4个以上的资源	运用了6个以上的资源	
总分					

表 3-1-7 语言陈述量规

评价项目	1分	2分	3分	4分	得分
陈述内容	材料与主题无关，而且错误很多	有一些与主题相关的信息，无关的信息几乎没有	材料充足，切中要害	列举了大量与主题相关的材料	
演讲技巧	对内容不感兴趣，大部分是读稿子，几乎听不懂	一部分是以自己的话表达的，表达有时不太清晰	绝大部分是用自己的话表达的，念稿子的部分少，大部分句子完整	充满自信，大方，吐词清晰，有节奏，句子完整	
准备充分性	阅读的资料很少，或者根本没阅读，明显没有什么准备	阅读了2个材料，做了提示卡	阅读了3到4个材料，做了提示卡，也用了辅助工具	阅读了大量资料，做了提示卡，并利用了大量辅助工具	
组织能力	明显缺乏逻辑性，条理性差	内容起伏变化大，有些难以理解	绝大部分组织严谨，逻辑性强，易于理解	组织严谨，逻辑性强	
总分					

【总结】

通过这次太空移民之旅，相信同学们不仅对太阳系中的其他行星有了更清楚的了解，而且还知道了人类生存的必要物质条件。其实，仅有这些物质条件是不能形成人类社会的。一个完整的人类社会系统还有法律、学校……想一想如果你是移民者之一，你在太空中将会有什么样的生活？

案例5　营养早餐

【学生学段】小学五年级

【导言】

早餐对我们一天的学习和工作是很重要的。如何在时间"紧迫"的早晨制作一顿既营养又经济的早餐呢？如果你想知道的话，就赶快加入到我们的活动中来吧！

【任务】

- 通过微课程和资源网站了解营养学方面的基础知识。
- 配置一份营养早餐食谱，并用电子表格(Excel)核算出它的成本。
- 把菜单付诸实践，亲手制作营养早餐，大家集体品尝。

【过程】

1. 第一周(学习营养学知识)。

通过学习微课程《营养"金字塔"》以及相关的资源网站，学习营养饮食方面的知识，然后回答下面的问题：

(1) 什么是营养早餐？为什么说营养早餐很重要？

(2) 什么是营养"金字塔"？

(3) 青少年的早餐需要哪些营养成分？这些营养成分从哪些食物中可以摄取？每次早餐摄取多少为佳？

2. 第二周（配制营养早餐）。

(1) 用资源网站，查找一些营养早餐的食谱。

(2) 结合第一周所学的营养学知识，从中分析挑选出一种适合你的食谱或是你感兴趣的一种食谱。

(3) 对你所选的食谱进行分析，用电子表格（Excel）统计你所需要的配料以及每种配料的数量，并把它打印出来成为一张"配料单"，格式如下：

表3-1-8 营养早餐配料单

配料名称	配料质量 （单位：克）	营养成分	商店1单价 （单位：元/克）	商店2单价 （单位：元/克）	备注

3. 第三周（核算价格、打印采购单）。

(1) 拿着上星期打印出来的"配料单"到附近商店去询问价格，把每个商店每种配料的价格填写到"配料单"的相应位置上。

(2) 利用电子表格（Excel）整理每个商店每种配料的价格，看看到哪个商店购买哪种配料最便宜。

(3) 用Excel制作一张计算该份"营养早餐的最低成本价"的电子表格，格式如下：

表3-1-9 营养早餐的最低成本价

配料名称	配料质量 （单位：克）	配料最低单价 （单位：元/克）	配料总价格 （单位：元）	早餐最低成本价 （单位：元）

注：早餐的最低成本价是所有配料总价格之和。

(4) 用Excel制作一份"采购清单"（格式如下）并把它打印出来。

表 3-1-10 营养早餐配料采购清单

配料名称	质量（单位：克）	采购商店名称	备注

4. 第四周（制作早餐，分享交流）。

（1）按照"采购清单"到相应的商店去采购原料。

（2）按照食谱上的制作步骤，动手制作你的营养早餐吧。看谁做得又快又好。

（3）把制作好的早餐与同学们一块分享，然后交流经验并改进自己所选方案的营养与成本比。

【资源】

1. 微课程：营养"金字塔"。

2. 搜狐：一日之计在于晨，早餐营养学，http://www.sohu.com/a/56150366_126525。

3. 健康早餐，https://www.pclady.com.cn/tlist/23340.html。（该网站提供了很多营养早餐的相关知识）

其他网络资源：略。

【评价】

表 3-1-11 评价量规

评价项目	1分	2分	3分	4分	得分
知识搜集	搜集了少量营养学基础知识，只回答了1个问题	搜集了部分营养学基础知识，只回答了2个问题	搜集了活动中要求的营养学基础知识，回答了所有问题	搜集了大量营养学基础知识，并认真归纳总结，较好地回答了所有问题	
食谱搜寻	只搜集到了1种营养早餐的食谱，包括配料、做法和营养价值等	搜集到了2种营养早餐的食谱，包括配料、做法和营养价值等	搜集到了4种营养早餐的食谱，包括配料、做法和营养价值等	搜集到了5种以上营养早餐的食谱，包括配料、做法和营养价值等	
早餐食谱	符合青少年营养学标准	符合青少年营养学标准，各种营养成分调配合理，营养价值高	符合青少年营养学标准，营养成分调配合理，营养价值高，适合中等消费阶层	符合青少年营养学标准，营养成分调配合理，适合中等消费阶层，制作方法简单	
电子表格	只制作了"配料单"，且各种配料统计完整，无遗漏	制作了完整的"配料单"、"最低成本核算单"，但计算上还有点差错	制作了完整的"配料单"、"最低成本核算单"，且计算正确	制作了完整的"配料单"，正确的"最低成本核算单"，还制作了明细的"采购清单"	

续 表

评价项目	1分	2分	3分	4分	得分
参与程度	在整个活动中只能坚持1—2周,参与能力较差	在老师和同学的鼓励和帮助下,坚持了4周,参与了完整的活动	自觉地坚持了4周,完成了活动中的所有任务	活动热情高,积极参加了4周的活动,且出色地完成了所有任务	
总分					

【总结】

这是一次非常具有生活意义的活动,同学们从中学习了营养学知识,配置了营养早餐,而且还用电子表格核算出它的成本价,最后还自己亲手制作营养早餐。同学们精力充沛的每一天就从这美味的营养早餐开始了!

案例6 "补天行动"等你来参与

作者: 吴欣怡(设计此项目活动时为华东师范大学地理系大三学生)

指导教师: 魏非

【学生学段】 初中三年级

【导言】

在远古时期,由于水神共工和火神祝融的争斗,把支撑天的柱子——不周山给撞倒了,于是天上出现了一个洞。女娲为了将自己的子民从灾难中拯救出来,历经千辛万苦在天台山上炼成了五彩石,终于将天补好。而在若干年后的今天,天上再次出现了"洞",这个洞是什么呢?接下来让我们一起发现真相,开展"补天行动"吧!

【任务】

在本次活动中,你将充当"补天行动"的宣讲员,号召小区里面的居民参与"补天行动"。在此之前,请你全面了解臭氧层形成的原因及作用,归纳保护臭氧层的具体举措,并制作一份活动宣传的海报进行活动宣讲,同时用照片记录活动的过程,在"好看簿"中展示。

【过程】

1. 阅读"大气垂直分层图",说出臭氧层在大气层中分布的位置。

2. 通过学习微课程《臭氧层的形成》和网络资源,总结臭氧层对地球的作用,你可以尝试从以下几个方面去归纳:

- 臭氧层的存在对平流层温度的影响;
- 臭氧层通过影响平流层温度从而对大气循环造成的影响;
- 臭氧层对紫外线的吸收作用。

注:在具体分析时可以结合过程1中的大气分布图进行阐释。

3. 如果缺少臭氧层或臭氧层有空洞了,会造成哪些影响?你可以尝试着从以下方面去

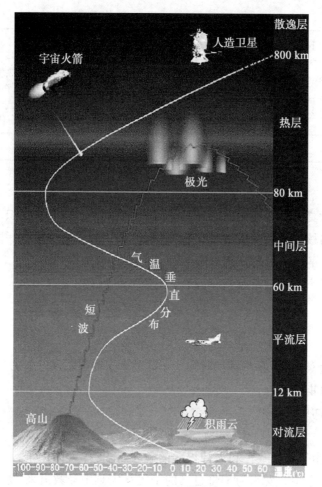

图3-1-2 大气的分层

总结,并举例说明各个方面的危害,如果有图片,最好配图说明:

表3-1-12 臭氧空洞的影响

	阐释	举例说明
对人类健康的影响		
对植物的影响		
对水生系统的影响		
其他1		
其他2		

4. 利用"臭氧洞形成图",分析臭氧洞形成的化学方程式,归纳造成臭氧洞的主要原因。
- 臭氧洞的形成原理是什么?造成臭氧空洞的物质有哪些?
- 造成臭氧洞的原因有哪些?哪些是人为原因?哪些是自然原因?请填写到下表中。

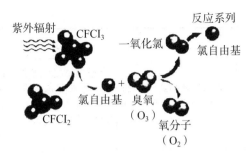

图 3-1-3 臭氧洞形成

表 3-1-13 臭氧空洞的形成原因

	造成臭氧层空洞的原因
自然原因	
人为原因	

● 臭氧洞的形成主要是自然原因还是人为原因,请你具体分析。

5. 小组交流前期研究的成果,提出保护臭氧层的措施。根据已收集的信息和自己对该问题的理解,提出你认为合理的建议,为修复臭氧洞、保护地球环境出谋划策。

● 建议应具有科学性和可操作性,最好找出相应的科学依据;
● 最好从身边的事物入手,通过生活中的各种细节来保护臭氧层;
● 将提出的建议与其他同学交流,互相纠正或借鉴。

6. 以小组为单位制作"补天行动"宣讲海报,主要内容包括:臭氧层的作用、现状,以及我们的行动方案。除内容的科学性外,海报一定要生动有趣,能吸引居民的观看和学习。

7. 联系一个小区,开展"补天行动"的宣讲。请注意记录活动的过程,特别是向居民们宣讲该活动的场景,并将其展示在"好看簿"网站中。

【评价】

表 3-1-14 评价量规

评价项目	1 分	2 分	3 分	4 分	得分
信息搜集	几乎不能正确地从网站中提取信息来回答所提出的问题	能比较正确地从网站中提取信息回答部分问题	能正确地从网站中提取信息回答大部分问题	能正确地从网站中提取信息回答所有问题	
语言表述	语法、书写错误非常频繁,文字无法理解	语法、书写错误频繁,文字可读性较差	语法、书写错误不影响文字的可读性	语法、书写错误不多,文字表达清晰	
保护措施的创新性和可行性	措施没有创新性,无法实施或实施难度很大	措施有一定创新性,但难以实施	措施有一定创新性,可以通过努力实施	措施很有创意,且实施的难度低,预计效果较好	

续表

评价项目	1分	2分	3分	4分	得分
关于臭氧层信息的Excel表格制作	不会使用Excel软件，无法完成任务	能在老师或同学的帮助下完成Excel表格制作	能够独立完成表格，基本完成了信息的输入，但不会使用计算、统计等功能	能够独立完成表格，基本完成了信息的输入，且会熟练使用计算、统计等功能	
关于臭氧层问题的学习心得	主题不明确，没有按照要求按时完成，字数不达要求，没有提出自己的观点和见解	主题较明确，能够围绕本课主题按时完成，字数刚刚达到要求，没有提出自己的观点和见解	主题明确，能够围绕本课主题按时完成，字数达标，且提出了自己的初步见解	主题鲜明，能够围绕本课主题按时完成，字数达标，提出了自己的见解且很有创新性	
总分					

【资源】

1. 微课程：臭氧层的形成。
2. 生态环保图书馆：臭氧层的三大作用，http://eelib.zslib.com.cn/showarticle.asp?id=11909。
3. 百度百科：臭氧层，http://baike.baidu.com/view/72036.htm。
4. 百度百科：臭氧层空洞，http://baike.baidu.com/view/131595.htm。

其他网络资源：略。

【总结】

作为华夏儿女，我们有责任保护我们身边的环境，让世界充满清灵灵的水、蓝莹莹的天。相信通过此次活动同学们不仅对臭氧层及臭氧层空洞有了更深刻的认识，也一定多了一份主人翁的责任感和使命感吧，那就让我们携起手来，创造更加美好的明天！

案例7 一花一世界

作者：刘懿（设计此项目活动时为华东师范大学心理系大三学生）

指导教师：宋雪莲

【学生学段】高中一年级

【导言】

你知道吗？植物也是有性格和特质的。所以，世界各国的人们才会推举各种各样的植物作为自己国家的国花。比如：万代兰以其品性端庄、超群而谦和，被新加坡人民奉为国花；向日葵作为向往光明、带来美好希望之花，则荣登了俄罗斯国花的宝座；日本国花——樱花则被人们认为具有高雅、刚劲、清秀和独立的精神；美国人相中玫瑰，则是源于其作为爱情、和平、友谊、勇气和献身精神的象征；而中国的国花之位，也正是因为富丽端庄的牡丹和坚忍清逸的梅花各有千秋而一直处于空缺状态。

第一次月考结束,几家欢喜几家愁。进入新环境后的新排名,还符合大家的预想吗?面对这首次量化的定位,是否有过那么一点点的迷茫呢?就让我们试着从身边找那么一种能契合我们个性和特质的植物,并在此过程中全面地反思和发现,来认识一个更加真实而美丽的"我"吧。

【任务】
- 寻找一种能契合自我性格品质的植物。
- 从身边环境中找出一株特定的植物来代表自己。
- 制作一份展示作品(PPT、手制小海报、视频或其他任意形式)向大家介绍"我的植物"。

拓展任务:时不时探望一下自己的植物,和它说说心里话。

【过程】

1. 第一周(了解自身和植物的个性)。

(1) 填写表 3-1-15 所示**名人植物匹配表**,从给出的植物中选出你认为最恰当的一种与所给出的人物进行匹配(同一种植物可以对应多个人物),并说明理由(若欲了解所选人物详情,可参考学习资源部分)。

植物:①梅、②兰、③竹、④菊、⑤松、⑥牡丹、⑦海棠、⑧荷花(芙蓉)。

表 3-1-15　名人植物匹配表

人物	植物	理　　由
周敦颐		
陶渊明		
屈　原		
林　逋		
郑　燮		
苏　武		
杨玉环		
林黛玉		
薛宝钗		
李　纨		
史湘云		

想一想:同一种外表形态是否可以通过不同的演绎方式来匹配人物的个性?

(2) 静下心来想一想,你较为鲜明的特质有哪些?
(独立或乐群、细腻或豪迈、情绪稳定或情感丰富、谨慎或冒险……)
我较为鲜明的特质是:

(3) 你认为能最大限度地演绎出这些特质的植物是：_____

(4) 查找相关资料，完成下列**植物—自我特质对应表**，想一想，这种植物的特质是否能演绎出你个性中的某一个侧面？

表 3-1-16　植物—自我特质对应表

植物学名：_____

植物生物特性	个性中的对应部分
生长环境	
根	
茎	
叶	
花	
实	

2. 第二周（从身边环境中找出一株代表自己的植物）。

(1) 试着从身边环境中找出一株来代表自己。

(2) 完成下列**特定植物—个性对应表**，看看它的特别之处是否可以在自己的身上得到印证（如果在此过程中发现了比原先设定更加契合自身状态的植物，也可以做出调整）。

表 3-1-17　特定植物—个性对应表

植物学名：_____

植物属性	个性中的对应部分
外观形态	
大概年龄	
具体位置	
周围环境	
其他属性	

3. 第三周（交流分享，展示介绍"我的植物"）。

(1) 用照相、临摹、拾落叶等任意手段，记录下"我的植物"以便把它带到课堂上来。

(2) 向大家展示介绍"我的植物"，成品可以做成 PPT、手制小海报、视频等多种形式，重点阐述植物和自己个性中的相似之处，鼓励同学们发挥才智和创意开发出多种多样的展示形式（成品范例参见资源）。

(3) 评一评你同桌的植物是否能代表他/她,还有没有什么没有被发现的特性?

【资源】

- 百度百科,http://baike.baidu.com/,可查到名人生平的详细介绍。
- 百度花语吧,http://tieba.baidu.com/f?kz=5818384128&fr=ala0,所有花语大全。
- 公共邮箱:_____ 密码:_____,提供课程成品PPT及简单手制迷你海报范例下载。

其他网络资源:略。

【评价】

表3-1-18 评价量规

评价项目 (权重)	标准				得分			
	4	3	2	1	自评	互评	师评	均分
名人植物匹配表 (10%)	能抓住人物主要特性,选择恰当的植物与之匹配,理由充分、具说服力	能根据人物特性,选出恰当的植物与之进行匹配	完整地填写了表格	填写了表格				
自我认识 (30%)	全面而准确地了解自我、悦纳自我,并具备了自我发现的意识	通过活动,发现了原先不被自己重视的特质,能较全面而准确地了解自我	能正确报告出自身3个以上的特质	能报告出自身的一两个特质				
寻找某种植物 (20%)	找到能最大限度地演绎出自身特质的植物品种,根据其生物特性全面剖析自我	能正确认识该植物的生物特性,并从中演绎出自己个性的侧面	能找到契合自身某些特质的植物种类	能找到某个种类的植物来匹配自己				
寻觅特定植物 (20%)	找到能最大限度地演绎出自身特质的植物,据其属性全面剖析自我	能用心观察该植物,并能从其属性中找到演绎出自己个性的特征	能从身边的环境中找到契合自身某些特质的特定植物	能从身边的环境中找到某种特定的植物来代表自己				
作品呈现 (10%)	用具艺术性的方式全方位地展示了植物和自己个性中的相似之处	提交并展示的作品能呈现出植物和自己个性中的相似之处	提交并展示了自己的作品	提交了作品				
参与程度 (10%)	活动热情高,积极参加了3周的活动且出色地完成了所有任务	能自觉完成课堂内外学习,完整参与整个活动	在整个3周的活动中能完整参与到课堂学习部分	能出席课程				
总分								

【总结】

在这个项目学习中,你在寻找与自己个性对应植物的过程中全面反思了自我,发现了真实而美丽的自己,也重新认识了自己的学友。

案例8 我们的幼儿园

作者:张雅绫(设计此项目活动时为华东师范大学学前教育系大三学生)
指导教师:李笑樱

注:由于学前小朋友没有文字阅读的能力,因此此项目学习活动并没有完全按照学案的形式来撰写,并加入了"问题"部分以引导小朋友的探究。

【学生学段】幼儿园大班儿童

【导言】

小朋友们,我们每天在我们这个美丽的幼儿园内上课玩耍,想必你们对我们幼儿园已经比较熟悉了吧。可是,有些爸爸妈妈来幼儿园的时候还是会走错教室,也有的小朋友只知道自己的教室在哪里。

这次我们就一起来帮帮爸爸妈妈的忙,制作一张幼儿园的导览图和几张教学楼的平面图,让大家可以顺利地找到自己要去的地方吧!

【任务】

1. 了解制作导览图和平面图的方法。
2. 在幼儿园里探索,记录下幼儿园内各个区域(大门、教学楼、操场等)的位置。
3. 探索教学楼,记录层数、每一层的教室数和每个班级的位置。
4. 制作幼儿园的导览图和平面图,并在走廊中展示。

【问题】

1. 导览图和平面图是什么样的?
2. 幼儿园教学楼一共有几层?
3. 幼儿园里一共有几个教室、操场或者阶梯?
4. 每个班级和老师办公室的具体位置在哪里?

【过程】

1. 第一周(关于导览图和平面图制作的学习)。

在父母的帮助下,可以通过学习微课程《导览图与平面图》和实地走访等方式,初步了解有关导览图和平面图的一些基本知识,比如平面图或者导览图的样式、会标示什么等,回答以下问题:

(1) 在什么地方会看到导览图或平面图?
(2) 导览图和平面图上会标示什么?
(3) 我们要在我们幼儿园的导览图和平面图上标示什么?

注意:教学楼的平面图不需要太复杂,只要把大致的框架画出来就好了。

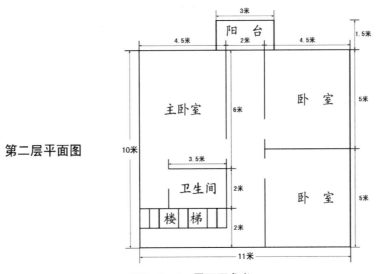

图 3-1-4 平面图参考

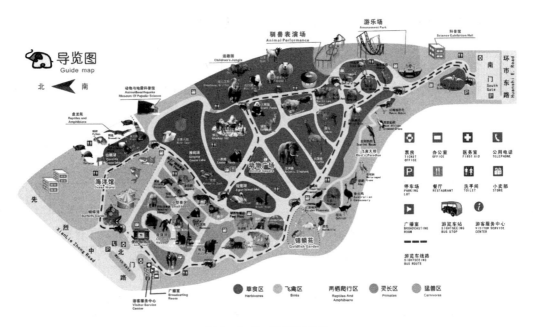

图 3-1-5 导览图参考

2. 第二周(探索幼儿园)。

根据第一周讨论的结果,着手进行探索。

(1) 将儿童分成四组。两组幼儿形成第一大组,在幼儿园室外区域进行探索,并记录下每个区域的位置,比如说:操场、绿化带、教学楼等。两组幼儿形成第二大组,在教学楼里探索,记录每个教室、办公室等的位置。记录的方式可由教师提供,也可由儿童自行解决。

(2) 每一大组分别进行讨论、对照,完善记录纸,并记录下有疑问的地方。

表 3-1-19 记录纸参考

区域/教室	区域/教室	绘图区

3. 第三周(再次探索幼儿园)。

(1) 解决上一周遗留下来的疑问。

(2) 将两大组儿童的记录纸交换,试着在幼儿园中找到相应的地方。这是一个进行验证的过程。

(3) 有疑问再进行讨论,直到问题解决为止。

4. 第四周(制作导览图和平面图并展示)。

(1) 将幼儿分成若干组,大家分工合作,按照讨论出来的记录纸制作大型的导览图和平面图,包括一张幼儿园的导览图和教学楼每一层楼的平面图各一张。

(2) 装饰制作出来的导览图和平面图,包括涂色、加花边等。

(3) 将图纸贴在走廊上展示,若反响好,可以将它贴在靠近幼儿园门口的地方,起到导览的作用。

【评价】

表 3-1-20 评价量规

评价项目	0分	1分	2分	3分	得分
参与关于导览图和平面图的讨论	没有参与讨论	参与了讨论,但是讨论的内容对导览图和平面图的制作没有建设性	参与了讨论,并且提出了一点建设性意见	积极参与了讨论,并且提出了建设性意见	
探索幼儿园	只是在幼儿园里乱走,脱离团队	进行探索,但是并不投入	积极探索,但是并没有进行团队合作	积极探索,并且参与到团队合作中	
制作导览图和平面图	没有完成自己负责的部分	大致完成了自己负责的部分	很好地完成了自己负责的部分	不仅完成了自己负责的部分,还能够帮助需要帮助的人	
参与程度	没有积极性	具有积极性	有较高的积极性,并且主动提问	有较高的积极性,并且主动提问,有出色的成果展示	
总分					

【总结】

在这个项目学习活动中,主要培养幼儿园的小朋友从整体上思考一件事情的能力,培养孩子观察、探索、沟通和合作的能力。信息技术在这里可以作为教师教学的辅助手段,比如观看微视频或为孩子们制作导览图和平面图提供一些帮助。

案例9 动物王国里的为什么——教你写童话作文

【学生学段】小学四年级

【导言】

每个动物的特点都是不一样的,它们的故事也一定是不一样的。现在《童话世界》杂志社将要出一版关于动物童话的专刊。大家快去投稿吧!

【任务】

根据自己喜欢的动物的某一特点,用童话的方式进行描写,写出一篇童话作文。

【过程】

1. 观看动物电影和图书;
2. 寻找合作伙伴,组成小组;
3. 各组自由选择研究的主题:可以选择某一个动物形象,如狮子、老虎等;也可以选择某一角度,如动物的生活习性、各种传说、性格特征、外形特征等。
4. 搜集资料、信息:与伙伴一起为专题搜集尽可能多的资料。
5. 汇总动物的某一特点;
6. 展开想象写一篇童话文章;
7. 把文章做成演示文稿在班级里交流。

【资源】

你可以通过互联网、图书、电影等必要的资源来查找有关信息:

- 观看动物电影或视频是最直接了解动物的方式;
- 到互联网上去找,这个全球最大的信息资料来源会给你带来惊喜;
- 教科书等资料。

【评价】

本次任务将根据你的作品质量来评定成绩,评价表如下:

表 3-1-21 作品质量评价

任务	标　　准	满分	得分 自评	得分 教师评
动物特点	能够抓住动物的特点来描述童话故事	10		
写作	文字生动;语句流畅;无错别字;标点符号正确	10		

续　表

任务	标　准	满分	得分	
			自评	教师评
演示文稿	制作精美，与动物童话的主题相配合	10		
总分		30		

【总结】

通过这个活动，你已经学到如何根据动物的特点来写童话了。

案例 10　童话小作家

【学生学段】小学四年级

【导言】

也许你已经看过不少迪斯尼的童话动画片，如《睡美人》、《白雪公主》和《美女与野兽》。这些著名的童话故事大多来源于 17 世纪的法国和 19 世纪的德国。童话这种文学题材通常是讲王子和公主受到巫婆或妖怪的迫害，最终在神仙帮助下过上幸福的生活。故事中的巫术、奇迹成分为童话故事增添了无穷魅力，使其受到许多人的欢迎。

【任务】

充分发挥你的想象力，用 Word 创作一篇你自己的童话故事。

【过程】

1. 浏览表 3-1-22 所示的《童话主题表》。

表 3-1-22　童话主题表

姓名：_____　　日期：_____

注：如果该童话包含这个主题就打"√"，如果没有就打"×"。

	①	②	③	④	⑤	⑥	⑦	⑧
美女与野兽								
灰姑娘								
宝莲灯								
杰克与豌豆								
皇帝的新装								
金鹅								
青蛙王子								

续 表

	①	②	③	④	⑤	⑥	⑦	⑧
豌豆公主								
侏儒怪								
睡美人								
白雪公主								
三打白骨精								
哈利·波特								

注：① 一个嫉妒另一个的美丽或善良　② 角色经历了考验
　　③ 人物得到了神仙的帮助　　　　④ 诚实和聪明得到奖励
　　⑤ 愚蠢和邪恶得到惩罚　　　　　⑥ 人物变好了
　　⑦ 角色与皇室成员结婚　　　　　⑧ 人物从此过上了幸福生活

2. 访问以下地址，根据《童话主题表》中所提供的童话列表，选择阅读8篇童话，并填写表格。
   - 中国儿童文学网，http://www.61w.cn/。
   - 童话故事网，https://www.5itonghua.com/。

3. 浏览《故事图模板》，并用模板来创作你自己的童话。要求至少含有《童话主题表》中的三个主题。

表 3-1-23　故事图模板

重要人物	
场景（包括故事发生的时间、地点）	
故事中的问题	
主要事件（你的人物试图怎样解决问题）	
解决办法（问题是怎样解决的）	

4. 与同学分享你的童话故事。
5. 和几个同学分别扮演角色，将你的童话故事表演出来给大家看。

【资源】
可以通过互联网、图书、电影等资源来查找有关信息。

【评价】
本次任务将根据你的活动及作品质量来评定成绩，评价表如下：

表 3-1-24 评价表

任务	标　准	满分	得分	
			自评	教师评
童话主题表	1. 至少分析 8 篇童话 2. 正确确定所有主题	5		
故事图	1. 完成所有故事要素 2. 至少确定 3 个主题	5		
写作	1. 遵照故事图的结构 2. 至少包括主题表中的 3 个要素 3. 所有语句语法正确 4. 无错别字 5. 标点符号正确	15		
小组活动	1. 与同学合作 2. 积极帮助其他同学	5		
总分		30		

【总结】
通过以上的活动，你已经了解了童话主题表中的所有主题以及写作童话的方法。

案例 11　今天我是人大代表

作者：王娣、季鸿铭（设计此项目学习活动时为华东师范大学思想政治专业大三学生）

指导教师：张淑红

【学生学段】高中二年级

【导言】

人大代表肩负着人民的重托，在国家权力机关参与行使国家的权力。元宵节作为中国与中华文化圈地区以及海外华人的传统节日之一，不少人认为元宵节在中国传统文化中占有非常重要的地位，元宵节放假是对亲情和传统文化的尊重，提出元宵节应该放假的建议；也有人认为元宵节离春节太近，放假太频繁会妨碍工作和学习，认为不应该放假。元宵节应不应该放假呢？作为人大代表的你有何看法？

【任务】

同学们化身为人大代表，就"元宵节是否应该放假"的问题进行调研和论证，最终以辩论赛的形式进行表决。

【过程】

1. 第一周：制作问卷。

学习微课"如何进行问卷设计"，利用在线问卷调查平台，针对"元宵节该不该放假"这个论题制作一个问卷调查表,调查问题约 15 个,了解身边群众的想法,调查问卷不少于 30 份。

自主学习有关设计问卷及使用问卷星编辑、发布、回收问卷的知识,遇到不懂的问题可以同学之间相互交流,也可以直接请教老师。

你需要关注的问题有:

(1) 问卷的基本结构是什么?

(2) 问卷中的问题有哪几种类型?

(3) 如何使用问卷星进行结果的统计?

2. 第二周:走访调查。

人大代表在参加生产、工作和社会活动中,监督宪法和法律的实施,与人民群众保持密切联系,听取和反映人民群众的意见和要求,为人民服务。

作为人大代表的你需要走访身边的群众,了解他们对于"元宵节是否应该放假"这个问题的意见和态度。

你需要关注的问题有:

(1) 人大代表有哪些义务?

(2) 如何准备访谈提纲?

(3) 在走访时应该注意哪些问题?

(4) 如何汇总访谈的数据以支持自己的提案?

图 3-1-6　走访调查

3. 第三周:撰写提案。

图 3-1-7　撰写提案

作为人大代表,为了表达群众的观点,你需要向人民代表大会提出议案。请确定自己的立场(支持或反对),并将你在走访过程中收集到的意见和建议等纳入到提案中。

你需要关注的问题有:

(1) 人大代表有什么职责?你将履行什么职责?

(2) 这个职责的来源是什么?

(3) 履行这个职责有什么重要意义?

(4) 提案的案由、案据、建议如何撰写得规范、条理清晰、内容完整?

4. 第 4 周:展开辩论。

通过问卷调查及走访群众,大家都听到了不同的声音。现在需要根据你们的提案展开辩论。在辩论之前,你需要邀请一位非同班同学作为主持人,在辩论时倾听双方的意见,最后进行投票表决。

邀请同学时,你需要注意的方面有:礼貌、明确地告诉同学参加辩论会的时间及注意事项。

图 3-1-8　投票表决

辩论时你需要注意的事项:

图 3-1-9 辩论

(1) 仪表仪态，声音大小。
(2) 条理清晰，有理有据。
(3) 团结合作，尊重对手。

【资源】
- 微课："如何进行问卷设计"。
- 网络资源：问卷星、中国人大网，具体链接略。

【评价】
本次任务将依据各个环节的表现来评定你的成绩。

请思考：认真设计问卷了吗？调查走访深入仔细吗？提案内容翔实吗？辩论赛表现如何？辩论精彩吗？请客观评价自己哦！

表 3-1-25 评价量规

得分 项目	1分	2分	3分	4分	总分
问卷制作 （15%）	问卷基本结构只设计出两项及以下，问卷问题类型单一，没有使用问卷星分析问卷调查结果	问卷基本结构只设计出三项，问卷问题类型比较少，没有使用问卷星完整地分析问卷调查结果	问卷基本结构设计出四项，问卷问题类型比较全面，使用问卷星比较完整地分析问卷调查结果	问卷基本结构完整，问卷问题类型全面，使用问卷星完整地分析问卷调查结果	
走访调查 （35%）	略微了解人大代表的义务，走访调查粗糙、片面	部分了解人大代表的义务，走访调查不太仔细	基本了解人大代表的义务，走访调查比较仔细	清晰了解人大代表的义务，走访调查深入仔细	
撰写提案 （30%）	提案条理不清楚，理由不太充分（只包含一条理由）	提案条理比较清楚，理由比较充分（包含两条理由）	提案条理清楚，理由充分（包含三条理由）	提案条理清楚，内容翔实，理由充分（包含三条理由以上）	
辩论 （20%）	表现局促不安，声音较小，辩论条理不清晰、论据不充分	表现紧张、声音不够洪亮，辩论条理不够清晰、论据不够充分	仪态大方、声音洪亮，辩论条理清晰、有理有据	仪态大方，声音洪亮，辩论条理清晰、有理有据，能与队员良好配合，尊重对手	
总分					

【总结】
这是一个非常具有实践意义的活动。同学们通过制作问卷、走访调查、撰写提案、进行辩论和表决等一系列环节，掌握了问卷星的使用方法，复习了思想政治课中的相关知识点，感受人民当家做主的使命感，同时提高了自己的政治参与意识。

案例 12 揭秘"天狗食日"

作者：刘斯琪、申皓雪、张广敏（设计此项目学习活动时为华东师范大学数学系大三学生）

指导教师：李锋

【**学生学段**】初中三年级

【**导言**】

同学们，你们听说过"天狗食日"的传说吗？在那天，太阳会一点一点地被"天狗"吃掉，世界陷入黑暗之中，其实"天狗"就是月亮。当月球运动到太阳和地球中间，三者正好处在一条直线时，月球就会挡住太阳射向地球的光，月球身后的黑影正好落到地球上，发生日食现象。日食只在月球与太阳和地球处于一种特殊的位置关系时发生，所以十分罕见。今天就请同学们利用几何画板软件模拟日食发生的情景，并探究圆的不同位置关系。

【**任务**】

- 将日食现象抽象为数学问题，思考该问题与已学知识之间的联系。
- 小组合作将日食发生的过程转换为数学图像进行研究，画出 5 种食相的位置关系图，并对日食现象进行解释。

【**过程**】

1. 观看微课程《日食动画》。

2. 学生分小组，领取两个不同颜色的圆形纸板，初步模拟日食过程。将日食发生过程中，月亮和太阳的不同位置关系产生的 5 种食相这一实际问题，转化为圆与圆的位置关系的数学问题，建立数学模型。

3. 利用几何画板软件画出日食的全过程：初亏、食既、食甚、生光、复圆，分析每种食相中的太阳与月亮的位置关系。

4. 观察所画图形，探究圆与圆之间的位置关系，并思考除了所画位置关系之外，还要关注哪些位置关系？与小组成员进行谈论。

5. 回忆之前已学习过的"点与圆的位置关系"、"直线与圆的位置关系"两个知识点，将两者和圆与圆的位置关系进行比较，找出交点个数、圆心距和半径关系等知识点。

6. 用刚刚比较得到的结论，来分析圆与圆的位置关系，观察刚刚所画图形不同位置关系的圆的交点个数，测量不同位置中两圆心的距离，在表格中记录测量结果，预测圆与圆的位置关系。表格如下：

表 3-1-26 圆与圆的位置关系

图形					
交点个数					

续 表

⊙A 和 ⊙B 的半径 r_1 和 r_2					
两圆心的距离 d					

7. 利用思维导图进行归纳总结：圆与圆的 5 种位置关系包含：外离、外切、相交、内切、内含，修改完善自己的结论。

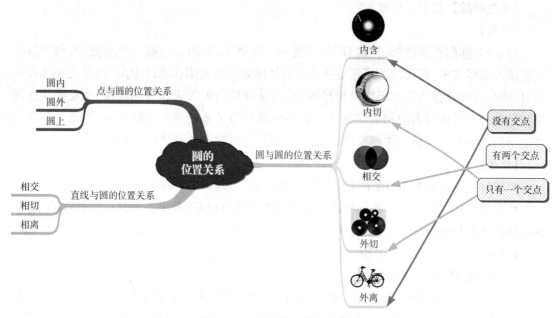

图 3-1-10　圆与圆的位置关系

8. 将得出的结论应用于实际生活，列举出现实生活中其他有关圆与圆位置关系的实例。

【资源】
- 微课程：日食动画。
- 软件：绘图软件（几何画板）、思维导图软件。
- 工具：刻度尺、圆规、不同颜色的圆形纸板。

【评价】

表 3-1-27　评价量规

维度	20（优）	15（良）	10（中）	5（差）
数学概念	完全了解 5 种圆与圆的位置关系，并且能够应用数学知识解决生活中的问题	了解 4 种圆与圆的位置关系，理解并能够适当利用相关知识解决生活中的问题	了解 3 种圆与圆的位置关系，解决生活中的问题较困难	了解 2 种及以下圆与圆的位置关系，无法解决生活中的问题

续 表

维度	20（优）	15（良）	10（中）	5（差）
数学错误	90%以上的步骤和解决方法没有数学错误	85%以上的步骤和解决方法没有数学错误	75%以上的步骤和解决方法没有数学错误	超过25%的步骤和解决方法有数学错误
模型建立	很容易将实际问题转化为数学模型，且模型很清晰，让人很容易明白	比较容易建立模型，模型较清晰，让人较容易明白	能勉强建立模型，但模型让人难以明白	基本不能自主建立模型
团队合作	团队中每个人都能很好地发挥自己的作用	团队能够顺利完成任务，但是协调度有待加强	团队勉强完成任务，协调程度较差	团队几乎没有完成任务
任务完成情况	所有问题都解决了	有一个问题未解决	两个问题未解决	多个问题未解决

【总结】

通过学习，学生从自然现象出发，发现日食发生过程中的五种食相，通过课堂实践，建立数学模型，借助于实际测量与观察，得出关于圆与圆的五种位置关系的结论。在这一过程中，同学们有了建立数学模型的思想，学会将实际问题转化为数学问题进行求解，将课堂所学的知识运用到实际生活中去，在生活中发现数学应用的奥妙。

案例 13　雨是如何形成的

说明：本案例节选自 STEM 教学案例《气象工程师的探秘》。

【学生学段】 三年级

【导言】 小朋友们，今天的课从一首古诗开始。"好雨知时节，当春乃发生。随风潜入夜，润物细无声。"大家知道这首诗的名字吗？诗人赞美了哪一种自然现象呢？你们知道雨从哪里来，到哪里去吗？今天就一起来探究一下雨是如何形成吧。

【任务】 作为小气象员，录制一节微课程，讲解雨的形成过程。

【材料】 塑料瓶，塑料薄膜，橡皮筋，小石头，小冰块，温水。

【过程】

1. 观察雨现象。

（1）头脑风暴：请观看微视频《雨》，分析视频中出现了哪些自然现象，对于这些现象，大家都知道些什么呢？

（2）说一说：下雨前后，天气会发生怎样的变化？

表 3-1-28　下雨前后天气变化

下雨前	下雨后
乌云密布（例）	天气变冷（例）

（3）对于雨，你有哪些想要研究的问题？
- 雨是如何形成的？
- 雨的作用有哪些？
- 怎样知道雨的大小？
- 其他_____

图 3-1-11　雨滴形成实验

2. 实验：探究雨滴是如何形成的。

（1）在一个瓶中装入四分之一体积的温水。

（2）在瓶口上覆盖一张塑料薄膜，再用橡皮筋将这张薄膜紧扎在瓶口上。

（3）在这张薄膜的中央放一块小石头。

（4）在这张薄膜上放几个小冰块。（建立地球的模型。温水代表湖泊，它上面的空气代表包围地球的大气）

（5）仔细观察薄膜底部，将观察的结果记录下来。

表 3-1-29　观察记录

观察到的现象	得出的结论
在瓶子里，你发现了什么？	
形成雨滴的水是从哪里来的？	
什么时候水蒸发到空气中速度更快，白天还是晚上？	
试一试：如果瓶子里是冷水，而不是温水，会发生什么现象？	
实验结论	

3. 认识水的三态变化。

（1）请观察图 3-1-12 所示的两幅金门大桥的图片，看看它们之间主要存在什么不同。

图3-1-12 金门大桥

（2）想一想：笼罩大桥的雾是从哪里来的呢？

（3）你们刚刚观察的视频《雨》和图片雾，都是由什么组成的？你们知道这种物质还能以其他哪些状态存在吗？

（4）请阅读下面的文字内容，了解物质的三态变化。并思考：在以下阅读资料中，水都发生了哪些变化？

水到哪去了？

在浴室的镜子上，你看见过小水滴吗？这些小水滴是从哪里来的呢？当你知道它们来自空气时，你是否感到惊讶？

你周围的一切事物都是由物质组成的。物质会以三种形态存在——固体、液体和气体。

固体是具有一定形状并占据一定空间的物质状态。液体也是占据一定空间但没有一定的形状，液体的形状就是装它容器的形状。气体没有一定的大小和形状，它会扩散并充满盛放它的容器。

水是能同时以固态、液态和气态三种状态存在的物质。想一想，你能用什么方法改变物质的状态呢？

下雨后，路面上会出现小水洼。第二天，小水洼就不见了。想一想，这些水都跑到哪里去了呢？早上起来，窗户玻璃的内壁，你看见过小水滴吗？室内没有下雨，这些小水滴来自哪里？在我国北方冬天的室内，玻璃上会结一层厚厚的霜，为什么？

（5）请解释图3-1-13所示水循环流程图。

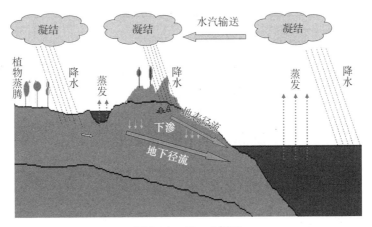

图3-1-13 水循环

4. 判断雨的大小。

（1）头脑风暴：下雨时怎么知道雨下得有多大呢？

举例：听雨声的大小；屋檐滴水的大小；植物叶子下沉的程度……

（2）思考：如何精确地知道雨的大小呢？大家想一想，下节课一起探讨。

5. 利用所学习的水循环原理，用手机或照相机录制一个微课程，向周围的人讲解"雨是如何形成的"。

【资源】
- 微视频《雨》。
- 网络资源：云的形成（链接略）。

【评价】

表 3-1-30 评价量规

级别	1	2	3	4	得分
课堂参与度	参与学习活动不积极	能够参与并完成课堂一半以上的活动，表现一般	积极参与课堂活动，完成大部分知识内容的学习，表现良好	积极参与课堂活动，完成全部知识内容的学习，表现突出	
实验完成情况	没有完成实验步骤或没有记录实验结果	在老师的引导下完成实验步骤，能够简单记录实验观察结果	按照实验步骤自主完成实验，能够记录实验观察结果	按照实验步骤自主完成实验，详细记录实验观察结果	
水循环的理解	对于蒸发、凝结以及降水的概念解释不清	对于蒸发、凝结以及降水的概念可以用自己的语言描述	能够说出什么是水的三种状态，简要解释水循环的流程	能够清晰地解释水的三态变化和水循环的流程	
微视频的制作	不能清楚地描述雨是如何形成的	能够基本讲清雨的形成原理，语言表达有待提高	讲解比较清晰，语言表达清楚，实验现象明显	内容讲解清晰，语言表达流畅，实验现象明显	
总分					

【总结】

本节课小朋友们通过观察雨的现象，了解了雨的特点。通过建造地球模型，实际体验了雨是如何形成的过程，从而进一步理解水循环的含义。

案例 14 地心旅行

说明：本案例为 STEM 教学案例。

【学生学段】五年级

【导言】

我们生活在这颗美丽的蓝色星球上,双脚踩在坚固的大地上,每天的吃穿住行都离不开这颗星球的供应,大家对它的了解有多少呢?

在漫长的历史长河中,地球表面一直在发生各种变化,有的地方隆起成高山,有的地方凹陷成大海,有的地方出现裂缝峡谷,还有偶尔喷发的火山让人们非常好奇:地球内部到底是怎样的呢?能否像土拨鼠一样,挖条隧道直接通到地球中心?现在你作为地质学家小助理,请帮助科学家们去地球内部一探究竟吧。

【任务】

作为地质学家小助理,请动手制作地球构造模型,并向他人分享你的模型。

【材料】

- 不透明密封小罐子。
- 金属球、小石块、橡皮等三种不同物质。
- 彩色黏土、标签、美工刀、锡纸。

【过程】

1. 观看纪录片《朝鲜平壤地铁》。朝鲜平壤地铁站是世界埋深最深的地铁,最大埋深达200米左右。世界上最深的矿藏是南非的金矿,深入地表下3.8千米处。但这个矿藏只能算是地球表面上的一个小小"擦痕",你需要穿行1 600多个这样的距离,6 000千米以上,才能达到地心。

图 3-1-14 地表以下

2. 每组领取三个密封的小罐子。请思考以下问题:

(1) 地质学家在不能到达地心的情况下,怎样了解地球的内部结构?

图 3-1-15 密封罐

(2) 如何在不打开罐子的前提下，推断罐子里装的是什么？

3. 探究实验：

(1) 每个罐子颜色材质不一样，罐子里装有不同物品。

(2) 通过敲击、滚动、摇晃、称重等方法来收集证据。

(3) 记录下三个罐子的外观的区别，并推断里面装的是什么物品。

表 3-1-31　实验 1 记录表

序号	收集证据的方法	推断结果
罐子 1		
罐子 2		
罐子 3		

4. 根据实验结果进行思考。

(1) 猜想一下，如果罐子的材质不同，在实验过程中对推断结果会有什么影响？

(2) 除了敲击、滚动、摇晃、称重等方法，你还能想到其他方法收集证据吗？

5. 观看纪录片《从太空中看地球》，蓝色部分是地球上的海洋，棕色和绿色部分是地球上的陆地，白色部分是大气。地球圈层结构分为地球外部圈层和地球内部圈层两部分，外部圈层包括大气圈、水圈、生物圈；内部圈层包括地壳、地幔和地核，地壳和上地幔顶部（软流层以上）由坚硬的岩石组成，合称岩石圈。

想象一下，你驾驶着一辆超级结实的交通工具，穿过这些圈层到达地心，那你的旅行将会是怎样的？请思考以下问题：

(1) 地球表面分别由哪些部分组成？

(2) 如果你要制作地球模型，你准备展示哪些重要细节？

(3) 进入地球内部探究，你需要携带哪些科学仪器？（温度、压力）

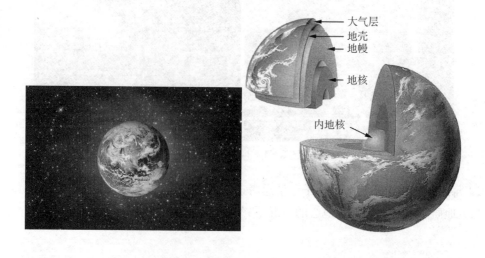

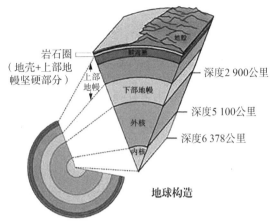

图 3-1-16 地球内部

6. 探究实验：
(1) 仔细观察地球图片，记录地球表面特征。
(2) 根据圈层的知识点，用彩色黏土搭建一个简易的地球构造模型。
(3) 搭建完成后，请向其他同学描述你的地球。
(4) 在旅途中，你需要多次停下来收集数据，填写各个深度的圈层名称及其组成物质。

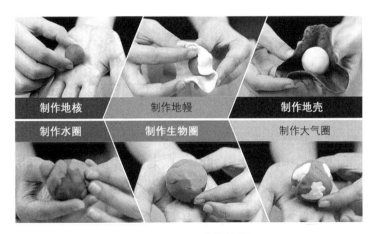

图 3-1-17 实验过程

表 3-1-32 实验 2 记录表

深度	内部圈层名称	组成物质
20 km		
1 500 km		
4 000 km		
6 000 km		

7. 根据实验结果进行思考:
(1) 你的模型中包含了哪些圈层?各圈层的特点是什么?
(2) 如果把地球模型切开,它的剖面将会是怎样的?

【资源】
- 纪录片:《朝鲜平壤地铁》、《从太空中看地球》;
- 拓展视频资源:《地心旅行》片段。

【评价】

表 3-1-33 评价量规

评价项目	1分	2分	3分	4分	得分
小组合作	小组成员不能很好地配合完成任务	小组成员一起完成了一些工作	小组成员一起工作,完成了所有任务	小组成员高质量地合作完成了所有任务	
实验记录	没有完成实验表格填写	基本完成实验表格填写,有5处以上差错	基本完成了实验表格填写,有3处以下差错	完成实验表格填写,并全部填写正确	
地球模型	没有完成地球模型搭建	基本完成地球模型搭建,但有比较明显的错误	准确完成地球模型搭建,并能清晰描述各个部分	准确完成地球模型搭建,能清晰描述各个部分,并在模型中加入了自己的创意	
总分					

【总结】

经过本次的地心旅行探究活动,相信你已经对地球的各个圈层有了一定的理解。虽然人类目前所熟悉的只有这一层薄薄的地壳,但人类对于地球内部结构的探索仍未结束,希望将来你能更加深入地研究这颗美丽的蓝色星球,因为它的里面还有太多的秘密等待你去探索和发现!

案例 15 "带"上安全

说明:本案例为 STEM 教学案例。

【学生学段】四年级

【导言】

随着生活质量的不断提高,越来越多的家庭有了轿车,工作日开车上班,节假日全家野外郊游,非常便利。但由于汽车速度较快,导致近年来交通事故频发,这就使安全问题成了现在需要关注的焦点,那么如何才能保证乘客的安全呢?汽车内的安全带应该如何系呢?某汽车生产制造企业目前招募一批安全检测员,来深入探究汽车安全的问题,你感兴趣吗?

一起加入吧!

【任务】

和其他安全检测员一起完成以下任务:

- 构建汽车模型用于实验探究。
- 分别进行低速和高速小车的碰撞实验,观察并记录在不系安全带时车内小人的位置变化。
- 进行小车高速碰撞实验,观察并记录在使用不同方式系安全带时车内小人的位置变化。
- 实验结束后完成一份汽车安全带安全佩戴方法的研究报告,至少包括研究问题、研究方法、研究过程、数据分析、结论、使用建议等内容。

【材料】

- 搭建类工具;
- 木条、橡皮筋、木棍若干、轮子、轴。

【过程】

1. 观看视频:《高速公路大巴事故》,思考以下两个问题:

(1) 坐汽车为什么要系安全带?

(2) 如何系才能更安全?

2. 参照老师给出的范例,以小组为单位合作搭建一辆汽车模型,可以用所给零件自由发挥,但小汽车模型必须满足以下条件:

(1) 有3—4个轮子,可以让小车在桌子上自由运动;

(2) 有放"驾驶员"的地方(不能插/卡在车子上面);

(3) 驾驶员有"座椅靠背",可以系安全带。

图 3-1-18 小汽车模型

3. 把驾驶员放在小车上,不系安全带时进行碰撞实验:

(1) 轻轻地推小车,使其撞上坚固的障碍物,观察此时驾驶员的位置变化(不动,轻微移动,飞出小车)。

(2) 用力推小车,使其撞上坚固的障碍物,观察此时驾驶员的位置变化(不动,轻微移动,飞出小车)。

(3) 将观察结果填写到如下表格中:

表 3-1-34 实验 1 记录表

力量	速度	驾驶员的位置变化
大		
小		
你发现:		

4. 为驾驶员使用不同方式系上安全带,用力推小车,进行碰撞实验:

(1) 横着系安全带时,观察此时驾驶员的位置变化(不动,轻微移动,飞出小车)。

(2) 斜着系安全带时,观察此时驾驶员的位置变化(不动,轻微移动,飞出小车)。

(3) 将观察结果填写到如下表格中:

表 3-1-35 实验 2 记录表

力量	安全带的系法	驾驶员的位置变化
大	横	
大	斜	
你发现:		

5. 根据实验结果进行思考:

(1) 为什么小车撞到障碍物时驾驶员会往前移动?

(2) 从第二次实验中可以得出,斜着比横着系安全带更安全,但是为什么飞机上的安全带都是横着系呢?

【资源】
- 视频资源:《高速公路大巴事故》。
- 网络资源:惯性、安全带的起源(链接略)。

【评价】

表 3-1-36 评价量规

评价项目	1分	2分	3分	4分	得分
小组合作	小组成员不能很好地配合完成任务	小组成员一起完成了一些工作	小组成员一起工作,完成了所有任务	小组成员高质量地合作完成了所有任务	

续 表

评价项目	1分	2分	3分	4分	得分
实验记录	没有完成实验表格填写	基本完成实验表格填写,但不能描述发现的问题	基本完成了实验表格填写,能描述发现的问题	完成实验表格填写,并能准确描述发现的问题及分析原因	
汽车模型	没有完成汽车模型制作	基本完成汽车模型制作,但小车不能灵活快速地移动	完成汽车模型制作,小车能灵活快速地移动	完成汽车模型制作,小车能灵活快速地移动,在制作中加入了自己创意	
研究报告	研究报告内容不全,缺少必要的要素	研究报告各部分内容完整,但都是简单记录、描述	研究报告各部分内容完整,但实验结果分析较为简单	研究报告各部分内容完整、翔实,结论和建议科学准确,有深入的思考	
总分					

【总结】

经过本次的探究活动,相信你已经清楚地知道安全带的重要性了,那么以后要时刻记住,上车第一件事就是系上安全带。如果你身边的人没有系安全带,也请你提醒他们,为自己的安全负责。

资源二 PPT 设计艺术

随着信息化教学时代的到来,PowerPoint(以下简称为 PPT)课件已经在教学中被广泛地应用。PPT 是一款优秀的演示型工具,能集成多种媒体,以其易学、易用、开发效率高的特点深受教师的欢迎。其极大地提高了教学效率,并能调动学生的积极性,激发学生的学习兴趣。因此,掌握 PPT 课件制作技术已经成为信息化时代教师必备的基本功,而 PPT 课件中的设计艺术需要重点加强。

一、PPT 制作技巧

PPT 制作成为教师的日常工作之一,然而很多教师都反映制作 PPT 课件一定程度加重了工作负担,最主要的原因在于未能掌握 PPT 制作的技巧,那么如何能有效提高 PPT 制作的效率呢?提高 PPT 制作效率的正确姿势是什么呢?——成为"三高"人群——电脑配置高、软件版本高、操作水平高。电脑配置高,运行速度更快;而越高版本的 PPT,其功能越丰富,不仅兼收了图片编辑软件、音视频编辑软件中的常用功能,而且技术门槛更低。但更重要的是,教师需要提高自己的软件操作水平。下面介绍一些提高 PPT 制作效率的小技巧。

(一)快捷操作技巧

想要提高制作 PPT 的效率就是要学会掌握一些快捷操作技巧。

1. 快捷菜单的使用

打开 PPT,在左上角都会有一排快速访问工具栏,很多新手可能会忽略这个工具栏,其实在使用的时候就会发现快速工具栏是很方便的,而且还可以根据自己的需求进行设置,将常用的功能键放置在工具栏上。

图 3-2-1 快捷菜单栏

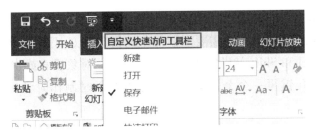

图 3-2-2　自定义设置快速访问工具栏

图 3-2-3　自定义设置功能区

2. 快捷键的使用

很多新手可能不知道制作 PPT 时有很多快捷键可供使用，在具体操作时可以简化操作，常见的快捷键如图 3-2-4 所示：

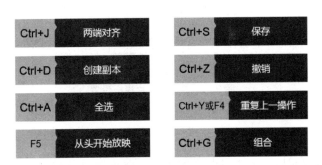

图 3-2-4　常用快捷键

还有一些在制作时的小技巧,如在用鼠标移动对象时,若只需要垂直或水平移动时可按住 Shift 键再用鼠标进行拖动;如果需要复制对象到指定地方,只需按住 Ctrl 再移动即可实现复制,同时按住 Ctrl 和 Shift 就可以使复制的对象和原对象垂直或水平;想要选中分散的对象时只需按住 Shift 键再一个个选中。大家可以在平时制作时尝试使用这些技巧进行制作。

3. 设置默认样式

在插入文本框时可以事先设定样式后直接插入就无需每个再调整样式,直接输入文字即可,设置默认样式有两种方式,一种是在"设计/变体/字体"底下进行自定义设置,另一种是设定好一种样式右键菜单,设置为默认文本框,免去重复设置的麻烦。这种方法同时适用于形状和线条的设置。

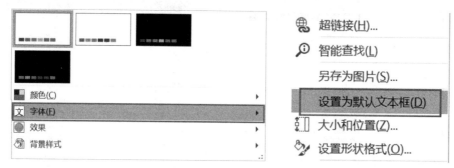

图 3-2-5　设置默认样式的两种方式

4. 批量排版

在制作课件时一般都会采用统一的风格或者模板进行制作,所以往往会在制作前定好 PPT 的整体风格和色彩,并统一排版的风格,这时我们就可以采用幻灯片模板功能来轻松搞定批量排版。从菜单栏"视图/幻灯片母版"点击进入后,就可以根据自己的需求定好 PPT 的几种一般版式,在后续制作时只要通用模板并稍作修改就可以了,大大减轻了工作量。建议大家在制作 PPT 之前多设置几种母版的版式,方便后续使用。

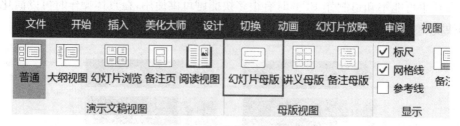

图 3-2-6　幻灯片模板设置

5. 快速配色

在进行颜色的搭配时,一个工具非常实用——取色器,可以吸取已有的颜色效果,并添加到你想要的元素上,如图 3-2-7 所示。通过取色器,可以实现色调的统一。同时,也可以选择主题配色,通过母版来统一设定 PPT 整体的色调。

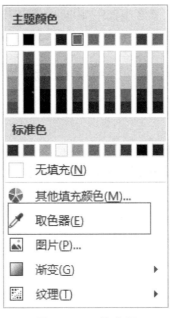

图 3-2-7　取色器

6. 两把刷子

在 PPT 制作时,有两个工具是非常实用的,一个是"格式刷",就是可以将选定文字的格式复制到另一段文字上面去,使另一段文字拥有和选定文字相同的格式属性,非常便于格式的统一设定。具体操作是:首先选定要复制的格式所在的文字,鼠标左键点击工具栏上的"格式刷"图标复制选定的文字格式,复制完格式后,这时鼠标箭头就会变成格式刷的样子,再用鼠标左键选定要修改格式的文字,放开鼠标左键后,段落格式就会复制到选定的文字上了。另一个同样实用的是"动画刷",就是可以将选定对象的动画复制到另一个对象上面去,操作方法同格式刷。学会灵活运用这两个工具,在制作 PPT 时就会事半功倍。

图 3-2-8　格式刷和动画刷

7. 快速截图

PPT 上有自带的屏幕截图功能,可以截取其他已经打开的任意窗口或者截取最近一个打开窗口的任意一部分,如图 3-2-9 所示。

图 3-2-9　屏幕截图功能

8. 视音频剪辑

PPT 还能实现视音频的剪辑，选择某段视频或者音频，选择需要的时间点进行裁剪，如图 3-2-10 所示。同时也能实现屏幕的录制功能，如图 3-2-11 所示。

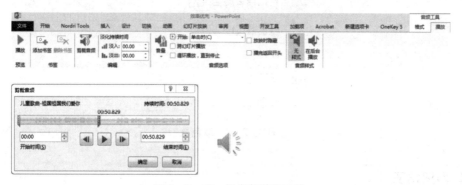

图 3-2-10　视音频剪辑功能

图 3-2-11　屏幕录制功能

二、快速资源获取

PPT 课件上需要各种资源来丰富内容，从而吸引学生的兴趣与注意力，那么资源都是从哪里获取而来的呢？接下来为大家推荐以下网站和素材库：

（一）图片资源

1. 图片素材

- 昵图网，http://www.nipic.com。
- 站酷网，https://www.zcool.com.cn/。
- 全景网，https://www.quanjing.com/。

- pixabay，https://pixabay.com/。
- pinterest，https://www.pinterest.com/。

2. 图标素材

- 阿里巴巴矢量图库，https://www.iconfont.cn/。
- "大熊猫"系列，https://www.easyicon.net/，https://www.easylogo.cn/。

3. 多功能素材库

站长素材，https://sc.chinaz.com/。

（二）音视频资源

1. 音效及配乐素材库

音效网，https://www.yinxiao.com/。

2. 儿童歌曲与故事

宝宝吧，https://www.baobao88.com/。

3. 动画资源

皮影课，https://pro.piyingke.com/。

（三）配色资源

花瓣，https://huaban.com/。

三、工具使用

我们在制作 PPT 的时候，除了掌握很多制作技巧帮助我们更高效地制作以外，还要学会利用一些现成的工具使工作更为便利。

（一）SmartArt

SmartArt 图形是从 PowerPoint 2007 开始新增的一种图形功能，其能够直观地表现各种层级关系、附属关系、并列关系或循环关系等常用的关系结构。SmartArt 图形在样式设置、形状修改以及文字美化等方面与图形和艺术字的设置方法完全相同，操作非常简单，但是功能却很强大。

如同形状和艺术字一样，它在"插入"菜单下，打开后，可以看到很多图示类型，有列表、流程、循环、层次结构、关系、矩阵、棱锥图等形式，可以根据不同的内容、不同的逻辑关系进行选择，如图 3-2-12、图 3-2-13 所示。

图 3-2-12 SmartArt 图形位置

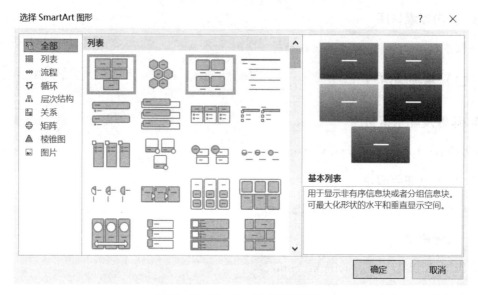

图 3-2-13 SmartArt 图形选择

1. 文字版 SmartArt 图示

选择所需要的 SmartArt 图形后，插入 PPT 页面后，单击文本框就可以输入需要的文字。通常用于表现框图、流程图、组织结构等，通过 SmartArt 图形，就可以使文本的内在逻辑一目了然，如图 3-2-14 所示。

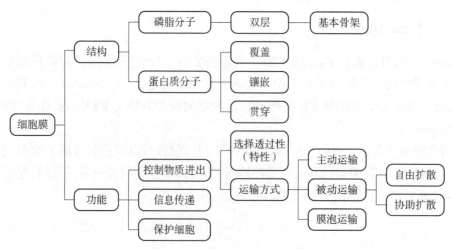

图 3-2-14 文字版 SmartArt 图示

2. 图形版 SmartArt 图示

选择所需要的 SmartArt 图形，将原本带有的文本框删除，然后利用图示逻辑组织现有形状，作成图示即可，如图 3-2-15 所示。

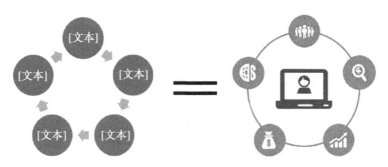

图 3-2-15　图形版 SmartArt 图示

这个案例就是利用左侧的 SmartArt 图示作成的，主要是先将文本框删除，或者直接不输入文字，接着将所有的圆填充成想要的颜色，记得同时修改填充颜色和轮廓颜色。然后选中图示中的箭头，将箭头填充选为"无填充"，箭头轮廓选为"无轮廓"。然后使用绘图工具画一个大小合适的圆，将其填充选为"无填充"，然后适当增加轮廓线条的粗细，设成想要的颜色，将设好的圆放置在页面的最底层，然后调整位置。最后，选择所需要的图形加以组合即可。

3. 图片版 SmartArt 图示

在 SmartArt 图示最后有一个图片的排布，利用已有的图片布局可以很方便地进行多图的组合排列，如图 3-2-16 所示。在这里只需要记住一个原则：在多图的组合上一定要图片类型一致，不然会产生违和感。

图 3-2-16　图片版 SmartArt 图示

（二）PPT 美化工具

"PPT 美化大师"是一款 PPT 幻灯片软件美化插件，为用户提供了丰富的 PPT 模板，具有一键美化的特色，每周还会有大量的模板更新，是辅助 PPT 制作者的一款工具。"PPT 美化大师"提供了一种更简洁、直观的方法来制作及美化 PPT，这对于快速制作 PPT 提供了更加便利的手段。

图 3-2-17　PPT 美化大师软件

在网络上下载软件安装成功后，打开 PPT 就会显示 PPT 美化大师的插件，如图 3-2-18 所示。在 PPT 制作时就可以使用，非常方便。

图 3-2-18　PPT 美化大师插件

如果需要更多的资源，可以进入美化大师资源广场，里面有很多模板可供挑选，并且有形状图示模板可以使用，如图 3-2-19 所示。

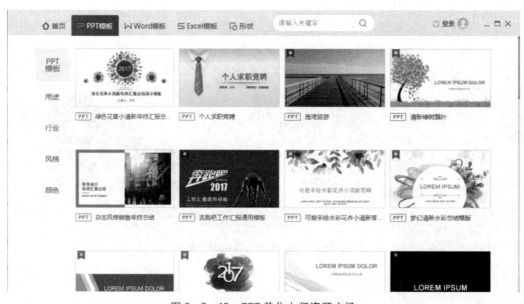

图 3-2-19　PPT 美化大师资源广场

1. 一键美化，体验智能

美化魔术师，一键全自动智能美化，精美专业的PPT即刻呈现。PPT美化大师"内容规划"功能可以自动套用模板，自动新建页面，包括封面页、目录页、过渡页和内容页。它还可以通过"更换背景"、"魔法换装"等方式实现一键美化。幻灯片库中有"更多版式"、"魔法图示"等功能提供更多资源供用户选择。还有两个工具，即"替换字体"、"设置行距"，可以实现批量替换。

2. 海量素材，高清无码

"PPT美化大师"最重要的功能是提供了很多资源供用户选择与使用，包括范文、形状、图片和画册等。这些资源对于PPT的制作来说是很有帮助的，在专业模板、常见版式、精美图示、创意画册、实用形状上，都可以利用PPT美化大师来进行资源的查找与使用。

3. 一键输出，版权保护

利用"PPT美化大师"可以导出各种形式的文件，包括多页拼图、全图PPT、图片或视频。尤其是图片和视频，对于教师制作微课或者录制课程是非常有用的。而且"PPT美化大师"可以一键锁定PPT为只读模式，无需再存成PDF格式，不可更改，不可复制，这样就保护了版权，以防别人冒用。

PPT课件应充分体现以多媒体为辅助手段、教师为主导、学生为主体的教学方式，要以充分发挥学习者的潜能，强化教学效果，提高教学质量为重心。因此，教师应该不断积累经验，努力探索制作技巧制作出更多图文并茂、形声俱佳的优秀多媒体课件，努力获得最佳的教学效果。

四、PPT制作常见误区

很多教师在PPT制作上存在一定困惑，做的PPT不仅没有能有效辅助于教学，甚至起到了反作用。这主要是由于教师制作PPT课件存在一些误区，常见的有以下七个方面。

（一）滥用模板

目前，教师在制作PPT时大多都会使用已有的模板，但是请记住PPT模板必须与内容相协调，简单的拿来主义不可取。一定要根据教学的内容、学生的特征来选择合适的模板，切莫为了追求好看而选择不恰当的模板，这反而会阻碍教学的有效进行。

案例：神奇的升力

图3-2-20所示模板明显与主题——升力并无关系，整体风格上也与主题不搭，而且在内容排版上模板背景反而成为累赘，不利于文字阅读。类似于这种失误，教师需要避免，尽量从内容上和风格上找与内容相匹配的模板。如改成如图3-2-21所示这种模板会更合适。

（二）文本冗余

我们在制作PPT时很忌讳的一点就是在PPT上放很多的文字，不要把PPT当成Word

图 3-2-20　误区之滥用模板

图 3-2-21　误区之滥用模板修改后

来使用,成篇的文字会造成阅读的困难,而且显得内容没有主次,没有突出重点。所以,我们在制作时一定要注意避免文本冗余,只需提取并呈现必要信息即可。

案例:web1.0 与 web2.0

图 3-2-22 所示页面明显文字过多,显得整个页面很满,且没有重点,不利于阅读,也不利于学生理解重点知识。因此在这种文字过多的情况下要学会提取关键词,列重点信息即可。改成如图 3-2-23 所示,这样则会舒服很多。

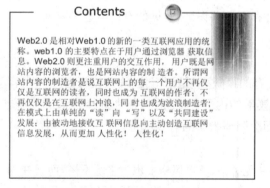

图 3-2-22　误区之文本冗余　　　　　图 3-2-23　误区之文本冗余修改后

(三)风格迥异

PPT 在制作之初就应该确立鲜明的风格,然后在制作的过程中要保持前后风格的统一,避免出现前后风格大相径庭的现象,这样就会显得PPT非常混乱,也会让学生在认知上感到不适,不利于教学的开展。统一风格包括三个方面:一是统一字体,同一个页面字体尽量不要超过3种;二是统一颜色,尽量按照预设的主题色配色;三是统一图片风格,避免卡通图和照片的混搭。

案例:鱼尾巴的作用

图3-2-24　误区之风格迥异

图3-2-24所示页面的两张图片风格迥异,一个是透明底png格式的卡通图片,另一个是普通的照片,两者在风格上是不一致的。另外,颜色的搭配上没有统一的主题色,而且颜色使用过多导致画面有些零乱。改成如图3-2-25所示这种形式页面会更清晰。

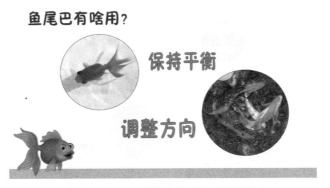

图3-2-25　误区之风格迥异修改后

(四)配色不当

因为PPT本身是一个视觉的展示,因此其在颜色的选择上是需要非常注意的,要避免出现配色不当的问题发生。配色一定要清晰,将背景色与字体颜色区分开,常见的清晰配色有黄黑、黄紫、红白、咖黄、蓝白等,而如黄白、黄橙、红橙、咖绿、蓝黑等这些就是不清晰的配色。要注意尽量少用渐变色,否则很容易就掉进颜色的陷阱中。颜色的使用一定要与环境相融合,只有配合得当,才能呈现最佳的视觉效果。

案例：春晓

图 3-2-26 所示页面的配色明显不合适，背景与字体颜色的使用过于接近，使得字体不可读。改成如图 3-2-27 所示的配色，这样会更利于文字的阅读。

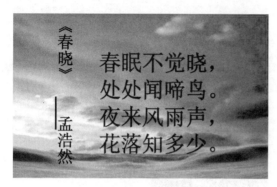

图 3-2-26　误区之配色不当

图 3-2-27　误区之配色不当修改后

（五）逻辑混乱

在 PPT 内容的呈现上，一定要注意避免出现内容逻辑不清晰的问题。如果内容呈现上存在逻辑问题，那观众会对所讲内容摸不着头脑。因此，教师在制作 PPT 时要注意提炼内容，然后整理逻辑，通过使用 SmartArt 和图表的形式来呈现内容的逻辑条理。

案例：康有为儿童公育思想与学前课程思想的萌芽

图 3-2-28 所示页面在内容的排布上分了太多层次，使得整体逻辑结构有点混乱。改成如图 3-2-29 所示的这种形式更清晰。

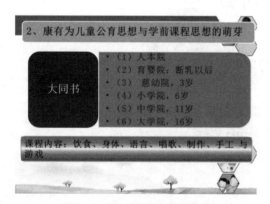

图 3-2-28　误区之逻辑混乱

图 3-2-29　误区之逻辑混乱修改后

（六）文不对图

一般在制作 PPT 时都会放置图片，但是图片不是点缀，图片是对于内容的补充。所有图片的出现都是为突出主题内容服务的，千万要防止无关的图片干扰主题，出现文不对图的现象。

图 3-2-30 所示页面中,立方体与小女孩并没有任何关系,放在同一页面上显得格格不入,建议去掉小女孩,这样会使得整个页面更清晰。

图 3-2-30　误区之文不对图

(七) 多动盲动

PPT 以独有的特效动画来酷炫地呈现内容,但是动画的制作也要遵循一定的原则,没有规律乱搭的动画只会扰乱视听。动画要注意形式、方向、顺序和节奏各方面的统一性和有序性。请记住要统一动画的形式,调整动画的方向,理清动画的顺序,协调动画的节奏。

资源三　媒体资源的获取

互联网为大众提供了多种多样的资源,包括资讯类资源、学术性资源、社交类资源、技能类资源、休闲类资源等。对信息时代的教师来说,充分利用各种网络资源拓宽视野,提升自己的学习水平和专业发展水平极为重要。如何利用好身边的各类渠道,发现与获取教育资源是每位教师都需要掌握的技能。

一、基于搜索引擎的资源获取

互联网是世界上最大的信息资源宝库,能为用户提供多种多样的资源。搜索引擎在网络资源搜索中具有不可或缺的地位,能够在海量、无序的信息中检索到所需内容,是一种方便快捷的获取网络资源的重要途径。

(一)基本介绍

目前主流的搜索引擎包括:必应搜索(https://www.bing.com/)、百度搜索(https://www.baidu.com/)、搜狗搜索(https://www.sogo.com/)、360搜索(https://www.so.com/)等。由于各搜索引擎背后的检索算法不同,即使以同样的关键词在不同引擎上检索,也会查询到不同的内容。教师可以根据自己的使用习惯或待检索的资源类型选择合适的引擎。

一般来说,对于文档资料检索,百度、搜狗对中文检索的效果较好,必应对英文的检索效果较好;对于基于关键词的图片检索,必应效果较好;对于基于相似图片的图片检索,可以在百度的百度识图中进行搜索。

(二)操作说明

搜索引擎一般是通过"关键词"来完成搜索过程的。进入搜索引擎网页后,用户界面有明显的搜索框及搜索按钮。用户在文本框内输入需要查询的关键词后点击搜索按钮,搜索引擎就会使用一定的检索算法从海量数据中检索出与查询关键词相匹配的内容,并以列表的方式呈现给用户。返回的查询结果一般是依据内容相关度进行排序,相关度高则排在较前位置。

关键字在搜索引擎中是非常重要的一项,在实际检索时,为保障检索结果相关度较高,教师需要尽量保证关键词的具体、详细。为实现精确的查询,一般有三种方法:

(1)使关键词具体。查询时输入的关键词要尽可能贴近实际需求,如在搜索物理某实验演示视频时,搜索"物理实验视频"的效果明显不如搜索"物理××实验视频"。

（2）设置多个关键词。一般而言，提供的关键词越多，引擎返回的结果越精确。在搜索时每个关键词之间用空格间隔开，关键词之间的逻辑关系是"and"，算法在检索时会同时满足所有关键词。建议用一个关键词描述资源类型，如"word"、"ppt"、"mp4"等。当然过多关键词限定会导致检索出来的结果很少，因此具体设置多少关键词还需要教师在实际使用时根据查询内容自行尝试。

（3）学会使用双引号限定关键词。给要查询的关键词加上双引号（半角），这种方法要求查询结果要精确匹配，不包括演变形式。例如输入"电传"，它就会返回网页中有"电传"这个关键词的网址，而不会返回诸如"电话传真"之类的网页。

由于搜索引擎返回的站点顺序可能会影响人们的访问，一些站点为增加点击率会付费给搜索引擎，以在相关站点列表中显示在靠前的位置。另外，因为任何人都可以在网上发布信息，而搜索引擎无法验证信息的可靠性，所以请留意所获得的信息的来源，选择权威可靠的网站。

（三）案例实践

本案例将演示如何利用"百度"搜索引擎进行一般教学资源的检索，以初中语文课文《济南的冬天》为例。主要任务：检索《济南的冬天》优质教案、课件模板、课文朗诵音频等；检索优质课堂讲授视频；检索济南简介、作者老舍先生生平介绍等资料；搜索关于冬日济南的图片。

1. 检索《济南的冬天》优质教案、课件模板、朗诵音频等

（1）打开电脑上安装的浏览器，如 IE 浏览器、360 安全浏览器、火狐浏览器等，进入百度搜索首页（https://www.baidu.com/），如图 3-3-1 所示。

图 3-3-1　资源检索

（2）在文本输入框内输入关键词"《济南的冬天》教案"。在返回的网址列表中选择合适的资料进入具体站点进一步操作，如图 3-3-2 所示。同样，在寻找其他资料时，只需把"教案"换成"课件模板""朗诵音频"，就能搜到大量需要的资源，如图 3-3-3 所示。

2. 检索《济南的冬天》优质课堂视频

在页面上方重新检索，关键词为"《济南的冬天》视频"，会出现众多视频，包括：视频朗诵、优质课课堂实录等，如图 3-3-4 所示。如需进一步优化检索结果，可以将关键词调整为"《济

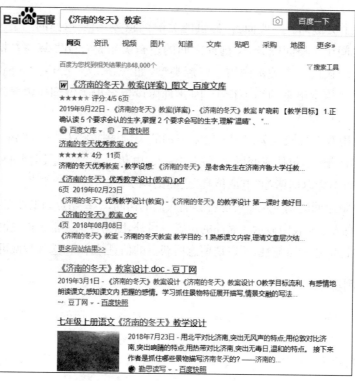

图 3-3-2　关键词组合检索结果

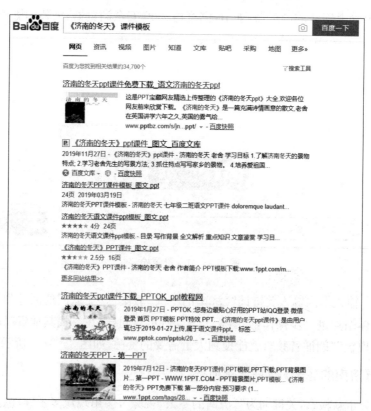

图 3-3-3　关键词变换检索结果

南的冬天》课堂实录视频"。从图 3-3-5 可以看出,关键词对检索结果有非常大的影响。还可以进入"视频"专栏,这样搜索到的内容将全部都是视频,不会出现文档类资料,如图 3-3-6 所示。

图 3-3-4　视频资料检索

图 3-3-5　课堂实录视频检索

图 3-3-6 百度视频专栏检索

3. 检索济南简介、作者老舍先生生平介绍等资料

直接利用关键词检索"济南简介"、"老舍"就可以得到大量资料，如图 3-3-7、图 3-3-8 所示。在百度搜索中，对特定人名、地名、专有名词的检索结果中都会出现"百度百科"，该页面上的内容由用户编辑，较为综合全面，是检索信息时良好的参考，但需注意资料的准确性。

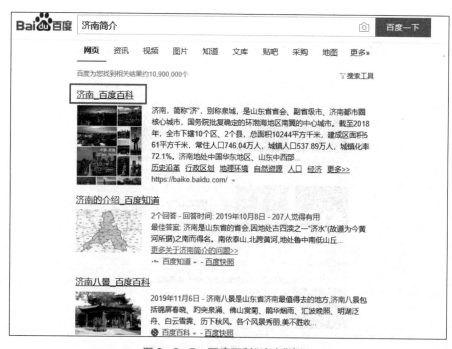

图 3-3-7 百度百科"济南"资源

图 3-3-8 百度百科"老舍"资源

4. 查找关于冬日济南的图片

图片的查找与视频的搜索类似,有两种方式:直接在搜索栏网页搜索、进入"图片"专栏搜索。网页搜索的结果会包含图片专栏的结果,但可能会掺杂非图片的资料,可根据使用习惯自行判断。在本案例中,在"图片"专栏检索效果更好。如图 3-3-9 所示,网站还会提供

图 3-3-9 百度图片专栏检索

一些筛选条件及相关检索词供用户进一步检索。

总结：基于搜索引擎的资源检索是一种方便快捷的方式，能够较好满足所有教师的使用需要。在实际操作时，需注意关键词的选取，注意判断信息的可靠性。

二、基于网站的资源获取

网站是一些用于展现特定内容的集合，人们可以通过浏览器访问网站，获取自己需要的信息资源。在互联网中存在着不计其数的网站，蕴含了海量的资源，教师需要了解常见的网站，用以提高自身的知识水平与专业教学能力。

（一）基本介绍

这里将教师常用资源获取网站分为三类：

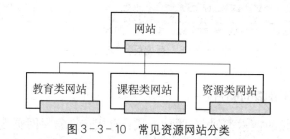

图 3-3-10　常见资源网站分类

（1）教育类网站——专门提供教育教学资源和服务的平台，如国家教育资源公共服务平台、各地方/高校教育资源平台、学科网、高考资源网、幼儿教师网。这类网站往往有与教材相对应的、较为权威系统的数字资源。

（2）课程类网站——集中提供知识技能教学课程的平台，如中国大学慕课、网易公开课、腾讯云课堂等。这类网站能够提供丰富的教学视频，可以用于教师自身的知识学习与技能提高。

（3）资源类网站——专业呈现数字教育资源的平台，根据资源呈现形式数字教育资源可以分为文本类、视频类、动画类、音频类、图片类，包括了百度文库、昵图网、站长素材、千图网等众多网站。此类网站可以提供清晰、相关度高的素材。

（二）操作说明

网站是集中化呈现某一类资源的平台，在页面上一般会有明显的类目导航，用于资源分类，方便用户查找。在进行资源查找时，教师需根据具体网站设置，确定筛选条件，缩小范围。

此外，在实际使用时最主要的问题是，在检索时很多网站特别是资源类网站出于盈利等目的会限制用户使用资源，只有具备了会员资格或购买了对应素材后才能下载使用。在这种情况下一般有以下处理方案：

（1）购买会员 VIP 资格：不少网站的资源是会员免费，可根据实际使用情况进行充值，选择性地成为阶段会员。如充值一个月，则在会员期的一个月间可无限制地在该网站上下载资源。一般一次性充值的时间越长越优惠,在特定节日等也会有优惠活动。不少平台还提供了会员试用服务,可以在体验期免费下载资源。

(2) 购买/兑换优惠券:可以通过购物网站,如淘宝、闲鱼等找到下载券或优惠券,如一日会员、三日会员、资源代下载等,价格低廉,实施方便。

(3) 通过第三方工具/插件等进行下载。

当然,所有网站上的资源需要注意尊重原作者/设计师的知识产权,不能以盈利为目的使用非法途径获取资源,侵犯他人权益。

(三) 案例实践

这部分将从三类网站中各选取一个进行详细介绍,分别是国家教育资源公共服务平台、中国大学慕课和千图网。

1. 国家教育资源公共服务平台(http://www.eduyun.cn/)

步骤一:注册登录。进入网站后点击左上方的"注册"按钮,如图3-3-11所示,在平台的提示下进行实名注册,完成邮箱激活后即注册成功。注册的身份包括了教师、学生、家长、机构成员和专家,需要根据自身角色进行选择,如图3-3-12、3-3-13所示。注册后可点击"登录",输入用户名、密码和验证码。

图3-3-11 平台首页

步骤二:完善个人信息。点击"个人信息",输入个人真实信息,完成后点击页面最下面"保存"。这一步需要输入实际的学习班级,并等待审核。

步骤三:选择所需服务。

(1) 首页上为用户提供了搜索栏,用户可直接根据关键词进行检索。如输入"济南的冬天"则会出现超过3万条相关结果,可以进一步筛选,如图3-3-14、3-3-15所示。

图 3-3-12 注册界面：选择教育类型

图 3-3-13 注册界面：选择身份

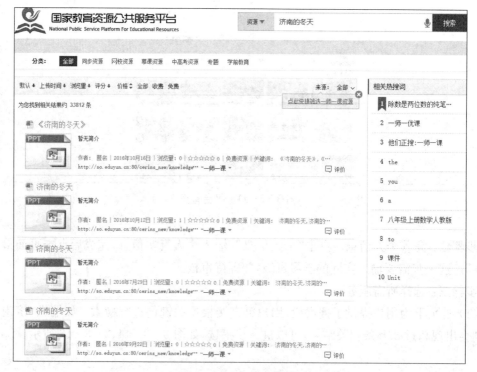

图 3-3-14 资源检索

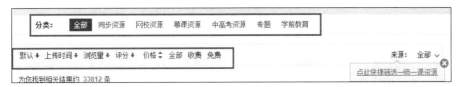

图 3-3-15　检索结果分类筛选

（2）平台搜索栏下方有一些图文链接可以实现页面跳转，如图 3-3-16 所示。

图 3-3-16　跳转链接

点击**"晒优课"**可以进入"一师一优课，一课一名师"（http://1s1k.eduyun.cn/portal/html/1s1k/index/1.html#）页面，如图 3-3-17 所示。用户可以在"优课展示"中通过限定地域、教材、学科、学段等查找优课，也可以点击**"我要晒课"**按钮，注明课程信息并上传课程资料，如图 3-3-18 所示。如果存在操作问题可以点击**"常见问题"**图标进入问题解决页面（http://tz.1s1k.eduyun.cn/1s/newteacher2019/）查找，如图 3-3-19 所示。

图 3-3-17　"一师一优课"首页

图 3-3-18 优课筛选

图 3-3-19 常见问题列表

点击"找资源"可以进入资源页面。可以直接在页面右上方搜索栏搜索,或选择对应专题进入查找,如图 3-3-20 所示。以"同步资源"页面为例,平台为用户提供了非常细致的资源筛选列表,教材目录也直观地呈现在页面左侧,可以点击跳转,如图 3-3-21 所示。用户需要明确自身需求细化筛选条件以便快速找到准确资源。

图 3-3-20　专题资源界面

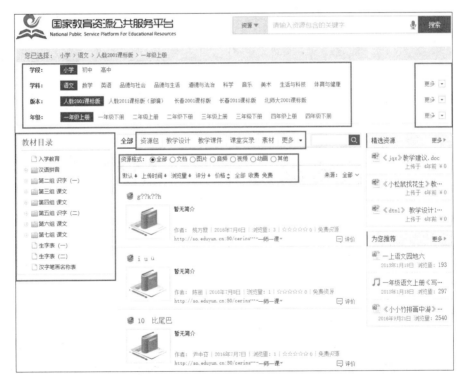

图 3-3-21　资源筛选列表

2. 中国大学慕课（https://www.icourse163.org/）

步骤一：注册登录。平台首页如图 3-3-22 所示。提供手机号注册的方式，短信验证成功后即完成注册直接登录，如图 3-3-23 所示。进入后可关联邮箱等，如图 3-3-24 所示。

图 3-3-22 中国大学慕课首页

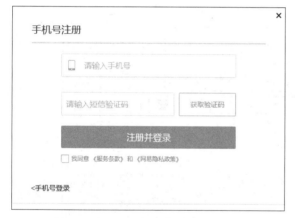

图 3-3-23 注册界面

图 3-3-24 多种登录方式

步骤二：筛选所需课程。

（1）利用首页搜索栏直接检索。注意中国大学 MOOC 里的课程和一般的在线课程不同，大多有学期安排，课程一般会在不同学期重复开放。课程有三种状态：正在进行、即将开始、已结束。如果课程正在进行，那点击"立即参加"按钮，就能进入课程进行学习了；如果显示"已结束，请查看内容"，说明这个课程已经结课了，但仍可通过回放学习，作业及考试都不计入成绩，如果错过了这期可以等待下期开课再正式学习；如果显示"报名参加"，说明课程尚未正式开课，参加后还要再等段时间才能进入学习。如图 3-3-25 所示。

（2）利用左侧的导航栏选择对应学科，进入学科课程页面，再进一步通过搜索栏检索自己需要的课程，如图 3-3-26 所示。其中，"国家精品"栏目下的课程均为质量较高的精品课程，课程内容和组织大多由众多专家一起建设，在同样的检索条件下此类课程更优质，如图 3-3-27 所示。

图 3-3-25 搜索栏检索结果

图 3-3-26 学科分类

图 3-3-27　国家精品课程学科分类

（3）点击首页"**课程**"按钮，会出现另外一种导航窗口，提供了"大学""升学/择业""终身学习"三个模块。其中"升学/择业"模块集合了考研、考证及英语考试方面的课程。如果有想要修读的课程单元，可以直接在这一导航下进入，如图 3-3-28 所示。

图 3-3-28　课程模块选择

(4)点击首页**"学校"**按钮,进入入驻的国内众多一流大学的展示页面,如图3-3-29所示。点击对应图片可以进入该学校的慕课主页,该页集中了该学校在中国大学 MOOC 上开放建设的全部课程,如图3-3-30所示。如用户想修读的内容是某学校的重点学科,可直接在该学校 MOOC 主页上搜索该课程。

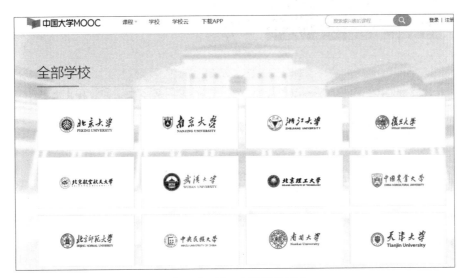

图3-3-29 入驻学校列表

图3-3-30 慕课学校主页

步骤三:了解课程详细信息,并报名课程,完成修读。点击课程进入课程主页,可以看到该课程的开课时间安排、内容简介、课程概述、课程大纲、参考资料与考核安排等,如果想修读则点击"立即参加"按钮,如图3-3-31、3-3-32所示。参加后需要根据教师要求在规定的时间点完成内容学习、作业并进行考试,成绩合格后可收到该课程的结业证书。如果该课程目前已结束或即将开始,可查看往期课程资料,并先报名,等开课后再学习。

图 3-3-31　课程简介与报名

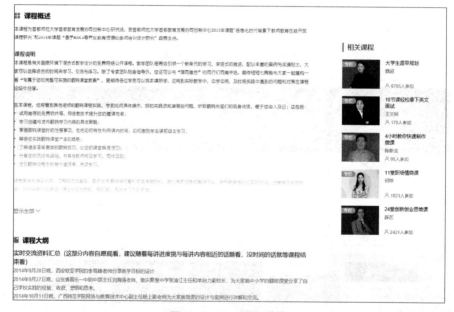

图 3-3-32　课程详情

3. 千图网（https://www.58pic.com/）

步骤一：注册登录。点击页面右上角**"注册"**按钮，如图 3-3-33 所示，有多种注册方式可以选择，如图 3-3-34 所示。该网站每个账号每天可免费下载一个素材。注册成功后即可登录使用。登录后会弹出**"偏好设置"**，可以选择主要场景，设置后个人推荐主页将重点呈现这些场景的优秀素材，如图 3-3-35 所示。

图 3-3-33　网站首页

图 3-3-34　注册登录

图 3-3-35　偏好设置

步骤二：检索所需素材资源。

（1）利用首页搜索栏直接检索。检索栏可输入关键词直接检索，默认会在各类素材间查询结果，如图3-3-36所示。如果对检索结果有进一步的要求，可点击检索栏左侧的**"全部"**，在弹出的列表里选择具体范围，如图3-3-37所示。

图3-3-36 搜索栏检索

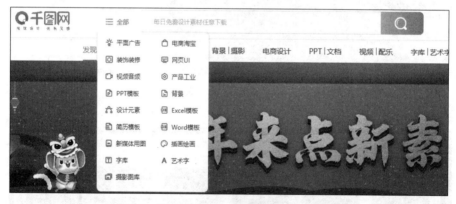

图3-3-37 资源类别选择

（2）利用搜索栏下方导航进入场景页面检索。鼠标悬停在对应栏目会有该栏目下资源的细化分类，可直接进入想要检索的具体场景，如图3-3-38所示。在具体模块下还可以根据场景、行业、格式、类型等进一步明确筛选条件，如图3-3-39所示。

步骤三：资源查看与下载。选中想要进一步了解的资源，点击进入资源详情页。页面左侧会有该资源的预览效果动图，右侧会有详细的参数描述。点击**"免费下载"**可直接下载该资源；点击星标可收藏该资源，方便后期查看，如图3-3-40、图3-3-41所示。

图 3-3-38　场景选择

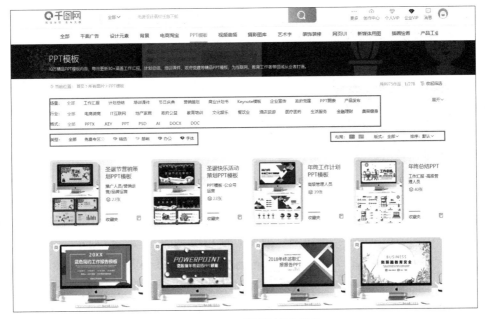

图 3-3-39　场景下条件筛选

图 3-3-40　资源详情

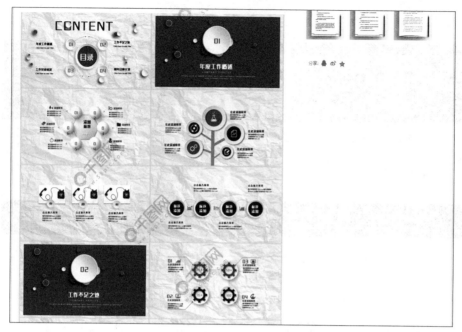

图 3-3-41 资源预览

图 3-3-42 四种类别的 VIP

注意：网站当前分为精选、基础、办公、字库四种类别的 VIP，如图 3-3-42 所示。注册用户默认为普通用户，每天每个账号可以免费下载一个素材；精选 VIP 可以下载精选素材（素材左上角有绿色精选标志的）；基础 VIP 可以下载基础素材（素材左上角有黄色基础标志的）；办公 VIP 用于下载办公素材（素材左上角有蓝色办公标志的）；字库 VIP 可以下载字体素材（素材左上角有黑色字体标志的）。也可以在购物网站上尝试搜索，一般会有资源代下载或短期会员优惠体验，如图 3-3-43 所示。

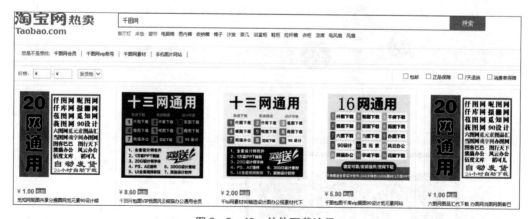

图 3-3-43 其他下载途径

总结：教师能够在网站上获取较为专业且优质的资源,搜索结果精确度较高。但出于盈利的目的,不少商业网站上的资源需要付费购买使用,教师可根据实际需要进行选择。

三、基于社交网络的资源获取

随着互联网的发展,以人际关系为基础的社交网络日益受到网民的追捧,国内的微博、微信、豆瓣阅读等迅速发展,成为了日常生活中不可缺少的一部分。社交网络资源的传播与分享提供了新的途径,教师可以利用社交网络获取优质资源进行学习。

（一）基本介绍

社交网络简单来说是由一群用户组成的团体,在实际生活中有众多软件是由用户贡献观点、内容等。比如阅读类APP(豆瓣读书、微信阅读等),用户一般在阅读时或者阅读后会进行评论或将学习笔记、阅读感想等进行分享;资源分享类平台(百度文库、道客巴巴等),用户可以通过上传资源赚取下载券提升等级,也可以利用下载券下载他人分享的资源;社交类软件(微信、QQ、微博等),众多媒体营销者会构建优质资源。总而言之,社交网络是由用户组成、信息更新快的资源获取途径。

（二）操作说明

由于社交网络中存在着大量用户,每时每刻都有大量信息产生,因此如何从海量信息中查找出有效资源,并正确辨别出资源的准确性是最重要的主题。首先,需要选择可信度高的权威站点进行搜索。其次,在查找专业性较高的内容时需结合其他检索方式或结合书籍材料进行全方位验证。然后,不要全然信任他人创作的内容,需结合以往分享或其他用户评价进行验证。此外,在学习并使用社交网络中的资源时,需要注意版权问题,请尊重他人的成果,在自己公开传播的资料上注明引用源。

（三）案例实践

本案例将以微信为代表,演示如何查找使用微信上流通的资源。大多数人每天都在使用微信,众多的微信订阅号、公众号定期会推送文章内容,阅读者觉得值得推荐的内容一般会通过转发分享或收藏的方式保留。

步骤一：注册登录微信。此处默认大家都有自己的微信号,可通过手机号和验证码登录手机端微信。

步骤二：基于微信的资源分享与查找。微信中有很多资源,通过关注一些实用优质的订阅号、公众号可以获取到很多资源。

(1) 资源分享与收藏：在阅读文章内容时觉得值得分享,可以点击文章右上方的三个点,选择发送给朋友、分享到朋友圈或收藏,如图3-3-44所示。收藏后的内容可以在"我"-"收藏"下打开查看,如图3-3-45所示。

图 3-3-44　微信资源收藏与分享

图 3-3-45　微信"我的收藏"列表

（2）资源查找：如果通过其他途径无法获取到合适的资源，此时可以在微信中进行查找。在手机端微信右上角点击"搜索"图标后，在检索栏输入要检索的内容，下方会呈现搜索结果，优先显示已有聊天中含该关键词的记录。最下方还会出现"搜一搜"字样，点击跳转后，就会出现相应的公众号、文章、小程序等。如图 3-3-46、图 3-3-47 所示。

图 3-3-46　资源查找

图 3-3-47　微信"搜一搜"

步骤三：基于微信的资源获取。很多有价值的资源我们会转存至电脑，一般有以下几种常规方法。

（1）利用微信电脑客户端访问资源。首先从微信官网下载客户端程序"微信 Windows 版"。接着进行常规安装操作，安装完成后点击登录并使用手机微信"扫一扫"屏幕二维码，授权之后就进入了电脑版的微信运行界面，如图 3-3-48 所示。

图 3-3-48　电脑版微信界面

① 点击左侧窗格中的"聊天",找到"订阅号",如图 3-3-49 所示;或打开"通讯录",找到"公众号",右侧就会显示出自己微信号所关注的所有订阅公众号,如图 3-3-50 所示。点击某个待搜索资源的订阅公众号,进入该公众号消息页。如果弹出的窗口无任何内容,则可以先点击顶端该公众号后面的三个点,查看该公众号的图标/简介,下方可以查看历史消息,如图 3-3-51 所示。搜索到目标资源后,点击即可打开该资源的详细内容,选择内容后可进行复制和粘贴操作。

图 3-3-49 聊天栏——订阅号

图 3-3-50 联系人栏——公众号

图 3-3-51 查看历史文章

② 如果手机端查看时收藏了资源，则可以点击左侧窗格中的"收藏"，找到目标资源后点击即可打开该资源的详细内容，进行复制和粘贴操作了。而在电脑端收藏的文档等内容也可以在手机端打开查看，如图3-3-52所示。

图3-3-52　电脑端收藏栏

（2）利用搜狗微信（https：//weixin.sogou.com/）网站访问资源。可以输入文章标题，通过"搜文章"直接查找，如图3-3-53所示。但如果关键词下文章很多，较难定位到所需资源，也可以用手机端查看目标文章的所属公众号，输入页面搜索栏，通过"搜公众号"进入该公众号查看最近文章，但仅显示最近10条群发，这之前的资源还是需要到网页版查看，如图3-3-54所示。

图3-3-53　搜狗微信界面

图 3-3-54　账号简介与最近文章

总结：社交网络是由用户构成的团体，社交网络中的资源往往独具特色且更新较快，而且可以直接与原创者交流沟通。在学习并使用社交网络中的资源时，需要注意版权问题，请尊重他人的成果，在自己公开的资料上注明引用源。

四、基于数字化图书馆的资源获取

自从图书馆出现以后，它就一直是人类积累和传播知识的主要场所，社会大众可以通过图书馆借阅图书文献、增长知识、拓宽视野。随着信息时代的到来，众多数字化的图书馆的出现又极大方便了资源的查询与获取，成为了教师进行文献查阅与课题研究时的得力助手。

（一）基本介绍

在传统的图书馆中，信息的传播完全依赖于其物质载体——一本一本的书籍。一本书中的知识不能被多个读者同时共享，读者必须亲自到图书馆借阅，需要排队，还时常会遭遇"此书已借出"的烦恼。图书馆检索工具不完善，有时查找一本书真如大海捞针一般，费时费力费神。而数字图书馆的出现极大地方便了人们的使用，网络和计算机用户可以直接阅览并下载所需要的图书、文章或数据。

数字图书馆具有存储海量信息的能力，能够快速有序地处理信息，进而为用户提供高效方便的服务。不少省市、院校的图书馆已走上因特网，纷纷建立自己的网站，为读者提供全新的服务。其中，国家图书馆和上海图书馆已向数字图书馆方向迈开了很大的步伐。目前大多数字图书馆都已经开通了图书预订外借服务，读者不需要亲自到图书馆去，完全可以随意查询并借阅。线上阅读电子书功能也早已实现，可以足不出户查找各个领域的海量图书。

（二）操作说明

一般在线图书馆是实体图书馆为方便读者进行资源查阅构建的，网站上会呈现该实体图书馆的讲座列表、活动预告等。用户可以进行书目检索与预约，因此，在线图书馆在使用时一般会与实体读者卡相关联，使用者需要首先拥有该图书馆的读者证才能使用预约外借功能，而读者证一般需要凭身份证等有效证件，并交纳一定数额的押金才能获得。

(三) 案例实践

本案例将以上海图书馆平台(https://library.sh.cn/#/index)为例,演示如何利用数字图书馆进行书目查询、预约与在线阅读。

步骤一:注册登录。进入官网(https://library.sh.cn/#/index),点击"我的图书馆",输入用户名、密码登录,如图3-3-55、图3-3-56所示。在登录页面右上方有"帮助"按钮,可以明确具体的登录账号要求,如图3-3-57所示。上海图书馆平台为用户提供了丰富的服务,可以通过页面右上角的列表符号查看全部服务菜单,如图3-3-58所示。

图3-3-55 平台首页

图3-3-56 用户登录

登录帮助

如果您对平台有任何意见或建议，请发送邮件至：service1@libnet.sh.cn或致电：64455555转3523

为了保证"我的图书馆"平台所提供的各项功能及显示的页面能正常提供服务，建议用户使用如下浏览器：

IE9及以上版本/Firefox最新版/Chrome最新版/双核浏览器（如360浏览器等）的极速模式

一、登录

1. 登录时"用户名"字段可填写如下信息之一：

1）上海图书馆的读者卡/少儿卡的卡号（卡正面印的8位全数字或10位全数字即为卡号）

2）电子学生证号码（电子学生证上的19位全数字）

3）上海科技大学学生证号码

4）登录用户名（为网上注册所设置，或使用读者卡卡号登录"我的图书馆"后进行设置的登录名，并非指用户的姓名）

2. 登录时的"密码"字段初始默认为办理读者卡时或网上注册时所登记的有效证件号。如果已在本平台中设置过登录密码，则日后只能使用密码进行登录，有效证件号作为密码登录将失效。需要注意的是："密码"字段为大小写敏感。如果使用的是18位身份证，则证件号末尾如果是字母'X'，则需大写输入。如果用户自设的密码中有字母大小写混排的情况，也请登录时注意，输入时必须保证和之前所设置密码的大小写完全一致。

此外，由于"密码"字段是不支持中文字符输入的，因此如果证件号中含有中文字符，请去除中文部分后输入。如使用"军官证"登录，则需去除军官证证件号开头的中文只保留后面的数字部分进行输入。输入示例：军官证号为"参字第12345678"，那么登录系统时只需输入后8位数字，即"12345678"即可。

3. 登录时的"验证码"字段为右边框所显示的4位数字（如下图红色圈出部分所示），原样输入即可。如果"校验码""无法显示，请查看浏览器的设置是否禁用了JavaScript。如果是，请改选项，选择允许JavaScript，保存修改后刷新页面即可。

如果无法正常登录系统，请根据以上三点核实输入的信息是否正确。

4. 其他登录方式（第三方账号登录，如：QQ/微信/微博）

新的"我的图书馆"平台提供了"QQ/微信/微博"等第三方账号的登录。用户点击"其他登录方式"，系统将跳出一个单独的登录页面，该页面上提供了"QQ登录"、"微信登录"、"微博登录"。用户可以根据自己的使用习惯来选择采用哪种第三方账号进行登录。从而省去了以往登录时需要每次输入用户名和密码的不便，用户也无需再记忆自己设置的用户名或密码。

友情提示：使用该登录方式前，请用户先采用"用户名+密码"的方式登录系统，点击左边导航栏的"基本信息"。在跳出的新操作界面上，点击"第三方账号关联"菜单项，完成当前登录账号与第三方账号的绑定。如果不进行此步操作，直接使用第三方账号登录，系统将无法自动识别及关联上用户已有的读者账号，以及读者卡账号，从而导致两种登录方式进入系统后所看到的个人信息不一致，所能使用的服务功能也可能存在差异的情况。

图3-3-57 登录帮助

图3-3-58 功能菜单

步骤二：资源检索。主页上方"书目检索"按钮可以进入馆藏图书查询页面，点击后会出现搜索栏，可以输入目标书目名称进行查找，如图3-3-59所示。如果想要检索能够在线阅读的电子资源可以将搜索栏左侧书目检索变为电子书检索，如图3-3-60、图3-3-61所示。

图3-3-59　书面检索

图3-3-60　书目类别选择

图3-3-61　检索结果

步骤三：查看图书信息并预约借阅图书/在线阅读。点击检索记录中的图书即可进入"图书详情"页，页面会展示索书号/图书简介以及馆藏状态，用户可以由此了解图书是否可外借，如图3-3-62所示。点击"图书状态"右侧的图标会弹出筛选窗口，可进一步筛选符合条件的记录，如图3-3-63所示。

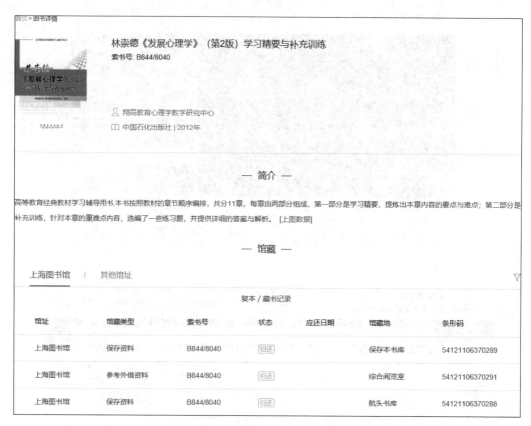

图3-3-62　图书详情

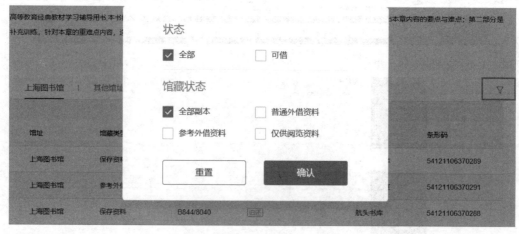

图3-3-63　图书状态筛选

总结：数字化图书馆使得专业内容的查询触手可及，这为教师的研究学习提供了良好的保障。部分资源由于权限原因一般用户可能无访问权限，可以利用其他方式，如搜索引擎检索等进一步获取。

五、本章小结

在数字化环境下获取资源的方式非常丰富，对教师专业发展与教育教学能够提供较大帮助。不同的资源检索途径能够满足不同的教师发展需求，教师可以根据实际情况，利用网站、搜索引擎、社交网络及数字化图书馆等方式，检索并获取所需资源。需要强调的是，在整个资源获取过程中需要注意辨别资源的准确性，拒绝不可靠来源的信息，并加强自身信息素养，准确高效地进行资源检索。

资源四　图形与图像的采集与制作

一、图形的采集与制作

图形的获取一般可使用工具软件绘制。常见的图形创作工具软件中，Windows"附件"中的"画图"是一个功能全面的小型绘图程序，它能处理简单的图形。还有一些专用的图形创作软件，如：AutoCAD 用于三维造型，Visio 用于绘制流程图，CorelDRAW 用于绘制矢量图形等。在这里主要推荐一款专门为教学准备的图形制作工具——轻松工具箱。"轻松工具箱"软件是一个基于 Word 的工具软件，专门用于编写教学文档、电子备课、试题编辑、课件制作。该工具与 Word 集成，便于在教学中输入各种学科图形符号。该工具软件包括语、数、英、理、化、生、地理及信息技术等学科，内含 2 000 多个教学专用图形符号，此外还配有对图形进行处理的一套工具(图形调整工具)和一套文字处理工具，使用非常方便，是各科教师、文字处理人员及办公应用的得力助手。

1. "轻松工具箱"软件安装及启动

首先在教材配套资源包中下载"轻松工具箱"安装程序，然后运行该安装程序，按照提示完成程序安装。

安装轻松工具箱软件后，打开 Word 时就可在菜单栏上显示如图 3-4-1 所示的轻松工具箱菜单和工具列表。也可以使用菜单中的"开/关"工具栏命令打开轻松工具箱的工具栏。

图 3-4-1　"轻松工具箱"的工具栏

轻松工具箱的使用方法与使用 Word 中的菜单和工具栏完全相同。

2. 轻松工具箱的使用方法

首先选择学科门类，然后选择**"全部显示"**命令，弹出该学科常用图形分类工具栏，最后在相应的类别中选择所要绘制的图形，这时在 Word 编辑窗口的当前位置，将出现对应图形。此外，有些学科还提供了课件素材库，将多个图形集成在一起，如图3-4-2是用轻松工具箱中的化学作图工具绘制的。

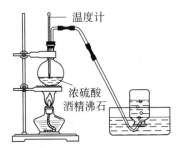

图3-4-2 利用轻松工具箱中的化学制图工具绘制的图形

(1) **图形调整与编辑**：用轻松工具箱插入的图形并不是不变的，可以用轻松工具箱中的图形调整工具对其作调整或改变，例如，放大、缩小、移动等；也可用图形调整工具中的"装配"、"拆卸"按钮将其拆散或删去其中某些组件，然后重新组装在一起，形成自己需要的图形。

(2) **字符调整**：使用轻松工具箱的文字调整工具可任意调整字符之间的间距、行距。例如，在给英语音标加重音或次重音符号时，可用"压缩字符间距"工具使重音符号紧靠音标符号。又如，要输入数学中的弧AB符号时，可顺序输入弧线（在理科常用符号中）和AB，然后选中它们，再用"双行合一"工具使弧线符号放在AB的上方。另外，使用文字调整工具还可以用"拼音指南"自动给汉字注上汉语拼音。需要注意的是，用专用符号工具插入的符号（虽然是图形符号）是字符形式，可改变字体和字号以调整其大小；而用图形工具插入的图形、图片则是图形或图片对象，应该用处理图形对象的方法来处理。

(3) **快速输入化学方程式**：启用化学式自动识别功能后，即可快速输入化学式及化学方程式。方法是：从左至右输入元素符号（小写）、上下标数字、电荷符号等，输入过程中不用理会元素符号的大小写（一律小写）、数字及电荷符号（＋或－）是上标还是下标，自动识别系统均可自动更改为正确的化学式。表3-4-1所示的是输入字符与呈现字符的对照，单独水分子只要输入 ho，便会呈现 H_2O。

表3-4-1 输入字符与呈现字符对照

输入的字符	na2hpo4	cahco32	cuso45h2o	so42-	nh4+	ho
自动更改为	Na_2HPO_4	$Ca(HCO_3)_2$	$CuSO_4 \cdot 5H_2O$	SO_4^{2-}	NH_4^+	H_2O

二、图像的采集

图像的采集主要有以下几种途径：

1. 利用抓图热键获取图像

在 Windows 操作系统上，无论运行的是什么应用软件（甚至没有运行应用软件）都可以采用这种方法来获取当前屏幕图像。具体操作方法是：

(1) **全屏抓图**：如我们要抓下当前屏幕显示的、任意的全屏图像，可按下键盘上的 PrtScn 键，然后单击**"开始/程序/附件/画图"**（或者运行 Adobe Photoshop 等图像编辑软件），新建一个文件，按下 Ctrl＋V 键，将抓取的屏幕图形粘贴到新建文件中。

(2) 抓当前工作窗口：按下 Alt+PrtScn 键，然后单击**"开始/程序/附件/画图"**（或者运行 Adobe Photoshop 等图像编辑软件），新建一个文件，按下 Ctrl+V 键，将抓取的屏幕图形粘贴到新建文件中。

2. 运用外部设备获取图像

目前获取图像的外部设备很多，最常用的有扫描仪、数码相机、手机、快拍仪等，利用这些设备可以直接获取数字图像。对于不满意的图片，可通过专业的图像处理软件进行加工处理，然后使用。

3. 从网络途径获取图像

在互联网高速发展的今天，许多图像素材可以从互联网上得到，网上有许多优秀的站点提供免费的图片下载。常用的下载图片资源的网站有：

- 站酷网，https://www.zcool.com.cn/。
- 天堂图片网，http://www.ivsky.com/。
- 千图网，https://www.58pic.com/。
- 昵图网，http://www.nipic.com/。
- 全景网，https://www.quanjing.com/。
- Pixabay，https://pixabay.com/。
- 阿里巴巴矢量图库，https://www.iconfont.cn/。

4. 利用抓图软件获取图像

在教学中使用抓图软件可以很方便地获取屏幕及网站上的图片，下面为大家介绍一种非常好用的抓图工具——Snagit。它是一款可实现电脑屏幕、文本和视频捕获、编辑与转换的软件。不仅可以捕获 Windows 屏幕、视频画面、游戏画面、菜单、窗口，还可以将显示在 Windows 桌面上的文本块直接转换成文本。同时，Snagit 还具有屏幕录制的功能，可以将电脑屏幕上选定区域内的屏幕变化录制成视频文件。（Snagit 试用版下载地址：http://www.snagit.com.cn/snagit.html）

(1) 软件安装：Snagit 的安装非常简单，只要按照安装向导的提示，一步步完成即可。

(2) 基本操作：Snagit 操作界面如图 3-4-3 所示。Snagit 的操作方法比较简单，首先确定需要捕获的图像类型：屏幕上任意区域、窗口、全屏、滚动屏幕、菜单、窗口文字、视频、网页上的图片、保持链接的网页、目标对象。然后选择与之对应的功能选项，单击右下角的"Capture"（图像捕获）按钮，即可完成图像捕获。

(3) 图像编辑：利用 Snagit 抓取图片后，会自动入 Snagit 编辑器，如图 3-4-4 所示。在这个编辑器里，通过工具栏，你可以非常方便地在已抓取的图片上标识重点、添加文字等。完成编辑后，可将处理过的图片保存成 bmp 或 jpeg 等格式。

图 3-4-3　Snagit 的基本操作界面

图 3-4-4　Snagit 编辑器

资源五 声音的采集与处理

声音素材的获取途径为从现有的视频中剥离声音、录音或者使用现有的声音文件；利用 Windows 系统中的"录音机"可以录制一些较短的声音。利用专业的工具软件可以将视频文件中的声音剥离出来，且经格式转换，可以保存成适当的声音文件格式。常用的声音剥离和编辑工具有 Sound Forge、Cool Edit 等。下面我们以 Sound Forge 软件为例，讲述声音素材的录制、编辑和美化。它可以对音频文件(.wav 文件)、视频文件(.avi 文件)中的声音进行各种处理，打造出我们需要的声音效果。

一、录制声音

1. 建立新的声音文件

选择"**File**"菜单下的"**New**"命令，新建一个声音文件。在弹出的对话框中，设置新建声音文件的格式，即采样位数、声道数(立体声/单声道)、采样频率，然后单击"**OK**"。

2. 开始录音

可以用三种方法启动录音功能：
(1) 按快捷键 Ctrl+R。
(2) 单击工具栏上的"**录音**"按钮——红色圆点键，如图 3-5-1 所示。

图 3-5-1 工具栏上的录音按钮

(3) 选择菜单"**Special/Transport/Record**(录音)"命令。
当按下录音键后，会弹出一个录音设置对话框。可以设置 Mode(录音模式)、Start(录音起始)、End(停止)时间位置，录音时的 Sample rate(采样率)、Sample size(采样位数)、Stereo/Mono(立体声/单声道)的选择。
(4) 设置完毕后，单击录音设置对话框中的红色"**录音**"按钮，即可用麦克风开始录音。
(5) 录音完毕后，按"**End**"停止按钮即可结束录音。

(6) 选择菜单**"File"**下的**"Save as"**命令,保存文件。

这样一个自己录制的声音文件已经录制好了。

3. 采集声音文件

在看 VCD 或欣赏 MTV 时,如果有好听的声音,如:精彩的电影独白、古老的曲调、流行音乐等,都可以把它们提取出来进行加工处理,将其变成教学软件中极其美妙的声音。

(1) 针对 AVI 格式的文件,Sound Forge 能直接打开。打开带有音频和视频的电影文件,视频和音频同时显示在工作窗口中。直接选取波形图,单击并将其拖动到工作区空白区域,即会生成一个新的声音文件,这个声音文件就是 AVI 电影文件的音频文件。可对该文件进行修改加工,处理成自己想要的声音。

(2) 针对 VCD 文件,可选择**"File"**菜单下的**"Open"**命令,打开一个 VCD 影音文件,在工作区的状态栏中将出现一个进度条,表示正在打开的速度。

(3) 对于 DAT 格式的文件,只能打开音乐而不能打开视频。

(4) 对于 MTV 文件,可能只能打开音频而听不见歌声,可以保存这段音乐或进行相关处理后再保存。

二、对声音文件进行简单编辑

在录制声音过程中,难免有语音停顿或插入一些不需要的声音,这就需要对声音文件进行编辑处理。对声音的编辑主要包括删除声音、插入声音、移动声音、复制声音等。

1. 给声音做标记

在做任何编辑操作前,都要先选择要处理的区域,如果不选,Sound Forge 会对整个声音文件进行操作。选择区域的方法主要有两种:

一是不精确选取。方法是按住鼠标直接拖动,拖出一块黑色的区域即为选择的区域,如图 3-5-2 所示。

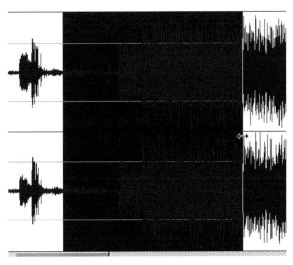

图 3-5-2　鼠标直接拖动选择声音

二是通过做标记后精确选取。为准确地对要编辑的声音进行定位选取,我们可以利用 Sound Forge 的标记功能,给声音加上标记。当文件中有段声音被标记时,我们在所标记的声音段中任一位置双击鼠标左键,就可以选中这一段声音。连续三次击鼠标左键,就可以选中整个声音文件。

标记分为两种,一种是单点标记 Marker,用红色的标志来表示,它可以为声音文件中的一点取一个名字;另一种是段标记 Region,用白色的标志来表示,可以为声音文件中的某一段取一个名字。在声音文件中做标记的方法如下:

(1)鼠标指向要做标记处的时间标尺,右击鼠标,选择**"Insert Marker/Region"**选项,在弹出的对话框中,输入标记名称,再点击**"OK"**,就完成了一个标记的制作。

(2)如果要加入一个段标记 Region,就需要先选定要做标记的区域,在时间标尺上单击鼠标右键,选择**"Insert Marker/Region"**选项,弹出一个对话框,在此处添入段标记的名称,点**"OK"**就可以了。

(3)如果要删除某个标记,只须将鼠标移到该标记上,单击鼠标右键,选择**"Delete"**即可。

2. 删除声音

在制作多媒体教学软件过程中进行录音时,不可避免地会在声音文件的前后出现多余的无声音的部分,导致文件体积较大,这时最好在声音文件中将多余部分删除掉。

(1)选择要删除的区域,直接按键盘上的 Delete 键即可删除,这时后面的波形会补上来。

(2)如果想让删除以后的区域变成空白,后面的波形保持不动,那么应该用菜单**"Process"**下的**"Mute(静音)"**命令,如图 3-5-3 所示。

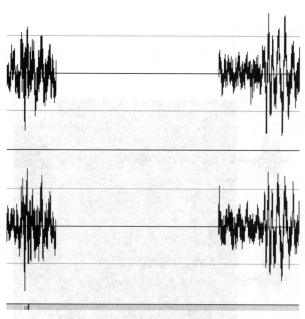

图 3-5-3 使用 Mute 处理后的波形

3. 插入声音

选取声音，单击鼠标右键，在弹出的快捷菜单中选择"**Copy**"命令，或单击工具栏上的"**Copy**"按钮，或使用快捷键 Ctrl＋C，在插入点处单击鼠标选择插入点，再单击工具栏上的"**Paste**"按钮。

4. 移动声音

移动声音即将声音移动位置，从文件中的一个地方移动到另一个地方。

移动声音的操作方法：选中声音波形区域，然后单击工具栏上的"**Cut**"按钮或使用快捷键 Ctrl＋X，将指针移动到需要粘贴的地方，单击选择插入点，再单击工具栏上的"**Paste**"按钮或使用快捷键 Ctrl＋V 即可。

你会发现对于声音的删除、复制、移动与文字处理软件 Word 中对文字的删除、复制、移动方法类似。

5. 将一个声音文件剪辑成几个声音文件

在制作多媒体教学软件时，需要将一个声音文件分成几个声音文件，根据不同场景插入到不同地方。具体方法是：

（1）选择"**File**"菜单下的"**Open**"命令，打开声音文件，选取区域，单击"**Edit**"菜单下的"**Copy**"命令。

（2）选择"**File**"菜单下的"**New**"命令，新建一个声音文件，使新建声音文件为当前文件。

（3）选择"**Edit**"菜单下的"**Paste**"命令或单击工具栏上的"**Paste**"按钮，将声音粘贴到新建文件中。

（4）最后选择"**File**"下的"**Save**"命令，保存即可。

6. 声音合成——为自己录制的声音文件配上动听的音乐

（1）选择"**File**"菜单下的"**Open**"命令，打开背景音乐文件(如：music.wav)，选取区域，单击"**Edit**"菜单下的"**Copy**"命令。

（2）选择"**File**"菜单下的"**Open**"命令，打开自己录制的声音文件(如：text.wav)。

（3）在要插入背景音乐的地方，单击鼠标左键选择插入点，选择"**Edit**"菜单下的"**Paste special→Mix…**"命令。

（4）在出现的对话框中设置背景声音与前景声音的大小，在"**Preset**"设置模式中，通过 Destination 的 Volume 滑块调整前景声音的大小，通过 Source 的 Volume 滑块调整背景声音的音量大小。

（5）单击"**Preview**"按钮可以试听一小段，单击"**OK**"按钮即可完成两个声音文件的合成。

利用 Sound Forge 还可以美化声音，使声音千变万化，对声音做多种效果的处理。常用的效果处理有去噪声、合唱、混响/回声/延迟、动态(压限/门/扩展)、镶边、升降调、颤音、失真、淡入/淡出等等，在此就不再一一列举使用方法了。

资源六　动画的采集与制作

在教学中对过程事实的描述只依赖于文本信息或图形图像信息是不够的,为了达到更好的描述效果,需要利用动画素材。不论是二维动画还是三维动画都能更直观、更翔实地表现事物的变化过程。

一、采集动画素材

在网上我们常常可以看到一些有趣的 Flash 动画,也可以搜索到一些优秀的 Flash 动画教学软件,我们可以充分利用这些动画素材。采集互联网上的动画可以有两种方法:

1. 直接查看 swf 文件的方法

互联网上的 Flash 动画大多是". swf"格式的文件,近期访问的网页上的 Flash 动画一般都会暂存于临时文件夹(如 C:\Documents and Settings\user\Local Settings\Temporary Internet Files)目录下。我们可以进入这个目录,在目录中找出需要下载的". swf"文件,把它复制或移动至其他目录中就可以了。这个方法无须借助软件,但是由于目录下会有很多个 swf 文件,要找出需要下载的 swf 文件,需颇费一番工夫。

注:系统不同,临时文件夹的位置也不相同,可以在浏览器窗口中选择**"工具"**菜单下的**"Internet 选项"**,在弹出的对话窗口中单击浏览历史记录下的**"设置"**按钮,在新弹出的对话框中,可以清楚地看到临时文件夹的位置,如图 3-6-1 所示。也可以在**"Internet 临时文件和历史记录设置"**的窗口中单击**"查看文件"**按钮,可直接访问 Internet 临时文件夹。

2. 使用工具软件下载 swf 文件的方法

迅雷、Flashget 等工具软件可以帮助我们便捷地下载 Flash 动画。下面,我们以"新浪"首页为例,示范下载动画的方法:

(1) 通过浏览器(如中文版的 IE 浏览器)打开新浪首页(http://www.sina.com.cn),在网页中点击鼠标右键选择"查看源文件",会打开一个存有该网页源代码的记事本文件,如图 3-6-2 所示。

(2) 在该文件上按下快捷键 Ctrl+F,在弹出的对话框中输入". swf",点击确定后即可查找到该页面中的 swf 文件地址。选择该地址并复制下来,在复制的时候注意查看该链接是绝对链接还是相对链接(需要下载的是绝对链接的地址),如图 3-6-3 所示。

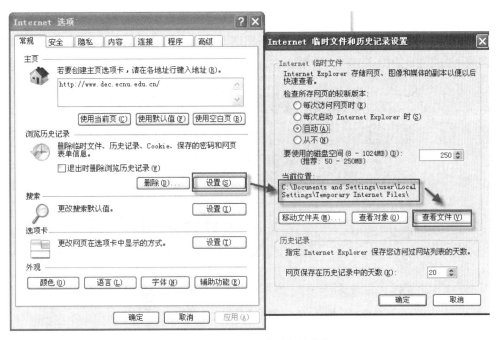

图3-6-1　Internet临时文件夹位置

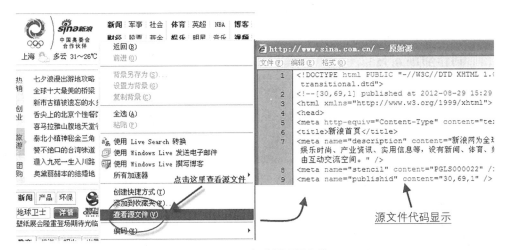

图3-6-2　查看网页源文件

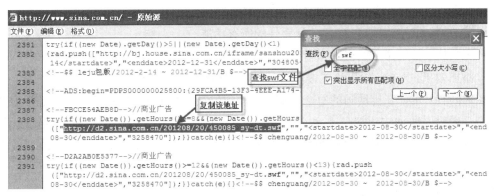

图3-6-3　搜索并复制动画的绝对地址

把它粘贴到浏览器的地址栏上，该动画就全屏地出现在浏览器窗口。随后复制整个地址，打开下载工具软件 Flashget 或者迅雷，在新建下载任务后，粘贴链接地址 URL，即可将该 swf 动画下载下来，如图 3-6-4 所示。

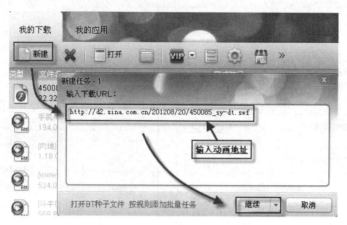

图 3-6-4 利用迅雷软件下载动画

（3）如果页面里有多个 swf 文件，但只是想下载其中某个文件，按上面的方法先使 swf 文件全屏显示，直到找到想下载的 swf 文件。

二、制作动画素材

在教学中，对于采集到的动画素材通常需要进行再设计和编辑，或者要重新设计更符合学科教学的动画教学资源。制作动画的专业软件通常用 Macromedia Flash，这个软件功能非常强大，制作程序也较复杂。在这里给大家介绍一款简单的动画素材制作工具——Swish。该软件可以快速、简单地制作 flash 动画。只要点几下鼠标，就可以制作出酷炫的动画效果。可以创造形状、文字、按钮以及移动路径，也可以通过简单的功能按钮的选择制作诸如爆炸、漩涡、3D 旋转以及波浪等预设的动画效果，最后可以输出 swf、avi、html 等文件格式。

1. Swish 操作界面说明

Swish 的操作界面如图 3-6-5 所示。
- 标题：显示目前编辑的文件名和使用的软件名称。
- 菜单栏：下拉菜单，包含 Swish 软件的所有功能。
- 工具栏：常用命令的快速执行按钮。
- 添加效果：Swish 中提供了 300 多种特效，学习者可直接使用。
- 时间轴：用于安排动画的每个画面（即每一帧）的顺序和对象的叠放顺序，是学习动画的核心。通过时间轴的巧妙安排，可以制作出丰富的动画影片。当你在时间轴设置效果后，效果持续的画面数量就反映在时间轴上，你可以在时间轴上移动效果的位置或改变效果的持续帧数，以改变动画的节奏。你也可以在时间轴前面的图层面板处拖移对象的位置，以调整对象的叠放顺序，如图 3-6-6 所示。

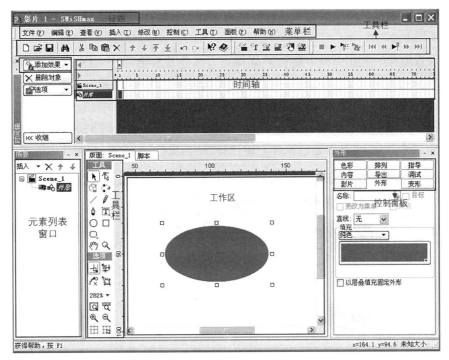

图 3-6-5 Swish 操作界面说明

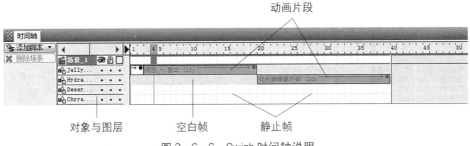

图 3-6-6 Swish 时间轴说明

- 元素列表窗口：影片所用到的文字、图形、精灵、按钮等角色，都会呈现在该面板中。
- 工具栏：在编辑的时候对设计元素进行选择，绘制几何图形。
- 工作区：场景展示的窗口。
- 控制面板：提供文字、图片、精灵、按钮的元要素修改功能。

2. Swish 基本操作流程

利用 Swish 软件进行动画制作的流程如图 3-6-7 所示。

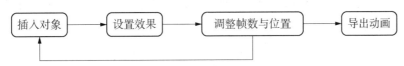

图 3-6-7 Swish 基本操作流程

(1) 插入对象。对象包括文本、按钮、精灵、图像、音频等内容,设置的动画是基于这些动画对象而存在的。

(2) 设置效果。利用 Swish 进行效果设定方法非常简单,选中需要设置动画的对象,对插入的对象进行效果设定。单击鼠标右键,选择快捷菜单中的**"效果"**,根据需要设置合适类型的动画。设定好后,你会发现在"时间线"面板中该对象的时间线上多了一段"动画名称(时间)"的显示,其中括号里的数字表示这种特效持续时间,这个时间可以通过在时间轴上拖动动画边缘来改变,也可以通过鼠标右键选择**"动画属性"**来设置,如图3-6-8所示。

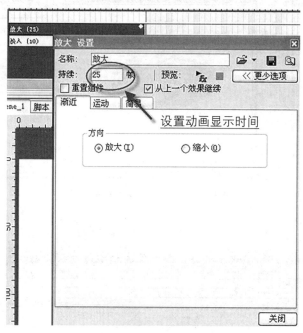

图3-6-8 设置动画显示时间

动画设置完成后,点击工具栏中的**"播放影片"**按钮,就可以看到动画了。要退出播放,点击工具栏中的**"停止播放"**按钮。

(3) 调整帧数与位置。在动画设计过程中需要反复修改,以达到满意的效果,其中包括对动画帧数的调整、对对象位置的调整,以及对对象层次的调整。当把图片插入到场景中后,你会发现图片往往会盖住先前输入的文字。其实,在 Swish 中默认将后插入的对象放在上层,这时就需要改变对象的层次,通过时间轴左侧的"轮廓"面板可对对象进行调整,在该面板中所有插入的对象都按插入的先后顺序由下到上排列着。调整对象层次方法有两种:一是选中要移动的对象,单击工具栏中的向上箭头(向前放)一次,将对象上移一层;单击向下箭头(向后放)一次,将对象下移一层,如图3-6-9所示。二是选中要移动的对象,直接用鼠标拖到想去的层次,然后松开鼠标即可。

(4) 导出动画。动画制作完成后,就可以将源文件保存或导出动画了。执行**"文件"**下的**"导出"**命令,选择导出的文件格式,如图3-6-10所示,在弹出的窗口中对文件命名。

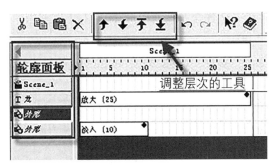

图 3-6-9 设置动画显示时间

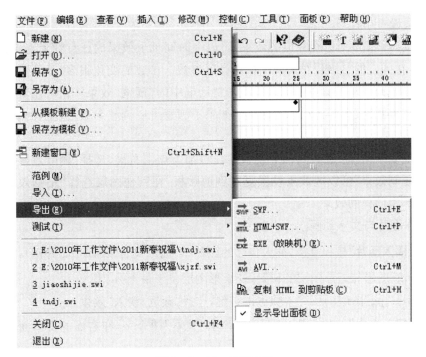

图 3-6-10 导出动画

3. Swish 操作实例——自我介绍动画

下面以自我介绍动画为例,说明 Swish 软件的操作方法。为方便学习者快速地理解操作,下面各个操作中的参数设置、文字输入、文件名等均为预设,作为实例示范。该操作说明中所用的图片和作品请参考教材配套资源包"素材资源\动画制作素材及作品范例"。

(1) 新建文件。

- 新建一个文件,在"电影"控制面板中设置背景为浅灰,大小为宽 800、高 600。
- 制作矩形动画:用**"矩形工具"**画一个矩形,在"外形"面板中把填充设置为"无",把边框设置为"白色",粗细为"12",在"变形"面板设置 w(宽)和 h(高)都为"300"。这时可以看到时间轴上多了一个矩形图层。
- 在"时间轴"面板点击**"添加效果"**按钮，或者在对象处点击鼠标右键,选择

"**显示到位置/向内爆炸并从一边集合**",这时时间轴上可以看到第 1—20 帧出现"向内爆炸并从一边集合"的动画片段,如图 3-6-11 所示。如需更改动画效果,可双击此动画片段,在弹出的对话框中更改持续长度等参数。点击**"关闭"**按钮完成效果设置。

图 3-6-11 为对象添加动画效果

(2) 动画设置小技巧。

● 调整动画设置:对已经完成的效果,可以在时间轴上效果的任意帧上点击鼠标右键,选择**"属性"**,在弹出的**"效果"**对话框中重新设置参数。参数的变化很多,改变参数可以改变动画的运动方式或运动位置等。修改后点击对话框中的**"预览"**效果按钮可以看到当前的动画效果,点击**"停止"**按钮停止动画的播放。如果不满意可以调整参数,直至得到满意的效果后关闭对话框。

● 删除或复制动画:在时间轴上效果的任意帧上点击右键,选择**"删除效果"**,可以取消效果;选择**"复制效果"**可以把效果设置复制到剪贴板,在其他图层选择**"粘贴效果"**,就可以使其他物体产生同样的效果。

(3) 制作图片与文字动画。

● 点击**"插入图片"**按钮 ,插入自己的照片(下面以文件 girl1.jpg 为例),在时间轴上交换"girl1.jpg"图层与矩形图层的位置,使矩形图层位于最上方。

● 在"girl1.jpg"图层的第二十帧点击右键,选择**"渐近/淡入"**效果。

● 点击**"插入文本"**按钮 ,在页面上弹出"文本"两个字,在右面的文本面板上修改文本为"秀外慧中",还可在该面板上修改字体、文字大小和字距等。

● 在"秀外慧中"图层的第三十帧点击右键,选择**"显示到位置/向内收缩并伸展"**效果。

● 在"秀外慧中"图层与"girl1.jpg"图层的第六十帧分别添加**"渐近/淡出"**效果,使图像与文字同时消失。

● 使用动作路径工具移动正方形对象,用选择工具选择"girl1.jpg"图层上的淡出动画片段,当对象四周出现红色定位点的时候,移动对象和正方形对象对齐,这样就能完成一边淡出一边移动的效果。

● 使用类似的方法可以增加新的文字或图片的动画效果,可以参考源文件的时间轴设置完成全部动画。

● 在"控制"工具栏点击**"播放影片"**按钮可以看到全部动画效果,点击**"停止"**按钮可以停止动画的播放。

(4) 插入声音。

点击场景第二格(帧 1),点击**"插入内容"**按钮 ,插入声音文件"music1.mp3",为动画配乐。

注意：Swish 有两种导入声音的方法，当声音作为音轨插入的时候，会自动添加音轨图层；如果不作为音轨插入，会自动在添加声音的帧上加入控制声音播放的脚本。切换到"脚本"面板，可以看到"onFrame(2){playSound("music1.mp3");}"的脚本设置。

（5）制作交互。

● 点击**"插入文本"**按钮 ![T]，在右面的"文本"面板修改文本为"|play|"，在动画的第 1 帧设置效果为**"放置"**，在动画的第 2 帧设置效果为**"删除"**。

● 点击场景的第一格（帧 1），右键选择**"影片控制/stop"**，"脚本"面板会出现"onFrame(1){stop();}"的动作设置。这样动画就不会自动播放了，如图 3-6-12 所示。

图 3-6-12　影片停止自动播放设置

图 3-6-13　影片播放交互设置

● 在图层点击对象"|play|"，点击鼠标右键，选择**"脚本/影片控制/play"**，如图 3-6-13 所示。"脚本"面板会出现"on(release){play();}"的动作设置。点击播放按钮就可以看到按钮控制动画播放的交互效果了。

（6）保存与导出动画。

● 执行**"文件/保存（或另存为）"**，在弹出的窗口中选择存储路径和指定文件名，即可把文件保存为可修改的 swi 格式的源文件。

● 执行**"文件/导出/swf"**命令，在弹出的窗口中选择存储路径和指定文件名，即可把文件保存为可插入演示文稿或者插入网页的.swf 格式的动画文件。

（7）制作按钮。

按钮指能感应鼠标位置，随着鼠标状态变化的特殊对象。在 Swish 软件中，我们可以把一个文字对象或图形转换为一个按钮。

- 在上述动画文件中,选择"|play|"文字对象,点击鼠标右键,选择"**转换/转换为按钮**",即可把文本转换为按钮。在右面出现的"按钮"面板中点选"**有分隔经过状态**"和"**有分隔向下状态**",如图 3-6-14 所示。

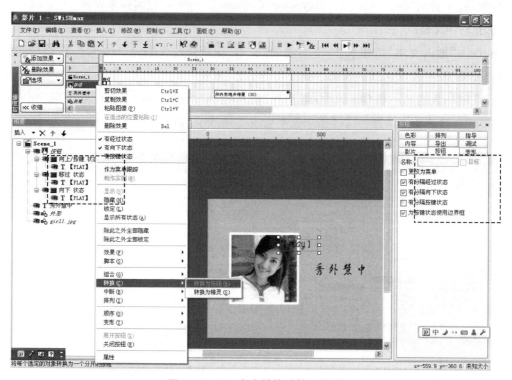

图 3-6-14 文本转换成按钮设置

- 切换到"轮廓"控制面板,可以看到文本的几个状态。其中第一个"**向上/按键状态**"指按钮的原始状态,"**移过状态**"指鼠标滑过时的状态;"**向下状态**"指鼠标按下时的状态。一般在"按钮"面板默认选择"为按键状态使用边界框"按钮,这样会自动设置为一个和文本相同大小的矩形,当鼠标进入矩形区域后,按钮会从放开状态切换到越过状态。
- 点击移过状态下的文本 play,切换到"文本"控制面板,改变文本的颜色。
- 再切换到"轮廓"控制面板,点击向下状态下的文本 play,再切换到"文本"控制面板,放大文本的字号。
- 点击"**预览**"播放按钮,把鼠标移到文本上方时,文本会改变颜色,按下鼠标时文本会放大。

资源七 视频的采集与制作

在教学过程中,为学生提供合适的视频资源可以满足学生认知、情感、运动技能以及人际交往技能等方面的学习需求。视频资源设计题材广泛,包罗万象,如何采集并制作合适的视频资源并为自己的教学提供帮助是每位教师都关心的问题。

一、采集视频素材

从网络上下载视频素材是常用的途径,在互联网上有很多教学视频,获取这些视频之后经过加工和处理就可以为自己的课堂教学增光添彩。下载视频素材同样有两种方法:

1. 在 Internet 临时文件夹中查找 flv 视频文件

目前在网络上流行的视频素材文件有 avi、rmvb、mpg、mp4、flv 等格式,flv 视频文件同 swf 文件一样,近期访问的网页上的 flv 视频文件也会暂存在 Internet 临时文件夹目录下,我们可以进入这个目录,在目录中找出需要下载的.flv 文件,把它移动至其他目录中就可以了。

2. 利用软件工具下载视频素材

大多数格式的视频文件需要通过下载工具下载,找到有用的视频资源后,进入到下载页面,在出现的新页面中,选择其中一个网址进行下载,如图 3-7-1 所示。常用的视频下载工具有 Flashget、迅雷等。当然教师也可以采用 DV 录制或利用屏幕抓取工具记录屏幕的动态

图 3-7-1 视频资源下载的一般方法

显示和鼠标操作，来获取视频素材。

二、制作视频素材

从互联网上下载的视频文件如果不能直接应用，还需要教师对其进行编辑和再设计，如对视频进行合成、设置特效、添加标题等。常用的视频处理软件有 Windows 自带的 Moviemaker、绘声绘影和 Premiere 等工具。下面以绘声绘影为例介绍制作视频文件的基本方法。

1. 了解绘声绘影

绘声绘影是一款简单易用但功能强大的视频剪辑软件，使用该软件我们可以通过最简单的步骤完成视频的编辑和处理，并通过效果、覆叠、音乐、标题、转场等为视频增添创意，同时还能导出各种格式的视频文件。下面通过图 3-7-2 了解绘声绘影的界面。

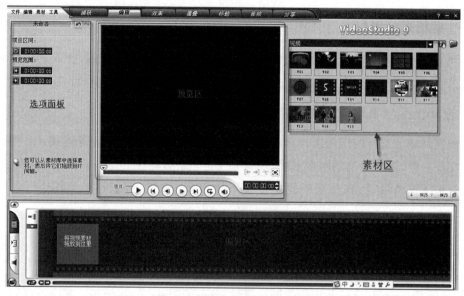

图 3-7-2　绘声绘影的操作界面

2. 利用绘声绘影制作视频的基本步骤

利用绘声绘影制作视频一般分为七个步骤，具体如下：

（1）捕获素材。新建一个项目文件后，可以从数码相机或数码摄像机捕获影像到电脑中。如果已正确安装了视频卡，则功能列会显示出"捕获"菜单项，否则它便是反灰不可用的。捕获素材非常简单，只要点击带红点的"捕获视频"图标就开始捕获了，如图 3-7-3 所示，要停止时按一下"停止捕获"图标或按 ESC 键就可以结束捕获。捕获过程中，预览窗口会与摄像机的影像同步，让你对捕获的进度一目了然。捕获完毕，按预览窗口下的"播放"按钮就可看到效果。

（2）素材编辑。视频的编辑在绘声绘影中十分简单，如果要导入已有的视频、音频文件，只需选中素材库中的**"加载视频/加载音频"**按钮，从出现的对话框中找到要导入的文件即可。绘声绘影支持 avi、flc、mpg、swf 等视频文件格式。在进行视频文件编辑时，选中要使

图 3-7-3　捕获视频

用的素材文件,将素材按照先后顺序直接拖放到故事版视图或时间轴视图的相应轨道中。如图 3-7-4 所示。

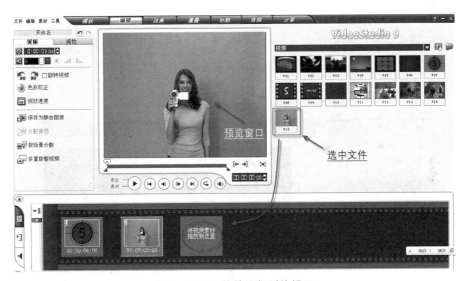

图 3-7-4　拖放视频到编辑区

将视频素材和图像素材添加到故事板以后,所有的素材按照在影片中播放的顺序排列,但可以更改各个素材的排列顺序。具体方法是:可以在一个素材上按住并拖动鼠标,然后移动到希望放置素材的位置,释放鼠标后,选中的素材将被放置到合适的位置。

(3) 添加效果。视频或图片只是单纯地按先后顺序播放很单调,我们需要在两个相邻的文件之间加上特殊的转场效果。点击**"效果"**菜单,再到预览窗口右边的下拉菜单中任选一种效果,马上就可以看到几种特效的预览效果。选一种自己喜欢的效果,然后把它拖到编辑区任意两个相邻文件之间。在"选项"面板中修改特效的参数,可以改变特效的出现效果,如百叶窗效果,则可以选择从上到下扫描抑或是从左到右扫描,还可以决定特效持续的时间,如图 3-7-5 所示。

图 3-7-5　添加转场效果

（4）多重覆盖。在绘声绘影中可以实现多个文件之间的覆叠功能。在编辑区中打开时间轴视图,将需要叠加在其他文件的视频拖动到覆叠轨中,可以在预览窗口中观察到该视频覆盖在另一视频之上,如图 3-7-6 所示。

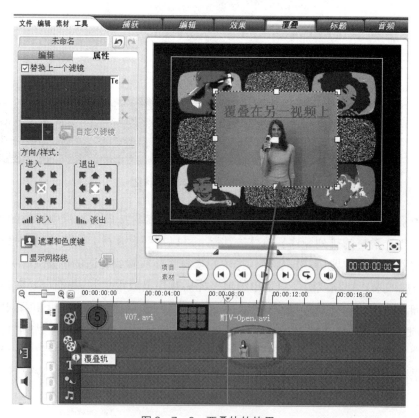

图 3-7-6　覆叠轨的使用

同样在"选项"面板中可以设定覆叠轨中视频的属性,比如进入和退出的方向,通过遮罩和色度键,可以是改善覆叠效果,如图 3-7-7 所示。

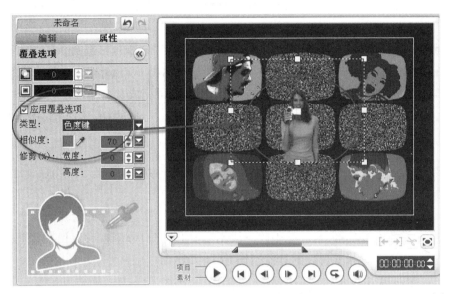

图 3-7-7　设置遮罩后的覆叠效果

(5) 字幕标题。在视频编辑过程中,有时会为该视频增加一段标题或增加一段结尾。方法很简单,在"**标题**"菜单下,双击预览窗口,就可以输入文字,更改字体、大小、颜色、对齐方式等,如图 3-7-8 所示。在左侧的"动画"面板中可以设置文字的动画效果,如淡入、淡出、移动等。加入了标题后,在时间轴窗口中可以看到标题轨加入了一段内容,拖动该内容两边黄色的控制点可改变标题持续的时间,移动它可改变标题出现的时间。

图 3-7-8　为视频添加标题

(6) 背景音乐。现在该加入背景音乐了,让我们在悠扬的音乐声中欣赏自己设计的作品吧。选中**"音频"**菜单,导入需要的音乐文件,将音乐文件拖动到音乐轨中,调整音乐播放的位置,音乐就添加成功了。也可以录制旁白为视频进行解说,录制生成的文件会自动放在声音轨中。

(7) 分享。输出渲染,到这一步是万事俱备了。点击**"分享"**,根据提供的保存类型和自己的要求进行输出。点击**"创建视频文件"**,绘声绘影可输出 avi、mpg、rm 等格式的文件,选择一种文件类型,在弹出的对话框中对文件进行命名,即可完成文件输出。

建议:输出文件需要一定的时间,建议在输出文件前先通过"项目回放"查看视频制作效果。

三、处理视频素材

在绘声绘影故事板中添加视频素材后,通常需要进行修整。常见的视频修整包括去除开始或结束位置不需要的部分、删除中间一段不需要的部分、分割视频以便在视频之间添加转场效果等。下面介绍修整视频的具体操作方法。

1. 去除头尾部分多余的内容

捕获视频后,最为常见的视频修整就是去除头、尾部分多余的内容。可以利用多种操作方式实现这一功能,下面分别介绍各种不同修整方式的特色与使用方法。

(1) 使用略图修整视频素材。

使用略图修整视频素材是最为快捷和直观的修整方式,这种方式适于素材的粗略修整或修整易于识别的场景。步骤如下:

- 单击"故事面板"左侧的模式切换按钮,切换到时间轴模式,在这段视频中希望去除素材开始部分以及结尾部分。选中要修整的素材,选中的视频素材两端以黄色标记表示。在左侧的黄色标记上按住并拖动鼠标,同时在预览窗口中查看当前标记所对应的视频内容。看到需要修整的位置后,略微回移鼠标,然后释放鼠标。这时,时间轴上将保留一些需要去除的内容。
- 单击时间轴上方的**"缩放到"**按钮,从弹出菜单中选择**"1 帧"**,这样,时间轴上将以帧为单位显示视频素材,如图 3-7-9 所示。在左侧的黄色标记上按住并拖动鼠标,将它调整到需要精确修整的位置,然后释放鼠标,即可完成开始部分的修整工作。
- 单击视频轨上方的**"缩放到"**按钮,从弹出菜单中选择合适的时间单位,使视频轨上要修整的素材在窗口中完全显示出来。
- 从视频的尾部开始向左拖动,用前面所介绍的方法分两次完成粗略定位和精确定位。释放鼠标后,即可完成修整工作。

(2) 使用区间修整素材

使用区间进行修整可以精确控制素材片段的播放时间,但它只会从视频的尾部进行截取。如果对整个影片的播放时间有严格的限制,可使用区间修整的方式来调整各个素材片段。具体步骤如下:在故事板上选中需要修整的素材,"选项"面板的区间中显示当前选中视频素材的长度。如图 3-7-10 所示,当前视频素材的长度为 6 秒整。如果希望最终的视频

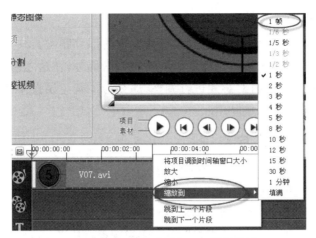

图 3-7-9 以帧为单位显示视频素材

长度为 4 秒 21 帧,可以单击时间格上对应的数值,分别在在"秒"中输入 4,在"帧"中输入 21。这样,程序就自动完成了修整工作。

图 3-7-10 使用区间修整素材

说明:对于视频素材而言,不能增大区间中的数值,使它超过源文件的区间;图像和色彩素材则可以任意改变。

(3) 使用飞梭栏和预览窗口修整素材。

使用飞梭栏和预览窗口修整素材也是一种直观而精确的方式,这种方式可以非常方便地使修剪的精度到帧。具体步骤如下:在故事板上选中需要修整的视频素材,单击预览窗口下方的**"播放素材"**按钮播放所选择的素材,或者直接拖动飞梭栏上的滑块,使预览窗口中显示需要修剪的起始帧的大致位置。然后单击**"上一帧"**按钮和**"下一帧"**按钮进行精确定位。确定起始帧的位置后,按快捷键 F3 或单击**"开始标记"**按钮,将当前位置设置为开始标记,这样,就完成了开始部分的修整工作,如图 3-7-11 所示。结束部分的修整与开始部分设置方法相同。

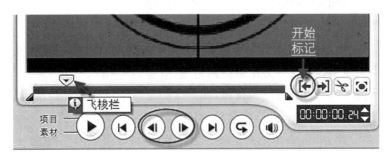

图 3-7-11 使用飞梭栏和预览窗口修整素材

(4) 保存修整后的影片。

使用以上方法修整影片后,并没有真正将要去掉的部分删去。只有在最后的分享步骤中,通过创建视频文件才真正去除了所标记的不需要的部分,在这之前,可以随时调整修整位置。如果已经确认不需要再对影片进行调整,那么为了避免误操作改变了精心修剪的影片,就需要将修整后的影片单独保存。

2. 删除视频中间的一个片段

如果要去除素材中间的某一个片段,操作步骤如下:

(1) 在故事板上选中需要分割的素材。直接拖动飞梭栏上的滑块找到需要分割的位置,然后使用**"上一帧"**按钮或者**"下一帧"**按钮进行精确定位。

(2) 单击预览窗口下方的**"剪辑素材"**按钮,将视频素材从当前位置分割为两个素材。在故事板视图下,可以清晰地看到素材分割前后的效果,如图 3-7-12 所示。

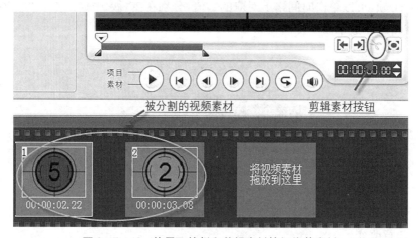

图 3-7-12　使用飞梭栏和剪辑素材按钮修整素材

(3) 选择分割后的后一段视频素材,按照前面介绍的方法再次定位分割点。

(4) 单击预览窗口下方的**"分割视频"**按钮,将后一段视频也从分割点分为两部分。

(5) 在视频轨上选择中间部分不需要的视频片段,按 Delete 键即可将不需要的中间部分删除。

3. 调整素材

在对视频进行编辑时,除了修整素材外,还可以对素材做一些调整。如改变视频素材中声音的音量、调整视频的播放速度等。具体操作方法如下:

(1) 调整视频素材的音量。

有时,为了使视频与画外音、背景音乐配合,需要调整捕获进来的视频素材的音量。可以根据自己的需要使用以下几种方法进行调整,如图 3-7-13 所示。

● 在选项面板上单击右侧的三角按钮,在弹出的窗口中可以拖动滑块,以百分比的形式调整素材的音量。在默认状态下,原始素材的音量为 100,如果将数值设置为 200,表示将音量放大一倍;如果设置为 50,表示把音量减少为一半;也可以设置为 0,使视频素材静音。

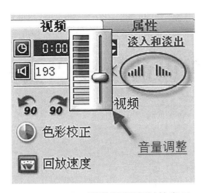

图 3-7-13 调整视频素材的音量

- 按下"选项"面板上的**"淡入"**按钮,表示已经将淡入效果添加到当前选中的素材中,这样使素材起始部分的音量从零开始逐渐增加到最大。
- 按下"选项"面板上的**"淡出"**按钮,表示已经将淡出效果添加到当前选中的素材中,这样使素材起始部分的音量从最大逐渐减少到零。

(2) 调整视频播放速度。

调整视频播放速度可以使视频素材快速播放或慢速播放,实现快动作或慢动作效果。具体步骤如下:

- 在故事板上选中需要调整播放速度的视频素材。
- 单击"选项"面板上的**"回放速度"**按钮,将打开**"回放速度"**对话框。
- 在"速度"中输入小于 100% 的数值(设置范围为 10%—99%)或者将滑块向"慢"拖动,即可使播放速度变慢;在"速度"中输入大于 100% 的数值(设置范围为 101%—1 000%)或者将滑块向"快"拖动,即可使播放速度变快,如图 3-7-14 所示。

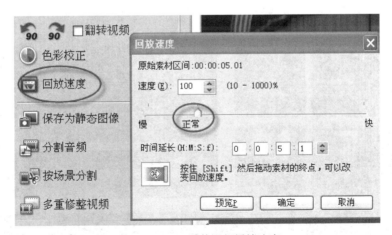

图 3-7-14 调整视频播放速度

- 单击**"预览"**按钮查看调整后的效果,然后单击**"确定"**按钮,即可将调整后的效果应用到当前选中的视频素材上。

资源八 微课程的速成工具——Camtasia

在教学中,视频资源由于其能同步播放画面、字幕、声音,并能够集成交互功能,受到了教师和学生们的喜爱。但是网络上的视频资源往往不能够十分恰当地满足课堂教学的需要,所以需要教师自己动手来录制视频。接下来我们要学习的,就是如何使用 Camtasia 这款软件,轻松的录制、编辑、分享教学视频。

一、使用 Camtasia 录制一段视频

1. 了解 Camtasia 的使用界面

(1) 首先,打开 Camtasia 软件图标。第一次打开时会弹出欢迎界面。欢迎界面中显示了最近的项目、录制屏幕、录制配音、录制 Powerpoint、导入媒体等主要功能模块。通常情况下,点击"**录制屏幕**"进入软件主界面,如图 3-8-1 所示。

图 3-8-1 软件欢迎界面

(2) 进入软件后,会弹出软件的主要操作界面,如图 3-8-2 所示。最上方是菜单栏,下方是录制、导入、生成的快捷键。屏幕中间是素材展示区和播放区;下方是功能区列表以及

图 3-8-2　软件主界面

编辑轨道。首先,我们需要点击**"录制屏幕"**,先来录制一段教学视频。在视频录制完成后,我们会回到这个界面对录制完成的视频文件做进行一些基本的编辑和修改。

(3)点击**"录制屏幕"**,软件界面变成图 3-8-3 所示。在录制之前,我们可以通过此界面来设定录制的基本参数。设定完成后,点击红色的**"rec"**按钮,开始录制。

图 3-8-3　软件录制界面

2. 录制的准备工作

录制视频之前,首先我们要做一些基本的准备工作。

(1)制定好录制计划。准备好录制内容,设计好呈现顺序,熟练了技术操作后再开始录制,能够大大减少录制过程中出现遗漏、误操作等状况。

(2)准备好录制需要的设备。如果需要在录制电脑屏幕的同时也要录制人像,则需要准备好摄像头,选择 USB 接口的外接摄像头即可。准备好麦克风,在录制之前可以简单录音测试一下,检测其是否正常工作。在正式录像的时候,麦克风放置在嘴边 10 厘米左右的距离即可,不需要太近,也不可以太远。

(3)最后就是准备好录制过程中需要的各种资料,放置在统一的文件夹中,方便录制时快速调取资料。

3. 录制视频

（1）录制参数设置。

在录制之前，首先要进行一些录制参数的设定。

屏幕大小：我们首先可以选定录制范围，可以选择"**全屏幕录制**"或"**自定义尺寸**"录制。

视频来源：若是使用带摄像头的电脑进行录制，可以选择是否同步录制摄像头拍摄的内容。

录制声音：点击向下的小箭头，可以设定是否同时录制麦克风声音和系统声音，如图3-8-4所示。

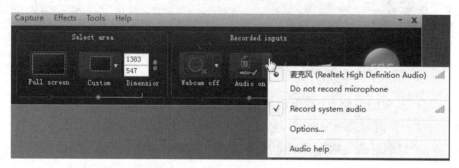

图3-8-4 音频录制源选项

效果设置：通过"**Effects**"菜单设定录制时是否同步显示鼠标特效等。效果部分也可以不做设定，在后期编辑时添加即可。

（2）录制屏幕。

参数设定完成，点击红色"**rec**"按钮开始录制。录制完毕，调出桌面右下角的录制图标，再次点击停止。或直接按F10终止录制。

4. 保存文件

录制完成后，软件会弹出如图3-8-5所示界面，提示进行下一步操作。"**Save and Edit**"是以Camtasia特有格式，保存当前的视频录制文件，后期可继续编辑；"**Produce**"是指以常见视频格式导出当前录制的视频；"**Delete**"是指删除已录制的文件。通常，我们选择"**Save and**

图3-8-5 视频录制文件保存界面

Edit",保存录制文件,选定保存位置。

随后我们利用 Camtasia 对录制好的文件进行一些编辑。视频编辑类的软件一般按照项目的方式进行,所以,在编辑之后,我们通常还要保存项目文件。项目文件能把对视频处理的全部操作记录下来。在**"文件"** 菜单中,选择保存项目,选好位置后,保存即可,如图 3-8-6 所示。

图 3-8-6　视频编辑项目保存界面

二、编辑和美化视频文件

录制完视频并不意味着工作已经结束,相反,如果想要在教学中使用一段视频资源,那就要对其进行一定的剪辑和优化,所以接下来的编辑工作才是重中之重。

1. 导入素材

在编辑一段视频材料时,除了已经录制好的文件,也可以添加一些音频、图片等。在编辑之前,首先要将其各类素材导入。

在素材展示区的空白处单击鼠标右键,选择**"导入媒体"**,选择要使用的视频、图片、音乐文件,点击确定导入,如图 3-8-7 所示。或者在上方的快捷操作栏中,点击**"导入媒体"**按钮  导入相应文件。

2. 时间线编辑

导入好素材后,将各项素材拖动到时间轴中。接下来就是对时间轴中的视频片段进行编辑。

(1) 选定。定位到要选择的时间点后,拖动时间轴上方滑块的红色部分,滑动到截止位

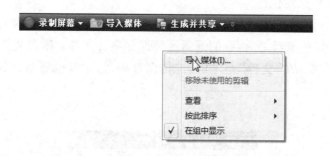

图 3-8-7 添加素材界面

置,如图 3-8-8 所示。若要取消选区,只要将绿色滑块拖动合并到红色滑块边缘即可。

(2) 音视频轨道链接。Camtasia 的时间线中存在着多个轨道。当导入一个含有音频的视频文件时,该文件的音频和视频轨道是绑定在一起的,选定后进行的操作会同时作用到音频和视频轨道,如图 3-8-9 所示。点击轨道前面的链接标注,可以解除音视频轨道的链接,这样就可以分别对两个轨道进行操作。但是要注意的是,链接一旦解开,就无法再次锁定。

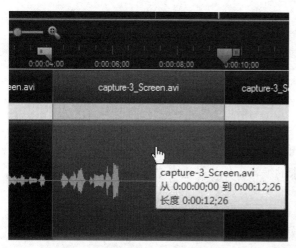

图 3-8-8 选定界面

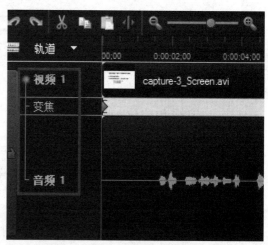

图 3-8-9 音视频轨道链接界面

(3) 锁定和解锁。当我们处理文件时,如果想要对一个轨道进行操作而不影响其他轨道的文件,只需点击轨道前面的"**锁定**"按钮。被锁定的文件不受其他轨道操作的影响,如图 3-8-10 所示。

(4) 分割。将光标定位在要分割的位置,点击"**分割**"按钮,将视频分为一个个片段,如图 3-8-11 所示。

(5) 删除。选定要删除的部分,点击 Delete 键即可。

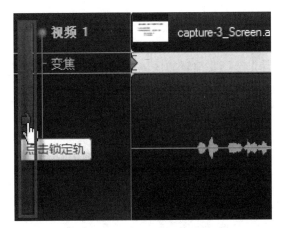

图 3-8-10　锁定与解锁界面

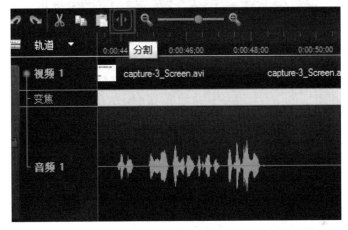

图 3-8-11　分割标示

(6) 速度调节。选定要调节播放速度的部分,单击鼠标右键,选择"**剪辑速度**"。在弹出的对话框中设置播放速度,如图 3-8-12 所示。100% 为正常速度,200% 为提升一倍速度播放,50% 为延迟到 0.5 倍速度播放。

图 3-8-12　播放速度调节界面

3. 声音编辑

在处理声音的时候,首先选择要编辑的区域,然后点击功能区中的**"音频"**,如图 3－8－13 所示。

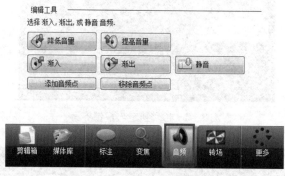

图 3－8－13 "音频"功能区

(1) 音量调节。选择要进行音量调节的部分,点击**"音频"**操作区,选择音量增大或减小,如图 3－8－14 所示。

图 3－8－14 音量调节界面

(2) 渐入渐出。选择要进行音量调节的部分,点击**"音频"**操作区,选择音量**"渐入"**或**"渐出"**,如图 3－8－15 所示。

图 3－8－15 淡入淡出界面

4. 效果应用

除了对视频文件进行基本的剪辑处理,我们还可以增加一些特效和互动。

(1) 添加标题。通常一个教学视频都要制作一个片头,在片头中说明该段视频的题目、制作人信息等。制作标题片头的方法如下：光标定位在最前方，然后点击功能区中的**"更多"**，在弹出的菜单中选择**"标题"**选项。点击**"添加标题剪辑"**按钮，输入标题内容，改变字体属性即可，如图 3-8-16 所示。

图 3-8-16　标题剪辑界面

(2) 添加字幕。如需要为视频添加字幕，则要在功能区内选择**"更多/字幕"**，输入字幕，更改文字属性即可。

(3) 关键帧放大或缩小。在视频当中，我们经常要重点关注其中某一区域的操作。这时就需要对该区域进行放大观看，一方面起到强调的作用，另一方面可以使操作看得更清楚。首先，定位到要放大的关键帧，然后在功能区选择**"更多"**，在弹出的菜单中选择**"变焦"**选项，设定放大的百分比、位置，如图 3-8-17 所示。当关键部分展示结束后，光标定位在结束的

图 3-8-17　关键帧缩放界面

关键帧,将放大比例调回100%即可。

(4) 添加标记。在录制的视频中,如果有需要重点提示的部分,我们可以通过添加一些标注,来提示观众注意。在功能区内,选择**"更多/标注"**,从软件内置的标志符号中选择合适的标记加入到视频界面,如图3-8-18所示。

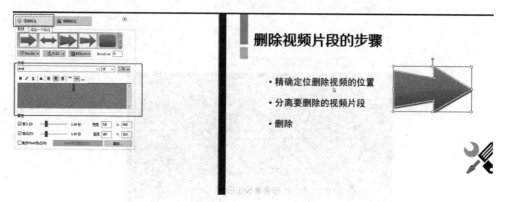

图3-8-18 添加标注界面

(5) 鼠标特效。在录制屏幕时,有时为了吸引注意力,可以在鼠标操作上添加一些特效。鼠标特效添加的方法是:在功能区内,选择**"更多/光标效果"**,从软件内置的特效中为鼠标的各个操作选择合适的效果,如高亮、聚光灯等,如图3-8-19所示。

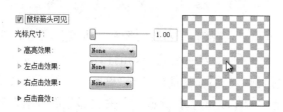

图3-8-19 鼠标特效编辑界面

(6) 转场效果。在视频片段过渡的时候,可以添加一些转场效果。在功能区内,选择**"更多/转场"**,从软件内置的转场动画中选择合适动画加入到时间轴中,如图3-8-20所示。

图3-8-20 转场特效界面

(7) 添加测验。除了常见的视频效果,Camtasia 还支持在视频中插入一些简单的互动,如测试题等。这项功能可以应用在利用视频学习知识点的情况下。在学习完一个知识点后,自动弹出相应的练习题目,学生作答检验是否掌握了该知识点。

测验的添加流程如下:在功能区选择**"更多/测验"**。在这里,我们可以添加选择题、填空题和简答题。以选择题为例,首先单击**"增加测验题"**,输入题目;接下来设定正确和错误的反馈;反馈设置好之后,最后还可以设定,完成题目之后视频是否跳转到特定时间点,通常我们选择**"继续"**即可,如图 3-8-21 所示。

图 3-8-21 题目属性设置界面

接下来是设置题目的类型、选项。目前支持选择、填空、简答三种题型,通常单选题使用得较多,如图 3-8-22 所示。选定好题型后,接下来输入问题的题干、可选的选项,在下方输入框内输入选项,利用右侧的**"add"**按钮增加选项个数。在正确选项前方打钩,如图 3-8-23 所示。

图 3-8-22 题型选择

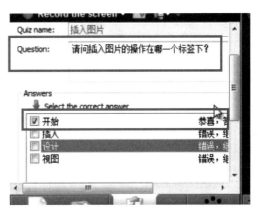

图 3-8-23 题干及选项设置

(8) 画中画。有时候我们在录制电脑屏幕的同时,也会需要录制人像。录制的人像可以以画中画的形式放置在屏幕某一个位置。选定画中画的视频后,单击鼠标右键,选择放置到**"画中画轨"**中。放置完成后,调节其大小和位置,这样就能够同时呈现电脑屏幕和教师人像两个画面了。

三、保存和发布视频

视频编辑好之后,下一步就是将其以常见的视频文件格式发布。点击**"文件"**菜单,选择**"生成并共享"**进行导出。通常我们将其导出为 mp4 或 flv 格式,这两种类型的视频文件占用空间较少。选择保存路径,一个视频文件就录制、编辑、保存完成了,如图 3-8-24 所示。

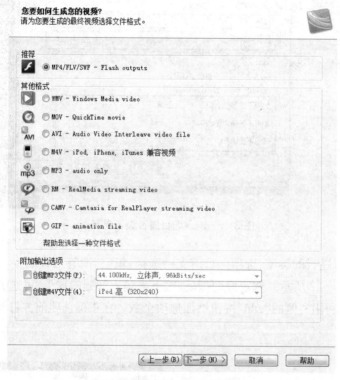

图 3-8-24　视频导出界面

资源九　微课程的速成工具——Focusky

传统的 PPT 演示还是以单线性演示为主,但是如 Focusky、斧子演示、Prezi 等软件,则完全颠覆了 PPT 式的线性演示思维,所创造的演示文稿更加具有视觉观赏性,下面以 Focusky 动画演示大师为例,来讲解此类软件的使用。

Focusky 是一款新型多媒体幻灯片制作软件,主要通过缩放、旋转、移动动作使演示变得生动有趣。它的编辑模式类似于 PPT,适合制作产品宣传广告片、动画宣传片视频、课件、幻灯片演示文稿、微课、纪念册、公司报告等。Focusky 采用从整体到局部的演示方式,模仿视频的转场特效,加入生动的 3D 镜头缩放、旋转和平移特效,像一部 3D 动画电影,给观众视觉带来强烈冲击力。

一、认识 Focusky

1. 开始界面

打开 Focusky 动画演示大师时,会看到软件自带的模板列表以及软件版本信息等,如图 3-9-1 所示。在开始界面可以通过"文件"菜单新建空白项目,也可以通过选择一种所需的

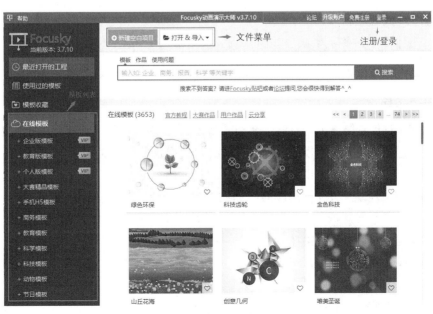

图 3-9-1　Focusky 窗口界面

模板来新建工程文件。

2. 编辑操作界面

Focusky 的操作界面主要有菜单栏、添加帧或窗口（镜头）、路径编辑区域、画布编辑区域、工具栏、设计工具栏、快捷工具栏等组成，如图 3-9-2 所示。

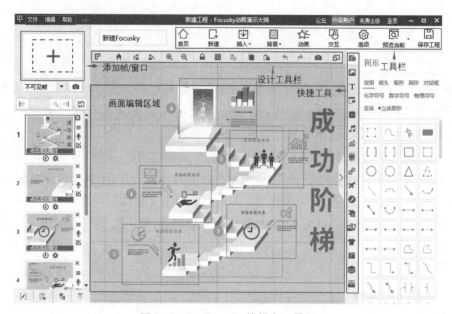

图 3-9-2　Focusky 编辑窗口界面

二、新建动画演示文稿

1. 选择模板创建新项目

选择一个模板，点击下载模板，这里以教育模板里的成功阶梯作为案例，如图 3-9-3 所示。此外，也可以直接新建项目文件，或导入 PPT 文档、图片等来进行新建项目。

2. 编辑路径

打开编辑窗口，左侧显示的是演示文档的路径，这里左边的每一页就可以相当于 PPT 中的一页，只是它切换的方式相较于 PPT 更加立体化、更加酷炫。案例中，成功的阶梯模板首先显示阶梯的整体，然后一步步显示每个阶梯的具体内容。左下角有编辑路径的按钮，可以在模板的基础上编辑路径，进行相应的增加或删除，修改后，点击"完成"即可，如图 3-9-4 所示。

完成编辑路径后，在每个路径的右侧有一排按钮。点击第一个设置按钮，可以设置每个路径的停留时间，如图 3-9-5 所示。

图 3-9-3　选择模板创建新项目

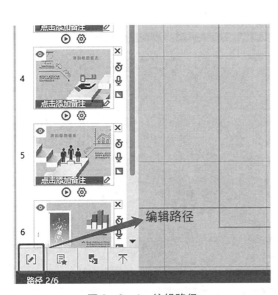

图 3-9-4　编辑路径

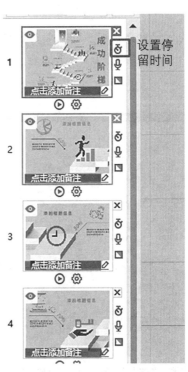

图 3-9-5　设置路径

3. 添加文字

路径 1 显示整体，我们通过修改每个路径的具体内容来进行整体内容的编辑。点击第 2 个路径，执行"**插入/文字**"菜单命令，或者直接点击右侧快捷工具栏的"**文字**"按钮，如图 3-

9-6所示,将光标移动输入的位置,就可以输入自己需要的文字信息。

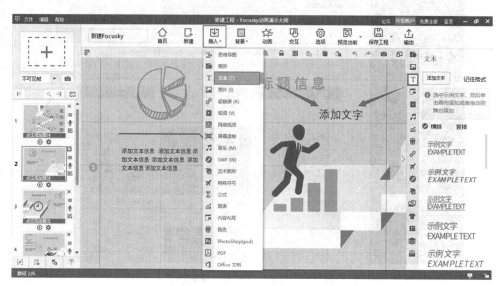

图 3-9-6　添加文字

也可以直接在模板的基础上修改文字信息,如图 3-9-7 所示。点击编辑文本,自定义图层,可以选择对齐方式,添加艺术字以及自定义高级设置等。根据文本内容,修改相应文字信息。

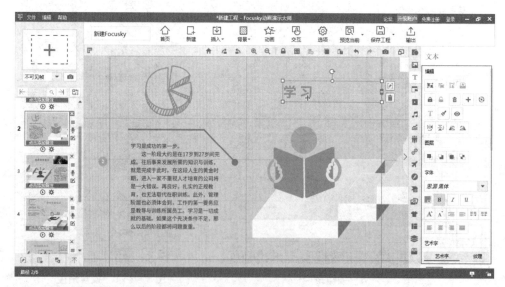

图 3-9-7　修改文字

4. 添加图片

如同添加文字一样,执行"**插入/图片**"菜单命令或者点击右侧快捷工具栏中的"**图片**"按钮就可以添加本地图片。Focusky 中的资源库是比较丰富的,包括图形、图片、音乐、图表、角色、符号、动画等,可以选择所需要的素材进行添加。案例中,第一步是学习,所对应的素材也应该与学习相关。点击右侧工具栏中的第二个按钮,可以看到 Focusky 自带的图片素材,输入相应关键词,找到与学习有关的图片,点击完成添加,如图 3-9-8 所示。点击图片,还可以进行一系列编辑操作,如设定图片的样式、旋转操作等。

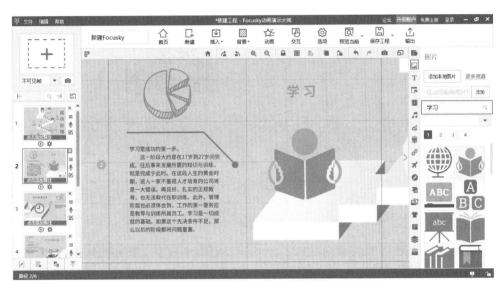

图 3-9-8 添加图片

5. 添加视频

Focusky 动画演示大师可以插入本地视频、网络视频和录制屏幕,让动画演示文稿更"有声有色"。网络视频暂时只支持 Youtube 与 Vimeo 视频,如图 3-9-9 所示。执行**"插入/视频"**菜单命令,或直接点击右侧菜单栏中的**"视频"**按钮,都能直接插入视频。

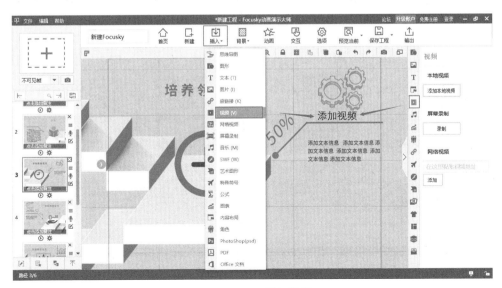

图 3-9-9 添加视频

此时可以调整插入的视频大小以及位置，也可以设置视频的播放动作、停止动作、透明度等。这里可以直接设置好视频的播放动作，选定在进入该路径的时候就开始播放视频，如图 3-9-10 所示。

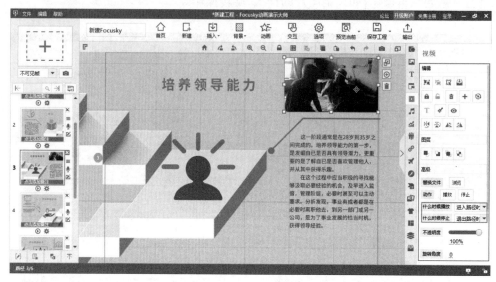

图 3-9-10　设置视频

6. 添加音频

点击右侧快捷工具栏中的"**音乐**"图标，然后导入本地的音频文件或直接添加软件自带音乐。添加之后会在画布中出现一个音乐播放器的图标，接着便可继续调整播放器的位置与大小。可自定义音乐的属性，比如编辑、图层、高级设置等，如图 3-9-11 所示。

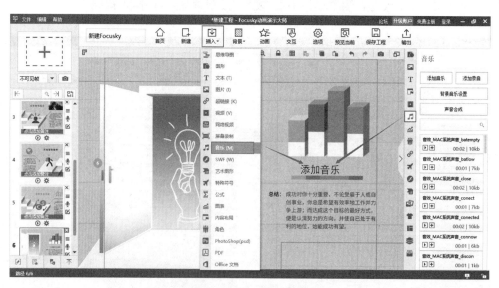

图 3-9-11　添加音频

除此之外,Focusky还支持添加图形、图表、角色、符号、动画等素材,可以根据自己的需求进行添加。

三、设置动画

Focusky的制作功能多种多样,可以满足制作动画演示文稿的各种需要。在添加完所有路径的内容素材以后,就可以设置素材的动画效果(进入特效、退出特效、强调特效和动作路径)了。

1. 打开动画编辑窗口

如图3-9-12所示,点击左下角的图标,或者点击菜单栏中的**"动画"**按钮进入动画编辑器。

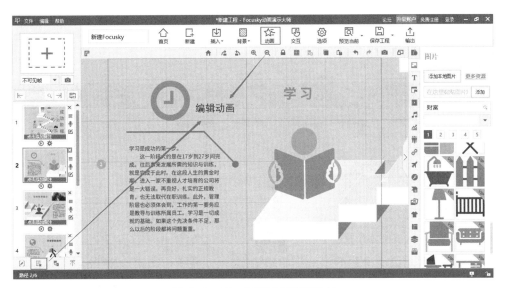

图3-9-12 打开动画编辑窗口

2. 设置动画

如图3-9-13所示,选择一个路径中的任何一个物体,再点击右边栏中的**"添加动画"**进入到动画效果选择窗口,然后再为所选路径中的物体添加动画。

添加动画以后,可以看到进入特效、强调特效、退出特效和动作路径等多种动画,根据自己需要添加合适的动画效果即可(注意:把鼠标放在动画图标上面便可预览动画效果)。

上下拖动图标可以改变动画的顺序,如图3-9-15所示,点击动画的第三个按钮可以更改动画效果。

设置好相应的动画效果后,即可退出动画编辑,如图3-9-16所示,点击右下角的按钮选择预览整个项目文件的效果。

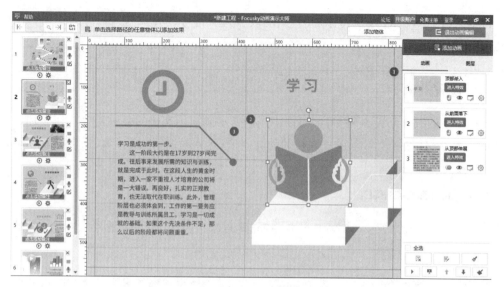

图3-9-13 添加动画

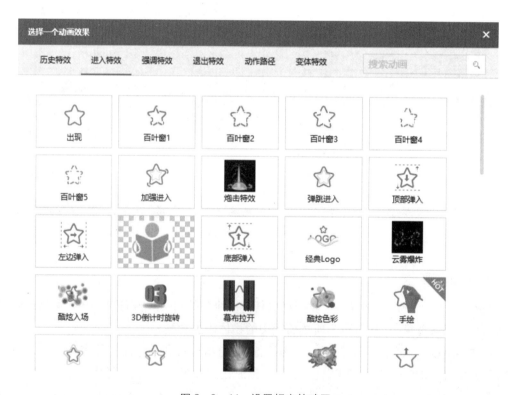

图3-9-14 设置相应的动画

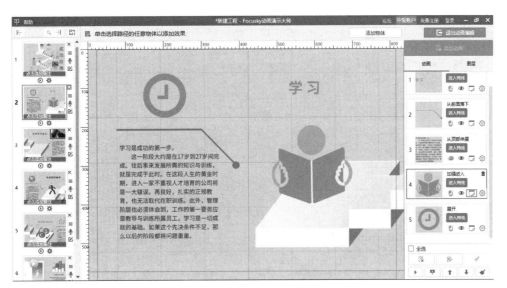

图 3-9-15　更改动画效果

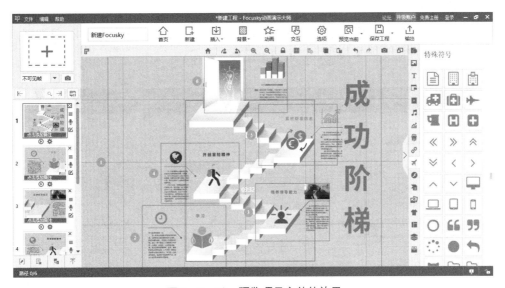

图 3-9-16　预览项目文件的效果

四、保存和导出

在完成以后，需要保存相应文件，然后导出相应的文件。

1. 保存文件

保存已经完成的文件，执行**"文件/保存工程"**菜单命令，如图 3-9-17 所示。选择自己的文件路径，点击保存即可，窗口会显示保存成功，文件格式为 fs 格式。

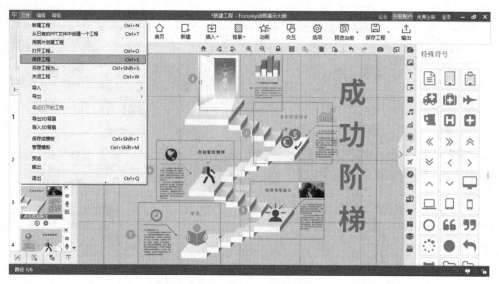

图 3-9-17　保存文件

2. 导出文件

Focusky 动画演示大师能满足用户输出多种格式的动画演示文件的需求，包括网页、视频、应用程序以及压缩文件等，如图 3-9-18 所示。

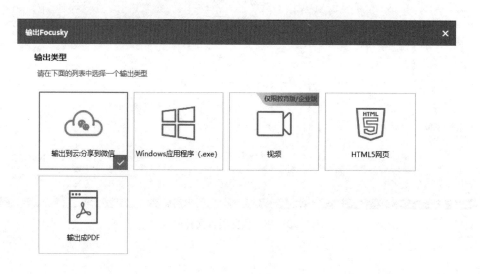

图 3-9-18　输出文件

- 输出到云分享到微信：直接上传到云服务器，生成在线链接直接分享。
- Windows 应用程序(.exe)：用于 Windows 电脑本地浏览。
- 视频：用于本地浏览以及上传到视频网站。
- flash 网页(.html)：用于上传或潜入到网页。
- HTML5 网页：用移动设备浏览时有最佳的展示效果。
- MAC APP：用于苹果电脑本地浏览。
- 压缩文件(.zip)：用于邮件发送。
- 输出成 PDF：便于打印以及邮件分享。

编辑完动画演示文稿后，点击菜单栏中的"输出"跳到输出类型窗口，选择所需要的文件格式即可。

资源十 微课程的速成工具——Storyline

Articulate Storyline 是一个强大的独立工具,具有无可比拟的交互功能,将帮助你建立动态的、引人入胜的内容,包含模拟、屏幕录制、拖放式交互、单击显示活动以及测试和评估等功能。

一、认识 Articulate Storyline

打开 Storyline 后,我们首先看到 Storyline 欢迎界面。选择**"新建项目"**创建一个新项目。下面有 3 个选项:新建项目、录制屏幕、导入。"导入"项目下又分为:导入 PowerPoint,导入 Quizmaker,导入 Engage,从文件导入,从文章模板导入。我们这里选择**"新建项目"**,如图 3-10-1 所示。

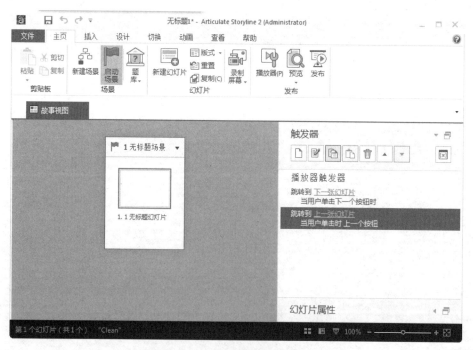

图 3-10-1 创建新项目界面

此时会出现 Storyline 的操作界面,上面是菜单栏、工具栏界面,和 Office 2019 类似,只是功能不同,我们在后面用到的时候再做介绍。

中间的主界面是 Storyline 的视图，主要有四种模式：故事视图，以后我们做的幻灯片的缩略图都会显示在这里，相当于一张全局概览图；无标题场景，场景是一组相关幻灯片的组合（比如我们可以把讲解的幻灯片放到一个场景中，把测试的幻灯片放到另一个场景中），新建项目时会默认创建一个未命名场景：场景序号为 1；无标题幻灯片，幻灯片和 PowerPoint 中的幻灯片概念基本相同，新建项目时会默认创建一个无标题幻灯片；普通视图，是建立和自定义每张幻灯片内容的地方。我们双击幻灯片1.1，打开普通视图，如图 3-10-2 所示。

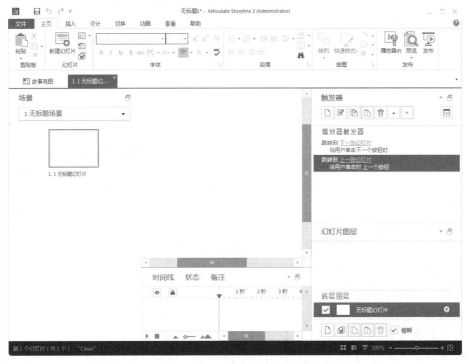

图 3-10-2　Storyline 操作界面

我们会发现普通视图右边和故事视图右边都有两个面板："播放器触发器"和"幻灯片图层"。

二、添加内容到幻灯片

（1）创建幻灯片是我们以后最常使用的操作之一，可以有很多种方式，比如常用的有**"主页/新建幻灯片"**、**"插入/新建幻灯片"**，如图 3-10-3 所示。

图 3-10-3　创建幻灯片

但我们建议大家从一开始就使用 Ctrl+M 快捷键来操作,养成一个良好的使用习惯。如图 3-10-4 所示是插入幻灯片的界面。

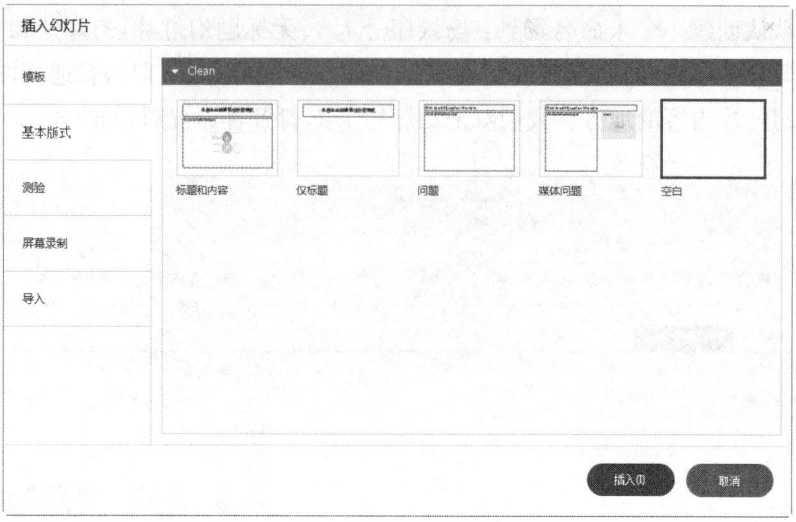

图 3-10-4　插入幻灯片的界面

这里有 5 个选项:
- 模板:有一些已经做好的模板幻灯片,可以直接套用。
- 基本版式:一些常用的界面布局方式。
- 测验:各种测试题型。
- 屏幕录制:屏幕操作录制。
- 导入:从外部导入支持的文档格式。

(2) 我们这里选**"基本版式"**,然后选择**"空白"**,单击**"插入"**按钮,如图 3-10-5 所示。

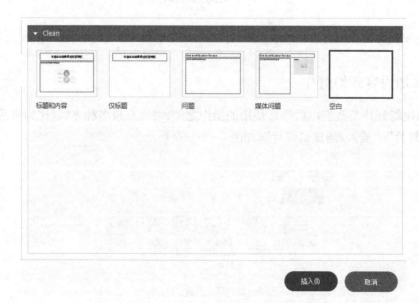

图 3-10-5　插入幻灯片的操作

此时,我们就能看到新添加的幻灯片了,在操作界面上有三个地方可以看到当前在哪个幻灯片上:上方的标题栏;左侧的场景栏,并且在场景栏中还可以看到是哪个场景的哪个幻灯片;下方的状态栏,如图3-10-6所示。

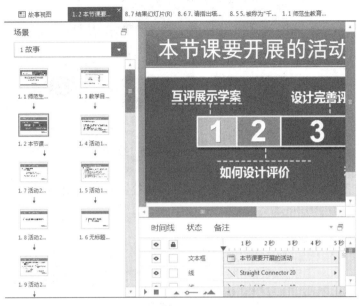

图3-10-6 创建好幻灯片后的页面

(3) 新建幻灯片之后,我们就可以开始在幻灯片中添加一些内容了,先单击选择左侧场景栏中的1.1,切换到这张幻灯片,如图3-10-7所示。

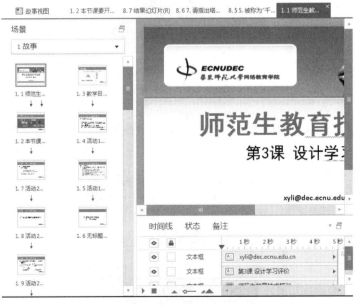

图3-10-7 幻灯片的切换

(4) 选择"**插入**"选项卡的"**标注/矩形标注**",如图3-10-8所示。

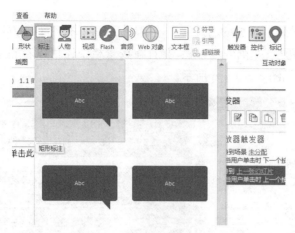

图 3-10-8 选择矩形标注功能

此时光标会变成一个十字形,说明它进入了标注绘制状态,我们可以直接在工作区绘制标注了,如图 3-10-9 所示。

图 3-10-9 插入后的矩形标注框

绘制好标注后,直接输入标题:Storyline 入门教程,如图 3-10-10 所示。

图 3-10-10 美化后的文字效果

此时标题看起来很简陋,我们可以切换到**"主页"**选项卡,在字体组中对它进行美化。字体美化的方法和 Word 中基本相同。

(5) 我们再切换到无标题幻灯片中,利用这里刚学到的内容再添加一个标题:交互按钮,然后对其美化,如图 3-10-11 所示。

图 3-10-11　创建一张新的幻灯片

(6) 选择**"插入"**选项卡的**"人物/插图类人物"**,如图 3-10-12 所示。

图 3-10-12　插入人物插图

进入人物选择菜单,这里有很多插画级人物形象,一共有三个选项,如图 3-10-13 所示。

图 3-10-13　选择人物功能界面

- 选择人物：我们选择默认的人物。
- 选择表情：一共有 12 种表情，我们默认使用 Neutral(平淡)的表情，如图 3-10-14 所示。请大家注意 Happy(高兴)和 Angry(生气)的表情，后面我们会用到这两种表情。

图 3-10-14　选择表情功能界面

- 选择姿势：针对当前人物有 33 种姿势，我们选择默认的姿势：One hand on hip(单手叉腰)，如图 3-10-15 所示。

图 3-10-15　选择姿势功能界面

（7）图 3-10-15 中右边的示意图可以选择面部"左侧"、"前面"、"右侧"，我们使用默认的"前面"。然后点击插入人物。

图 3-10-16　插入人物后的效果界面

插入后人物默认为选中状态，大家可以单击并将其拖到合适的位置，如图 3-10-16 所示。

三、创建第一个交互情景

下面我们创建一个简单的交互场景。

（1）选择"**插入/控件/按钮**"，选择 Button1，如图 3-10-17 所示。同时请大家注意，Check Boxes（复选框）、Radio Buttons（单选按钮）以后都可以在这里选择。

（2）插入按钮与输入文本的过程和标题的操作一样，如图 3-10-18 所示。

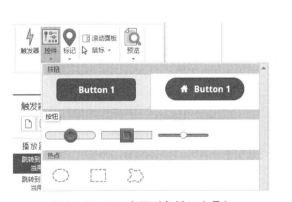  

图 3-10-17　交互对象插入选项卡　　　　图 3-10-18　插入按钮和输入文本后的效果图

（3）接下来我们再来快速建立第二个按钮，当"让你变高兴"按钮处于选中状态时，我们可以直接用快捷键 Ctrl+C 来复制它，然后用 Ctrl+V 粘贴建立第二个按钮，只需将文本修改为"让你很生气"，并拖动到合适的位置即可，如图 3-10-19 所示。

图3-10-19　复制按钮后的效果图　　图3-10-20　为按钮设置触发事件

（4）选中"让你变高兴"按钮添加交互动作，单击右侧"**触发器**"中按钮1的"**添加触发器**"，如图3-10-20所示。请注意，当在操作界面上选中对象时，触发器也会默认选中。

触发器向导窗口弹出，我们按照顺序设置：
- 操作：更改状态。
- 在对象上：人物1。
- 目标状态：幸福。
- 时间：用户单击。
- 对象：按钮1。

这里外国人和我们的思路有一点不同，我们只需要按我们的思路理一遍，大家就会很清楚，如图3-10-21所示。

图3-10-21　设置触发事件

- 时间：当用户单击。
- 对象：按钮1。
- 在对象上：在人物1对象上。
- 操作：发生更改状态的行为。
- 目标状态：更改为幸福的状态。

设置完成后单击确定。

（5）我们再用相同的方法设置"**让我很生气**"按钮。设置完成后单击"**确定**"。

（6）此时我们可以按 F12 键预览我们的幻灯片。首先是我们的幻灯片 1 课程标题，如图 3-10-22 所示。

图 3-10-22　预览效果-幻灯片 1

（7）我们单击左侧"**菜单**"下面的无标题幻灯片，切换到幻灯片 2，如图 3-10-23 所示。

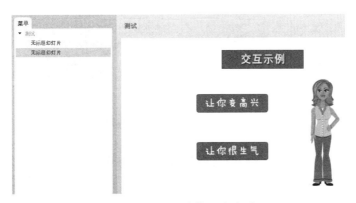

图 3-10-23　预览效果-幻灯片 2

（8）单击"让你变高兴"按钮，人物表情会变高兴，如图 3-10-24 所示。

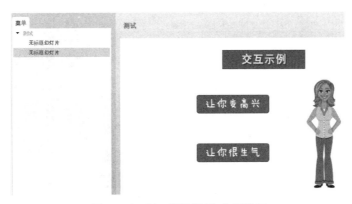

图 3-10-24　预览效果-交互按钮

(9) 单击"让你很生气"按钮,人物表情会变生气。

(10) 再单击"让你变高兴"按钮,人物表情又会变高兴。

此时说明我们成功地添加了一个交互的内容。

四、创建测试与反馈

在这一步我们简单地添加两个测试问题,并且再创建一张结果幻灯片去跟踪测试结果。

(1) 使用 Ctrl+M 新建一张幻灯片,在弹出的**"插入幻灯片"**窗口上选择左侧的**"测验"**,默认选中分数测试中的**"对错判断题"**,如图 3-10-25 所示。这里还有很多测试题型,后面我们会用到的时候再介绍。单击插入测验。

图 3-10-25　插入测验界面

(2) 弹出单选题编辑窗口,我们输入题目和对应的操作,如图 3-10-26 所示。

图 3-10-26　编辑题目界面

- 输入问题。
- 输入选择。
- 设置反馈和分支。

（3）编辑完成后，单击**"保存并关闭"**按钮。返回到操作界面，我们可以看到已经成功添加一张选择测试题幻灯片，如图 3-10-27 所示。

图 3-10-27　成功添加测试题后的界面

（4）用同样的方法添加一张是非题的测试题。

（5）再添加一张结果幻灯片，选择**"打分结果幻灯片"**，单击**"插入"**，如图 3-10-28 所示。

图 3-10-28　插入打分结果幻灯片

（6）选择结果幻灯片包含的题目，我们这里采用默认，如图 3-10-29 所示。

（7）单击**"确定"**。结果幻灯片已经插入，按 F12 键进行预览。选择"一加一等于几？"的选择题，并且选择"2"，然后单击提交，如图 3-10-30 所示。

（8）选择"2"，提交后页面会显示答对了，我们单击**"继续"**，如图 3-10-31 所示。

（9）继续回答下一题。如果我们选择"1"，看看有什么结果，系统会提示我们回答错误，如图 3-10-32 所示。

（10）我们再单击**"继续"**，此时到了结果幻灯片，我们可以看到您的分数是 10 分，而通过分数是 16 分，所以结果是：您未通过。此处还可以回顾测试，如图 3-10-33 所示。

此时说明我们的测试和结果幻灯片创建好了！

图 3-10-29　选择包含的题目

图 3-10-30　试题作答页面

图 3-10-31　答题反馈页面

图 3-10-32　答题反馈页面

图 3-10-33　结果幻灯片效果页面

五、自定义播放器

Articulate Storyline 的播放器是非常灵活的,你可以根据课程类型的需要启用和禁用各种功能。

(1) 要定制播放器,我们可以在**"主页"**选项卡单击**"发布"**组的**"播放器"**选项,如图 3-10-34 所示。

(2) 此时播放器属性窗口打开了,如图 3-10-35 所示。

图 3-10-34　播放器选项卡

图 3-10-35　播放器属性窗口

(3) 播放器定制窗口功能很多,如何快速了解最常用的功能呢? 我们首先要做的工作是让它中文化,单击**"Text Labels"**(文本标签),如图 3-10-36 所示。

图 3-10-36　文本标签设置页面　　　　图 3-10-37　设置中文语言

(4) 在窗口左侧打开了**"播放器文本标签"**的选项,上面有个**"语言"**选项,从下拉菜单中选择**"Chinese Simplified"**(简体中文),如图 3-10-37 所示。

(5) 大家可以对照英文和中文将其他文字修改为符合我们习惯的文字,修改完成后单击上方的**"保存"**按钮,用一个 xml 文件保存修改后的文字。以后其他课件使用时直接单击**"打开"**按钮选择这个文件就可以了。

(6) 再单击**"功能"**回到初始进入的播放器属性窗口,另外我们这里还要修改标题为:Storyline 入门教程。修改完成后会自动刷新,可以在右侧看到效果。

图 3-10-38　发布选项卡

六、发布

当课程内容制作完成,并且指定对应的播放器设置后,我们就可以发布课程了。

(1) 发布课程,我们可以单击**"主页"**选项卡**"发布"**组的**"发布"**按钮,如图 3-10-38 所示。

(2) 默认情况下,Storyline 会发布为 Flash,但也可以使用 HTML5 和 iPad 选项为移动设备发布,如图 3-10-39 所示:

- 包括 HTML5 输出。
- 在 iOS 或 Android 上使用 Articulate Mobile Player。
- 允许下载供脱机浏览。

(3) 当这些选项都选择后,我们从网站上运行一个课程时,Storyline 的工作过程是这样的:

图 3-10-39 设置内容发布格式

- 首先它会寻找 Flash player。如果你的设备不能用 Flash 播放，它将载入 HTML5 版本的课程。
- 在 iOS 上有两种方式可以运行课程，一种是用 Mobile Safari 浏览器在线运行一个课程；另一种是用 Articulate 移动播放器浏览。播放器可以从 iTunes 中免费下载。

设置完成后，我们单击**"Publish"**就正式发布课件了。发布成功后，会给出**"Publish Successful"**（发布成功）的界面，如图 3-10-40 所示。

图 3-10-40 课件成功发布界面

你可以单击右侧的**"View Project"**(查看项目),去浏览正式发布后的项目。

到此,我们的入门学习就结束了,通过这个入门学习,主要让大家了解 Storyline 制作课件时的常用内容和制作过程!

资源十一　量规范例

1. 研究型学习量规

级别	问题	信息收集	分类	分析	最终产品
4	围绕一个主题,自己确定问题。	通过多种电子和非电子的渠道收集信息,并正确地标明了出处。	给信息分类,自己开发了基于计算机的结构。如:数据库。	分析了信息,并得出自己的结论。	有效地使用综合媒体,以多种方式展示了自己的发现,并将其发布到网上。
3	给出主题后,学生自己确定问题。	通过多种电子和非电子的渠道收集信息。	师生为基于计算机的分类结构共同想办法,学生自己创建了这个分类结构。	分析了信息,并在教师的指导下得出了自己的结论。	有效地使用综合媒体,以多种方式展示了自己的发现。
2	在老师的帮助下确定问题。	通过有限的电子和非电子渠道收集信息。	师生共同开发了基于计算机的结构。	在教师的指导下分析了信息,并得出了结论。	使用综合媒体,展示了自己的发现。
1	教师给出问题。	只是通过非电子渠道收集信息。	使用教师开发的基于计算机的分类结构。	复述了所收集的信息。	使用有限媒体,展示了自己的发现。如:书面报告。

2. 收集与展览量规

评价展品	4	3	2	1
展品数量	展览有5个以上的很好的不同相关展品。	展览有4个不同相关展品。至少其中3个展品不错。	展览有至少3个不同相关展品。至少其中2个展品不错。	展览有不到3个展品或者展品都一样或者都很差。

续　表

评价展品	4	3	2	1
展览	展览有吸引力，并且组织很好。展品陈列整洁、安全。展览使用树脂玻璃或其他透明的材料。	展览有吸引力，并且组织很好。展品陈列整洁、安全。	展览做了一些组织，展品陈列安全。	展览没做组织，或者展品陈列不安全。
标签	每个展品都有一个小而整洁的标签，用于描述该展品，包括收集者的姓名、收集地点和日期等。	每个展品都有一个标签，用以描述该展品、包括收集者的姓名、收集地点和日期。	每个展品都有一个标签，但缺乏一些必需的信息。	有一个或更多的展品没有标签。
分类	按学科或年代对展品进行分类、组织。为进行分类做了很大的努力。	做了相当努力，试图对展品进行分类、组织。分类与组织看起来符合逻辑，并依据展品的特点。	尝试对展品分类和组织，但方法有缺陷。	没对展品的分类和组织做任何努力。
参与	表现出很大的热情，专心地完成任务。能在别人需要的时候，提供一些帮助。	表现出一定的热情，专心地完成任务。能在别人需要的时候，提供一些帮助。	没有专心地工作，但不妨碍别人。	没有专心地工作，并且妨碍别人。

3. 口头表达量规

评价项目	4	3	2	1
身体语言	身体的动作很流畅，并能帮助听众形象化。	运用动作和手势，提高表达的清晰度。	很少有动作和手势。	没有动作和手势。
眼神接触	运用眼神接触听众，吸引听众注意力。	一直运用眼神接触听众。	很少运用眼神接触听众。	根本没有运用眼神接触听众。
开头结尾	讲述的开头和结尾部分能吸引听众的注意并渲染气氛。	能清晰地开头和结尾。	或者清晰地开头，或者清晰地结尾。	不能清晰地开头及结尾。
节奏	艺术地运用节奏，并且能很好地把握时间。	演讲带有模仿性，但不能很好地把握时间。	演讲语气很不一致，不能很好地把握时间。	演讲语速要么太快，要么太慢，不能把握好时间。
姿势	在没有错误的情况下保持放松的、自信的自然态度。	会犯些小错误，但能很快改过，很少或没有紧张感。	有点紧张，对某些错误的改正有些困难。	非常紧张和不安，有很多错误都无法改正。
声音	运用流畅的声音以及适当的语调来吸引听众的兴趣。	声音能够进行适当的变化，但不太流畅。	有一定的语音变化。	语音单调。

4. 小组合作量规

说明：此量规用于帮助教师根据自己的观察来了解和评价学生们在小组合作时的情况。

标准	说明	4	3	2	1
帮助	学生之间互相提供帮助。	总是	基本上	有时	很少
倾听	在工作过程中吸取其他同学的观点。	总是	基本上	有时	很少
参与	每个学生在项目中都有所贡献。	总是	基本上	有时	很少
劝说	在小组内交流、辩护并对自己的观点进行反思。	总是	基本上	有时	很少
问题	互相影响，参与讨论并提出自己的观点。	总是	基本上	有时	很少
尊重	互相鼓励并支持他人的观点和努力。	总是	基本上	有时	很少
共享	互相提供观点并交流自己的发现。	总是	基本上	有时	很少

资源十二　技术支持的学习评价

一、在线考试新利器——百一测评

（一）平台网址

https://www.101test.com/或百度搜索"百一测评"，进入官网。

（二）操作步骤

1. 注册和登录

点击"**注册**"按钮，填入基本信息进行注册，注册后登录；或者使用微博、微信、QQ 等第三方帐号快速登录，如图 3－12－1 所示。

图 3－12－1　注册登录界面

2. 准备题库

点击"**进入应用**"按钮，进入"**题库**"选项卡，单击"**新建文件夹**"存放题库，进入新建好的文件夹，点击"**创建题库**"，对题库进行命名和描述，如图 3－12－2 所示。题库命名好之后添加题目,有三种添加题目的方式,如图 3-12-3、图 3-12-4 所示。

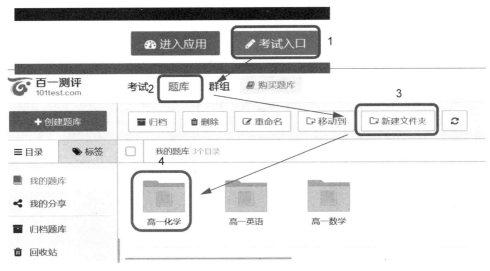

图 3-12-2　进入题库

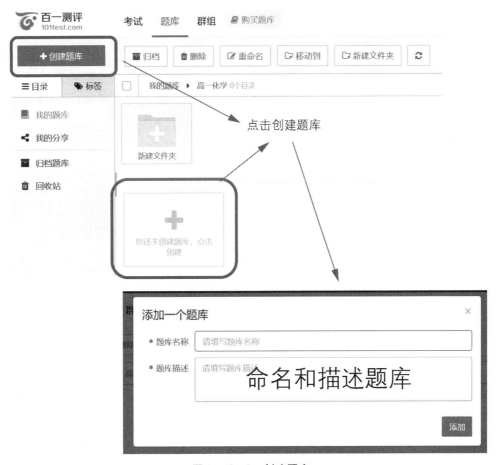

图 3-12-3　创建题库

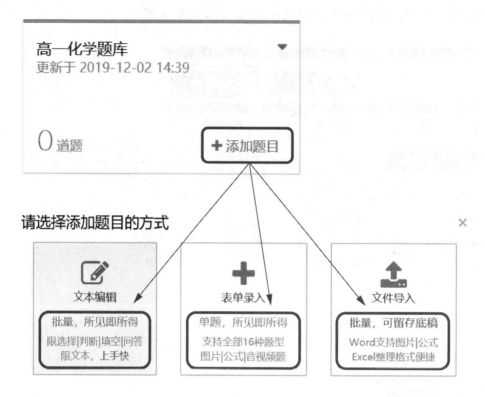

图 3-12-4 添加题目

- "文本编辑"方式,只支持选择题、判断题、填空题、问答题等文本类题目,其优点是简单方便,容易上手,左边是题目编辑窗口,右边是实时预览窗口,如图 3-12-5 所示。

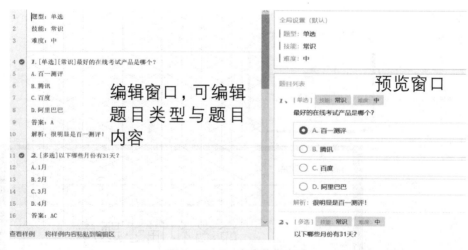

图 3-12-5 文本编辑方式

- "表单录入"方式,支持录入全部 16 种题型,可以插入视频和音频等,编辑好之后保存,如图 3-12-6 所示。

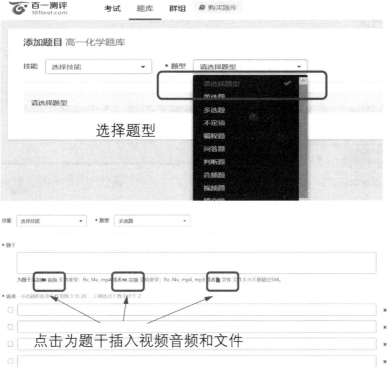

图 3-12-6 表单录入方式

- "文件导入"方式,可直接将 Word 格式或者 Excel 格式的试卷导入到题库中,百一测评提供了试题模板,可下载模板,必须严格按照试题模板编辑题目,否则导入将会出错,如图 3-12-7 所示。

图 3-12-7 文件导入方式

3. 创建考试

题库准备好之后就可以创建相应的考试，首先点击**"考试"**选项卡，再点击**"创建考试"**，一共有三种组卷方式，如图 3-12-8 所示。

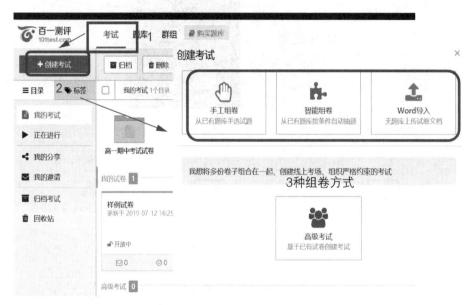

图 3-12-8　创建考试

- 手工组卷，首先要填写卷面的基本信息，如试卷名称、试卷描述、每一部分的名称等，如图 3-12-9(1)所示。然后点击选择题目，在弹出的窗口中从已经创建好的题库中选择相应的题目，点击**"确认"**添加后保存试卷，如图 3-12-9(2)所示。

图 3-12-9(1)　手工组卷

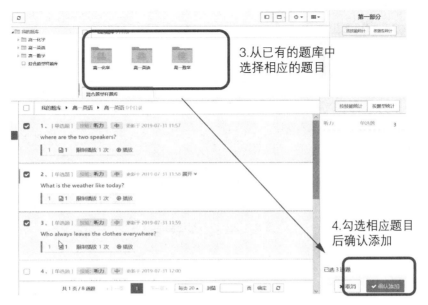

图 3-12-9(2) 手工组卷

- 智能组卷,可以从已有题库中随机抽取若干题目组成一份试卷,首先勾选"**题库**",点击"**确认**"选择,然后设置抽取题目的数量以及每道题对应分值,如图 3-12-10 所示。

图 3-12-10　智能组卷

- Word 导入，需要先下载模板，按照模板严格整理试题样式，然后上传，如图 3-12-11 所示。

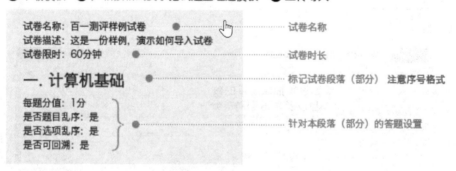

图 3-12-11　Word 导入

4. 设置群组

点击**"群组"** 选项卡，然后点击**"创建群"**，填写群组信息，如图 3-12-12 所示。注意：非 VIP 用户只能管理两个群组。

图 3-12-12 创建群组

群组创建完成后可以将群组信息分享给学员，让学员加入群组，如图 3-12-13 所示。

图 3-12-13 分享群组

可以在具体群组的界面右上角的设置中转让群和解散群，如图 3-12-14 所示。

图 3-12-14 转让群和解散群

5. 布置测验

点击"**布置作业**",选择试卷,设置考试时间以及参与考试的学生,如图 3-12-15 所示。

图 3-12-15 布置测验

6. 查看学员完成情况

点击"群组"选项卡,选择相应试卷,点击右侧图标查看学生测试完成情况,如图 3-12-16 所示。

图 3-12-16　查看学生测试完成情况

还可以下载每个学生的试卷,查看学员的考试情况,如图 3-12-17 所示。

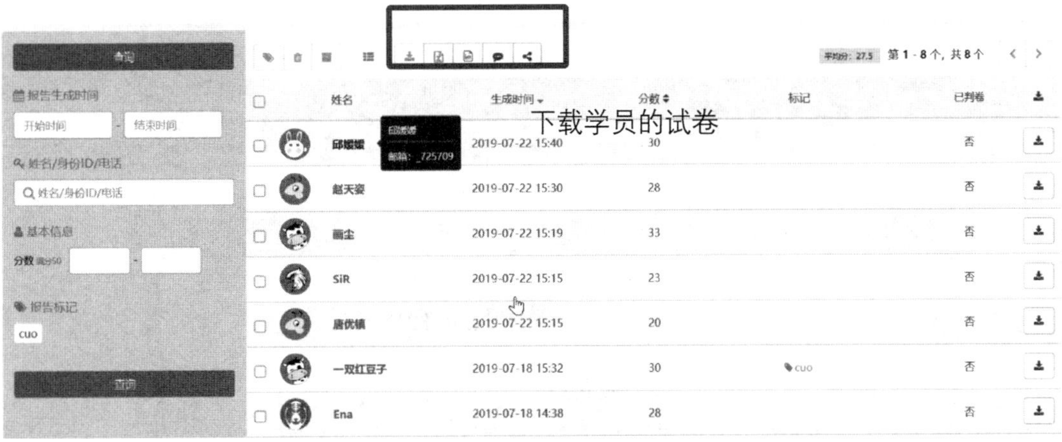

图 3-12-17　下载学生试卷

二、利用 Word 批阅电子作业

在教学过程中,同学们会提交一些电子文档作业,如果教师想要给同学一些评语和修改建议,同时同学们也想看到老师给出的评价意见,我们可以利用 Word 中的"新建批注"以及"修订"的功能来完成批阅电子作业的工作。

在"审阅"选项卡下,有"新建批注"与"修订"功能,如图 3-12-18、图 3-12-19 所示。这两种功能是在批阅电子作业时最常用到的功能。

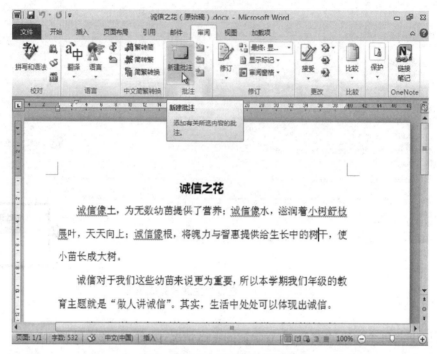

图 3-12-18 "新建批注"功能

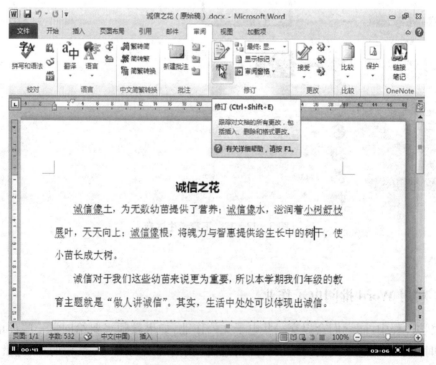

图 3-12-19 "修订"功能

（一）批注

1. 新建批注

当需要对学生的作业、阅读的文章给出评语和注解时,我们可以使用"新建批注"功能。比如,老师想要对第一段的文字给出评价意见。

（1）选中该段文字,单击**"新建批注"**,如图 3－12－20 所示。

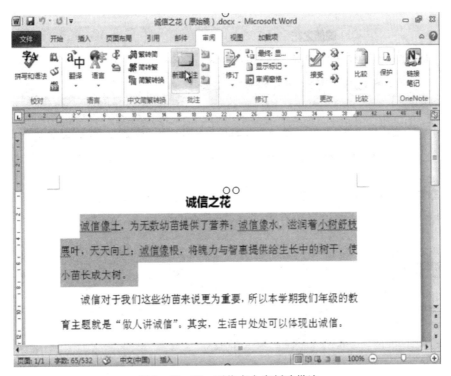

图 3－12－20　对指定文字新建批注

（2）在批注栏中输入教师的评语,如图 3-12-21 所示。

（3）单击空白处,即可添加该批注,如图 3-12-22 所示。

2. 删除批注

对于不想要的批注,可以将其删除。将光标放在批注栏内,单击右键,点击**"删除批注"**,如图 3-12-23 所示。

（二）修订

修订模式下,对文档的所有操作都会被记录下来。比如,文章有几个错别字,可以在修订模式下对其进行修改。

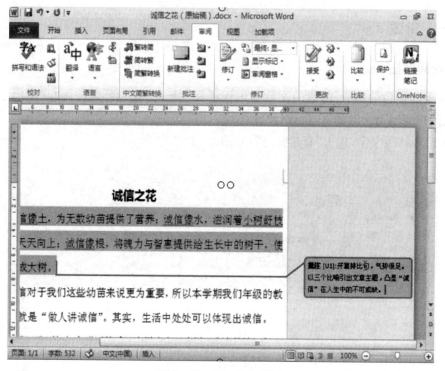

图 3-12-21　输入评语

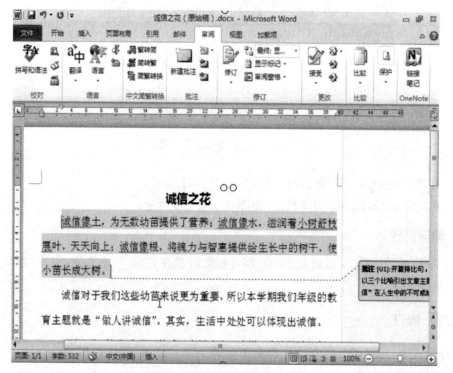

图 3-12-22　完成批注的新建

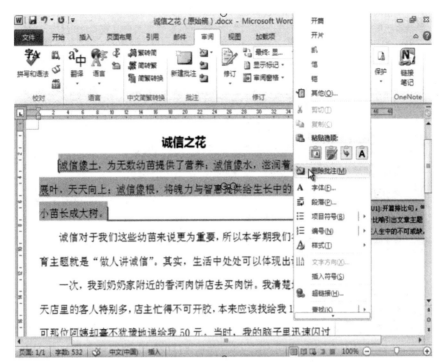

图 3-12-23　删除批注

1. 添加修订

（1）点击**"修订"**，如图 3-12-24 所示。

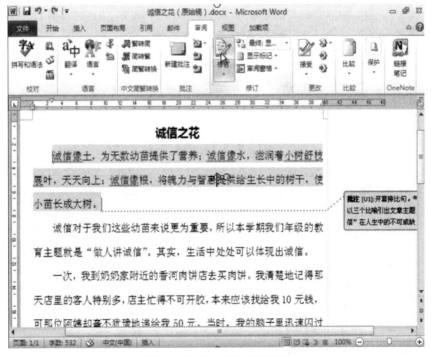

图 3-12-24　添加修订(1)

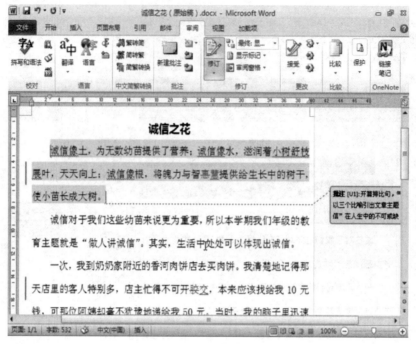

图 3-12-25　添加修订(2)

(2) 对文档进行修改,Word 将记录原文档的内容以及修订后的内容,如图 3-12-25 所示。

2. 接受/拒绝修订

(1) 将光标放在修订的位置处,右击,从快捷菜单中选择"**接受修订**"或者"**拒绝修订**",如图 3-12-26 所示。

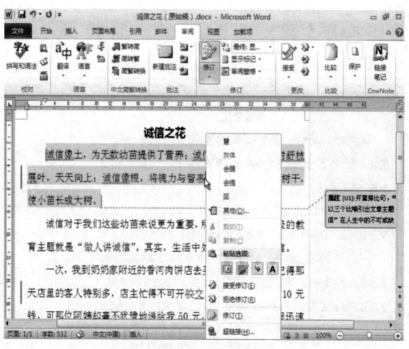

图 3-12-26　接受/拒绝修订

（2）如选择接受修订，新输入的文字将插入到文档中，如图 3–12–27 所示。

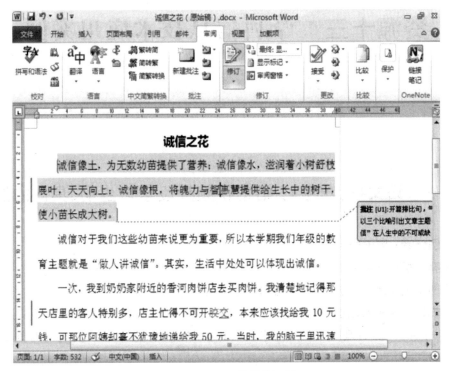

图 3–12–27　接受修订后

3. 退出修订模式

再次单击"修订"功能，即可回到正文状态。

资源十三　学科信息技术应用案例

案例一　语文（七年级）：借助视频片段学习生动、具体的描写

- **案例作者**：周子房
- **推荐专家**：王荣生

一堂初中七年级作文教学课，学习内容是如何具体、生动地描写。

教师先让学生观看动画片《灌篮高手》中"流川枫灌篮"的片段，记录展示灌篮过程的时间长度（3分钟）。然后观看NBA篮球视频片段"姚明灌篮"，记录投篮的时间（不超过24秒）。

学生比较两个视频片段，体会：具体、生动的描写，实际就是"拉长生活里的时间"，在作文中把瞬息的动作"定格"。

教师布置习作练习：让学生描写老师的举止。

第二次播放"流川枫灌篮"的片段，让学生观察动画片3分钟所包含的各种信息：如投篮者的心理活动、观众的反应、对手反应等。学生认识到：具体、生动的描写需有"镜头转换"。

学生修改习作。教师用投影仪展示两篇习作，师生展开讨论。

提供范例作文《几秒钟的事》供学生参考。学生进一步修改、完善习作。准备在下节课用投影仪展示部分习作，组织学生交流、分享"如何具体、生动地描写"习作经验。

案例二　数学（九年级）：正多边形与圆

- **案例作者**：沈　健
- **推荐专家**：罗　强

"正多边形与圆"是苏科版数学九年级（上）《中心对称图形（2）》中的一节内容。本节课学习目标是让学生了解正多边形的概念以及正多边形和圆的关系，并且学会通过等分圆心角的方法画出正多边形。

1. 教师设计了"几何画板"文件的预习作业，通过学校开发的网络学习交互平台发布给全班同学，要求学生使用"几何画板"软件完成相关预习作业，并通过学习交互平台将作业提

交给教师。教师对学生的预习作业进行批阅。

2. 教师利用学校的网络教室开展教学。

（1）点评分析：师生共同分析预习作业，通过拖动正多边形的点研究同学绘制的图形是否具备几何关系；探索同学的作图方法，比较方法的不同。

（2）展示分享：教师选1～2个典型作业，利用机房管理软件（极域等）共享、广播屏幕操作，请学生讲述自己的作图思路和依据，教师辅导和点评。

（3）讲授新知：教师提出问题"如何做一个正五边形"。部分学生发现原有的方法具有局限性，形成认知冲突。教师在"几何画板"中演示通过等分圆心角的方法完成正五边形的作图。教师需要侧重介绍两个操作：①标记一个角；②按标记的角将线段绕着点O旋转。

（4）发现规律：教师请同学根据自己绘制的正多边形，研究其对称性（轴对称性和中心对称性），并总结出正多边形制作中的规律。

（5）迭代拓展：教师提出问题"如何做一个正n边形"。教师在绘制中引入变量n，然后演示利用"几何画板"软件的"深度迭代"功能生成正n边形，让学生体会到"用字母代替数"的思想在"几何画板"作图中带来的便利性。教师侧重两个操作：①将之前具体的数字替换为变量n；②"深度迭代"的实现。

（6）观察分析：教师请一位学生向全班同学展示所作的正n边形。引导学生观察"当n不断增大时，正n边形就不断趋近于圆"的现象。

（7）课堂小结：教师将自己制作的文件共享给学生，学生可输入n的值，教师请学生利用"几何画板"的计算功能，研究当n值变化时正多边形的周长与圆的直径的比值的变化规律，并概括用"割圆术"计算圆周率π的主要思路。

3. 总结课堂知识点，布置课后拓展作业。

案例三　英语（四年级）：Weather

- **案例作者**：林　荔
- **推荐专家**：吴秉健

本节课是小学四年级的一节课，以天气"Weather"话题为主线，设计了3个国家的学生进行跨文化远程交流的实时视频动画场景，让学生在英语视听环境中感知各国城市的时差、温差以及人们的穿戴差异，引导学生进行跨文化交际。

上课之前，根据教材目标语言重构英语对话文本，运用技术在动画视频定制平台（http://www.voki.com/）定制了人物对话的动画视频（如图3-13-1所示），并将相关动画视频嵌入到了资源汇聚平台。

本课分为以下几个过程：

（1）引入与天气相关的话题，例如，与季节相关的爱好和活动（"What's your favorite hobby?""Where do you often go in summer?"）。教师呈现电子版世界地图，引导学生拓展相关话题，以不同季节选择去不同城市旅行作为一个思路，鼓励学生用英语谈论自己喜爱的

图 3-13-1　人物对话动画视频

国外城市,为下一环节具体谈论某个国家城市的天气做好铺垫。

(2) 导入对话情境。根据学生对世界城市及其相关季节的讨论,教师以本地城市、美国纽约和澳大利亚悉尼 3 个城市的天气交流为重点,引导学生思考交流。播放中外 3 位小学生利用互联网进行交流的动画视频;教师提供这 3 个城市的天气调查表格,学生在观看视频后(可以回放视频)完成调查。

(3) 拓展话题交流。教师从师生课堂交流中,选择类似"今天各地天气状况如何?如果你到了纽约或者悉尼等城市打算参加什么活动?"等问题,以此情境,让学生以小组合作讨论的方式展开对话。教师提供一个城市出行指南评价表,引导学生针对彼此都喜欢的城市进行小组交流,要求做好相关交流记录。

(4) 评价反馈。教师创设跨文化交流活动语境,让学生尝试彼此交流;评价学生在交流过程中是否感受到了南北半球不同城市的季节差异、人们的出行活动以及穿戴的差异。在增进国际文化交流过程中巩固他们的单元语言知识和语言技能。

案例四　物理(高中二年级):电路的分析与应用

- **案例作者:** 谭一宁
- **推荐专家:** 余安敏

本节课的教学内容是高二年级的"电路的分析与应用",主要学习目标是运用已学的电路知识,分析实际电路的动态变化,达到学以致用的目的。本节课是在具备无线网络的教室实施的,学生可以在线讨论,教师也可以和学生互动,实时评价、反馈。

1. 课题引入。

教师通过演示实验"一小灯泡与另一灯丝组成串联电路,小灯泡发光,然后加热灯丝,学生观察到小灯泡的亮度变暗",引入课题。

2. 互动学习。

教师利用教室的网络把思考题1(如图3-13-2所示)推送到学生的平板电脑上,让学生思考:当R变化时,两灯的亮度变化。学生作答并实时上传解答结果。教师在展示了部分学生上传的解答后,请一位学生进行分析阐述。

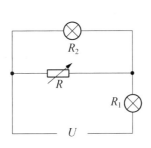

图3-13-2 思考题1

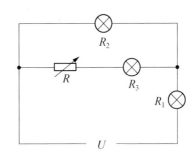

图3-13-3 思考题2

完成思考题1以后,教师再次推送思考题2(如图3-13-3所示),在上一题分析的基础上,让学生讨论完成此题的分析,作答并上传解答。

教师通过电子白板的功能统计出解答的正确率,以检测学生的掌握情况。然后,教师重点点评学生错误的思路,进行纠错。

3. 总结提高。

教师用演示文稿总结电路分析的基本要点。然后继续通过网络推送应用题(如图3-13-3所示),让学生研究当R_1的灯丝断了,经搭丝后再与R_2串联,重新接在该电路上后R_1的亮度变化。

学生在平板电脑上完成解答后上传,教师先通过教室信息网络系统展示学生的解答情况,统计分类选项,然后根据电子白板上显示的学生解答过程,进行"涂鸦"式的分析、讲解。

4. 拓展学习。

教师在电子白板上利用PPT展示一个电饭煲的工作原理电路图,让学生小组合作讨论分析,作为"电路分析"方法的应用延伸。学生当堂完成,并用平板电脑上传至学校的毕博网络教学平台,学生可在毕博网络教学平台上查阅其他小组的分析结果。

案例五 化学(高中三年级):铁与人体健康
——铁的重要化合物(复习课)

- **案例作者**:周 勇
- **推荐专家**:何通海、何 睿

本节课是根据高中化学必修教材(苏教版)中的《铁与铁的化合物》设计的复习课,主要目的是帮助学生综合理解铁离子、亚铁离子的性质检验、相互转化及其在生产生活中的具体应用。

本节课是在学校的"E教室"中进行的,该教室配备了一套包括LCD液晶屏的E-Board电子课堂系统,还安装了一个普通电子互动白板,教室内配备了六块电子显示屏,学生人手配备了一台平板电脑。

在教学活动开始前,教师通过学校的E学习平台发布了相关任务,让学生通过网络查找一些与铁元素和人体健康相关的资料。

课中活动:

1. 情境引入。

教师组织学生分小组进行铁元素和人体健康相关学习内容的简要交流,在交流的基础上,为学生呈现一段"人体第一大微量元素——铁"的微视频。

教师呈现问题情境:某同学近期有头痛、上课注意力不集中、记忆力减退等症状,检查血常规得到了验血报告单,数据显示患者的血红蛋白含量明显偏低,诊断是缺铁性贫血。然后教师展示常见补血剂。

2. 实验探究一。

设计实验鉴别补铁性药片中含有的是亚铁盐还是铁盐。学生结合实验步骤"取样→研磨→盐酸酸溶→取样加入KSCN→加入氯水或H_2O_2溶液→观察现象→得出结论"进行分组讨论,然后得出判断,Fe^{2+}是血红蛋白的重要组成,所以亚铁盐常用于补血药品中。教师通过E学习平台展示亚铁血红蛋白的携氧示意图,说明高铁血红蛋白无携氧功能。师生一起归纳用观察法、沉淀法和显色法区别Fe^{2+}和Fe^{3+}的方法。

教师呈现补铁药"琥珀酸亚铁片"的使用说明书,引导学生思考药片包衣的作用以及与维生素C同服的用途等问题。

教师播放一段亚硝酸盐中毒的视频,让学生分析中毒原因,并上网查找一些急救知识,进行分享。帮助学生理解铁是人体需要的微量元素,不缺铁就不需要补,过量的铁摄入会导致中毒。

3. 实验探究二。

根据图3-13-4所示,设计实验测定该补血剂中铁元素的含量。

请学生分组讨论,并在QQ群中发贴分享讨论结果。

教师引导学生回答步骤④中一系列操作有哪些环节?得出"过滤、洗涤、灼烧、冷却、称

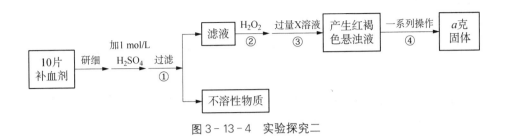

图 3-13-4　实验探究二

量"等环节后,进一步思考:如何检验洗涤是否干净?怎样冷却?怎样做到固体已灼烧分解完全?

计算训练:若实验无损耗,每片补血药中铁元素的含量是多少?步骤①得到的滤液加水配成 100 mL 溶液,取 25 mL 溶液,用 a mol/L 酸性 $KMnO_4$ 溶液进行滴定,消耗 $KMnO_4$ 溶液的体积为 b mL。方程式为:$5Fe^{2+}+MnO_4^-+8H^+ \Longrightarrow 5Fe^{3+}+Mn^{2+}+4H_2O$。每片补血剂含铁元素的质量是多少?进一步比较上述方案中的沉淀法和滴定法哪个更好。

4. 拓展学习。

教师出示拓展学习内容。古人云:药补不如食补,你们知道哪些食品中含铁较多吗?请通过网络对下列关键词进行检索,完成一篇小论文,通过 E 学习平台展示,与你的同学、朋友、父母等进行交流。关键词:补铁试剂、含铁食品、维生素 C。

案例六　历史(七年级):文明的交流

- **案例作者**:张雯雯
- **推荐专家**:左卫星

本节课的学习内容是明朝郑和与利玛窦分别代表东西方文明使者而展开的文明交流的历史。学习目标是了解郑和下西洋的历史背景及行程等相关知识和利玛窦为中国传播世界文化的相关历史知识;提高民族自豪感和荣誉感;形成争做文化使者的历史使命感。

1. 视频引入。

播放郑和下西洋的视频,使学生进一步了解郑和西行的相关历史。

2. 图片展示。

教师展示利玛窦在中国传播世界文化的相关信息,组织学生对比分析中国文化的传出(郑和下西洋)和他国文化的传入(利玛窦传播世界文化),引导学生用表格的方式列出郑和与利玛窦的相关史实,让学生了解文化传播的作用。

3. 短片赏析。

教师用视频短片呈现北京奥运会的精彩瞬间——把中国介绍给世界,上海世博会的各国展馆——把世界介绍给中国,神舟在外太空遨游的绚烂场景——把中国介绍给整个宇宙,体会文明的交流使世界更加团结与美好;引导学生思考和生生交流互动解析视频的内涵,引起学生爱国情怀上的共鸣,重新认识这个全球化的文化世界。

4. 争做文化小使者。

学生自己搜集信息资料，用不同的方式（图片或知识框架图）解析并呈现自己所搜集了解到的"鉴真东渡"的知识，并发送到班级的共享博客中，使课堂内容得到延伸。

案例七 政治（八年级）：保护环境需要道德和法律

- **案例作者**：张莹晶

本节课选自八年级政治"保护环境"，有三个学习目标：①了解"我国环保相关法律法规"及"国际环保纪念日"的相关知识；②掌握保护环境的具体方法和技能；③培养保护环境的意识。从知识到意识，从技能到行动的转变，是难点。

1. 课前任务设置。

在学校教学资源平台布置预习任务：制作以"我国环保法律法规"为主题的PPT，并上传至学校教学资源平台。思考：我国为什么要制定环保的法律法规？

2. 作品分享与导入。

学生推选出组内的优秀主题PPT进行演示，组内其他成员协助回答预习的思考问题。明确：制定法律是因为现实生活中环境污染和破坏现象频发。展示视频"生活中的环境问题"，引发学生思考并讨论我们生活中还有哪些环境污染或破坏问题。

3. 事例讲解，引发思考。

讨论结束后，播放视频"蚁雄的故事"，引导学生对比人类与动物的生存行为，思考生活中如何才能做到保护环境。

4. 作品生成。

学生分小组，从三个议题（"废电池的处理"、"春游活动垃圾处理"、"日常垃圾分类"）中选择一个，搜集资料，制作相关PPT。

5. 作品评价。

使用多媒体展示平台，展示学生制作的关于以上三个议题的PPT，根据"作品评价表"，指导学生自评及互评。教师引导并鼓励学生在讨论互动中，及时记录修改意见，课后及时完善PPT中的内容和框架，再次上传到学校教学资源平台。

案例八 地理（高中一年级）：自然环境对城市的影响

- **案例作者**：谭 礼、罗奕奕、郭冬莲
- **推荐专家**：苏小兵、王晶华

本节课的学习内容是高中一年级的"自然环境对城市的影响"。本节课的学习目标为：①识记地形、气候、河流、矿产资源对城市的影响；②理解以上自然要素产生影响的过程与机制；③能够根据数据有理有据地分析问题；④归纳自然环境对城市选址、城市形态、城市布局

与人类生活的深刻影响。

一、导入环节

通过提问预习问题的方式,导入学习。

二、新授环节

第一轮活动:分发学习活动任务单,小组填写上交。

每两人为一个小组,根据 GIS 数据回答问题,用地理现象验证地理理论,课堂上需要完成一个必答课题,并与选择共同选题的小组交流,其他课题课后单独完成,以作业形式上交。

1. 地形与城市。

(1) 选取赣州有代表性的城市,说明地形如何影响城市选址。

(2) 概括兰州城区空间形态特点,并预测其未来发展趋势。

2. 气候与城市。

(1) 请从四个城市稀少区任选一个,从气候条件分析该地城市稀少的原因。

(2) 找出赣州市《赣州总体规划图》中的工业用地,结合赣州全年盛行偏北风的特点,从风向角度评价其工业布局。

3. 河流与城市。

(1) 根据材料分析河流在赣州县市选址中的作用和影响。

(2) 从河流角度分析重庆、上海为何能成为区域和国家中心城市。概括武汉城市形态(外形)的特点,说明其形成原因。查看瑞士伯尔尼(老城)的卫星遥感图,理解河流对城市防御的作用。

4. 矿产与城市。

设想如果攀枝花市没有发现铁矿石,该地是否有可能形成较大城市?

第二轮活动:学生分成四个大组,每大组分四个小组合作完成相关问题的解答。

5. 城市分布的区位因素。

(1) 概括赣州市章贡区选址的区位因素。从古至今赣州城市形态总体由老城区的东北角向西向南拓展,分析不同时期影响赣州城市形态(即城市格局)的原因。

(2) 观察巴西利亚城市形态的特点,查阅资料分析原因。运用资料说明巴西新首都选址巴西利亚的原因。

(3) 根据资料概括美国主要城市分布的区位因素有哪些。

(4) 如果有机会在地球上选一个区域建一座城市,你们会选在哪里?说明你们的理由。

各大组依据支持其结论的数据或资料数据交流学习成果。

在这个阶段,教师不断在课堂内巡视,根据各个小组的具体情况及时给予支持。

三、总结提高

教师针对学习活动任务单,对每组成果进行评价,并依据学生对预设问题的回答情况即时判断学习成效,而后归纳学习者的学习成果,紧扣学习目标提炼要点,并完成课堂测验。

案例九　生物(高中二年级):DNA重组技术的基本工具

- **案例作者:李轶弢**

"DNA重组技术的基本工具"是人教版选修三·专题一"基因工程"中第一节内容。学习目标是掌握DNA重组技术所需的三种基本工具的作用,认同基因工程的诞生和发展离不开理论研究和技术创新。本节课学习的重难点在于如何将抽象的基因工程技术具体呈现出来。本节课主要包括以下三个环节:

1. 情境引入。

用PPT演示文稿创设情境,引入对基因重组技术工具的学习。

2. 知识新授。

(1) 通过电子白板和演示文稿,帮助学生准确理解限制酶概念及其作用,同时结合使用白板或纸带,进行两种限制酶在各自识别序列中的模拟切割(模拟实验1),使学生感受切口间的区别,引出"黏性末端"与"平末端"概念,并学习"基因进入受体细胞的载体"。

(2) 通过白板讲解和演示,以及使用微软画图和纸带的实际操作,引导学生学习"基因进入受体细胞的载体"。

(3) 在学习"DNA连接酶"中,利用白板及纸带进行把"目的基因"转移到"质粒"的实验(模拟实验2),并利用手中纸带进行"模拟实验3",即用订书机模拟磷酸二酯键,对DNA连接酶和DNA聚合酶进行比较。

3. 课堂小结。

通过PPT完成对关键问题的形成性测试。

运用电子白板作为核心演示和操作中心,通过"任意形状切割"功能,模拟DNA切割和拼接,将DNA分子的"切割过程"通过功能展现出来,并配合使用电子白板记录和回放功能,帮助学生理解相关概念。给每个实验组做好不同的基因序列纸带,配合白板的使用来完成探究活动。

案例十　科学(四年级):点亮小灯泡

- **案例作者:吴向东**

本节课的学习内容是小学四年级科学"点亮小灯泡"。本节课的学习重点是学生能够绘制简单正确的电路图;学习难点是采用电路模拟实验软件帮助学生获得生动的图示,更好地理解什么是完整的电路。

(1) 打开模拟电路实验软件,让学生认识电池、导线、小灯泡,并教会学生怎样画电路图。

电路中电的流动如同黑箱,不可直接观看,所以仅通过学生自己的想象去理解是有困难的。

本课选取的模拟电路实验软件在此方面有清晰的动态图示(见图3-13-5),该图示有类似卡通的特点,容易吸引学生的注意力,有利于增进学生对完整电路的理解。

（2）教师用模拟电路实验软件演示,学生观察实验现象并在实验记录表上记录结果。实验结束后,小组内每位同学轮流审核同伴实验记录表上的电路图是否存在问题,如果有问题,就把改正的结果画下来。

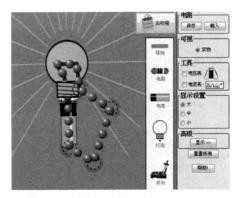

图3-13-5　模拟电路实验软件

（3）教师用手机把各组的记录表拍下来,用手机微信上的文件传输助手将其上传到教师机中。教师选择某几个组的记录表投影出来,并在模拟电路实验软件中逐个模拟,每一次成功点亮小灯泡都会引起学生的掌声,每一次失败又可以让学生马上看到失误在哪里,老师可以立即根据学生的意见去引导学生进一步发现问题,增进对完整电路的认识。

（4）让学生使用模拟电路实验软件继续进行电路实验。学生在教师指导之后,根据修改意见完善自己的电路图和记录表,并使用模拟电路实验软件进行验证和再次修改。

案例十一　美术(六年级)：美术现象之大黄鸭

● **案例作者**：章献明

本节课是自编教学单元,归属于"欣赏·评述"领域。学生通过感知,了解以"大黄鸭"现象为代表的美术,能初步理解美术现象的产生、作用以及其给观者带来美的欣赏与感受。本课的重点和难点是体验美术现象的特殊审美,并感知其作用。

1. 自学与欣赏。

学生通过平板电脑自学欣赏,并在欣赏大黄鸭作品后,直接在平台上记录自己的初步感受。

2. 讨论与解读。

学生能迅速阅读同学及自己的活动感受记录,激发创作的兴趣。同时教师给予学生以言语的鼓励与支持,对学习困难的学生给予一定的指导与帮助。之后,教师可以选择学生的评论内容进行展示,并鼓励学生参与讨论。

3. 设计与创作。

学生以小组的形式共同参与、合理分工,以保证任务的顺利完成。教师关注学习设备的应用,提示拍摄角度的选择,以美感、角度变化及画面变化、前中远景效果、趣味等指向去引导学生。

4. 交流与分享。

根据作品上传的时间先后，依据"美术作品在线评议标准"，通过投影，全班对各组作品进行综合评议。

案例十二　音乐（高中一年级）：宗教复调音乐的顶峰

- **案例作者：**朱海其

"复调音乐"来自高中音乐教材《音乐鉴赏》（人民音乐出版社）中的第七单元"宗教复调音乐的顶峰"。本单元学习目的在于开阔学生的视野，使学生能够初步了解和感受"宗教音乐"、"复调音乐"的审美风格特征。

1. 新课导入。

播放视频"右手声部演奏"，同时演奏左手声部（第一遍用伴奏音型，第二遍采用原谱）。第一遍，右手弹主旋律，左手伴奏，是主调音乐；第二遍左右手都是主旋律，是复调音乐。

2. 知识新授。

使用作曲软件 Cakewalk 9.03，用鼠标现场输入第一声部主题（16 小节），随后复制这一声部，相隔 4 小节复制到第二、第三声部，复制完成后按"播放"键聆听音响效果。在这个直观的复制过程中，学生清晰地"看"到并"听"到了卡农。在用 Cakewalk 9.03 现场输入乐谱并复制到二、三声部时，除了确保操作熟练外，还放大了五线谱的窗口，确保学生清楚地知道老师在做什么，为什么这样做。

利用 PPT 呈现卡农和赋格的区别，展示 TT 作曲家软件制作的赋格主题乐谱《g 小调赋格》，并跟着钢琴演唱主题，加深印象。同时，教师引导学生记录和分析听到赋格主题时的播放时间及乐器，并通过视频中的文字提示，引导学生准确判断。

播放了一个由一张黑色图片背景、mp3 格式音频文件以及图片格式赋格主题三个素材组合成的视频文件，进行一次互动欣赏。在此过程中，教师做好气氛的营造及课堂组织管理，保持绝对安静，根据需要关闭灯光、窗帘，营造音乐厅的氛围。

3. 巩固评价。

教师使用电脑连续播放音乐，让学生聆听三首《马太受难曲》的分曲，并注重引导学生分辨出是主调音乐还是复调音乐。

教师让学生用电脑或手机登录新浪微博，将聆听复调音乐的感受以评论的方式发在老师发的微博上。由于学生不能在校使用手机，因此将评论发布截止时间定为学期结束之前。

案例十三　综合实践（五年级）：种子发芽

- **案例作者：**袁曼丽
- **推荐专家：**柳　栋

本案例出自五年级"种子发芽"综合实践活动，学习目标为：①熟悉种子发芽虚拟实验软件(如图3-13-6所示)界面与操作,感受每项实验需要进行多次的必要性;②运用种子发芽虚拟实验软件,去探索促进发芽的水分、光照、温度条件;③体验科学实验中的重要方法——受控实验。

(1) 在"教师演示,学生观摩"环节,教师运用教师终端演示种子发芽虚拟实验软件的使用,学生终端处于停用状态。

(2) 在"学生自主尝试"环节,教师指导学生分组,并在学生终端上尝试种子发芽虚拟实验。根据"学习单1"(如下表所示)的要求,在水分、光照、温度相同的条件下开展一次种子发芽的三轮虚拟实验,记录实验数据,感受重复实验的必要性。

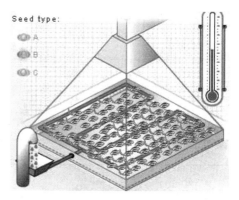

图3-13-6 种子发芽

学习单1

水分（滴/小时）	光照	温度	发芽种子的数量			发芽种子数量的平均数
			第1轮实验	第2轮实验	第3轮实验	
30	15%	10℃				
60	45%	20℃				
90	80%	30℃				

(3) 在"找出让A类种子更好地发芽的环境条件"环节,学生接着完成"学习单1"上的两次实验,记录实验数据,通过观察比较,找出让A类种子更好地发芽的环境条件,并将"学习单1"上传到虚拟社区。

(4) 在"感受受控实验"环节,教师提醒学生按照"学习单2"(如下表所示)完成虚拟实验,并记录实验数据。学生根据实验数据描述每个实验变量对A类型种子发芽的影响,找出最适合A类型种子发芽的水分、光照、温度的具体条件组合,尝试推测A类型种子可能在地球上哪些地区生长。完成"学习单2",并上传到虚拟社区。教师将学习单整合到一个Excel表中,组织学生交流讨论。

学习单2

水分（滴/小时）	光照	温度	发芽种子的数量			发芽种子数量的平均数
			第1轮实验	第2轮实验	第3轮实验	
50	50%	5℃				
50	50%	15℃				
50	50%	25℃				

水分 （滴/小时）	光照	温度	发芽种子的数量			发芽种子数量的平均数
			第1轮实验	第2轮实验	第3轮实验	
50	0%	18℃				
50	50%	18℃				
50	100%	18℃				

水分 （滴/小时）	光照	温度	发芽种子的数量			发芽种子数量的平均数
			第1轮实验	第2轮实验	第3轮实验	
0	50%	18℃				
50	50%	18℃				
100	50%	18℃				

案例十四 体育（四年级）：五步拳

- **案例作者**：马　瑾
- **推荐专家**：汪晓赞、薄全锋

这是小学四年级的体育与健康课程，主要学习内容为五步拳的基本动作，本课的教学在具备多媒体设备的体育馆中进行。

在新课引入环节，教师运用多媒体设备播放电影《叶问》的武术短片，为课程的导入创设情境，营造一种"武文化"的学习氛围，使学生更快地进入学习角色。接着通过"拳、掌、勾"的"手型"练习和自编武术操等开展热身活动，也是为学习五步拳的动作技能做准备。

在感受动作顺序环节，学生现场观察教师五步拳动作示范，小组讨论图片摆放的正确顺序，并在平板电脑上完成排序任务，让学生对五步拳组合动作有一个整体的认识。

在自主学习环节，教师创设开放的学练环境，学生借助平板电脑（每组一个平板电脑，内有五步拳的单个和成套动作视频）在组长的带领下进行自主学习和小组学习。学习过程中学生既可以根据自己的学习需要，任意点击单个动作或成套动作，进行自主学习，也可以同学相互学习，互帮互助。当组内同学初步学会五步拳的成套动作后，用平板电脑拍摄动作，并把所有同学的动作录像都上传班级QQ群，相互交流和点评。在学生的练习过程中，教师则巡视指导，给予学生必要的提示与帮助。

在放松练习环节，教师用多媒体设备播放舒缓的音乐，并带领学生一起进行整理运动，使学生的身心都得到了放松。

案例十五　学前(大班)：动物大世界

- **案例作者**：张建红
- **推荐专家**：郑慧敏

"学来的本领"是幼儿园大班"动物大世界"主题单元的学习主题之一，学习目标是了解人类从动物的一些特征中获得启发，发明创造，从而萌发对"仿生学"的兴趣，以及探索生物世界的意识。

1. 故事引入。

播放故事视频"红军装、绿军装"，幼儿从中感悟军装颜色与草丛的关系。从幼儿最能理解的关系入手，通过视频的播放，吸引幼儿关注，接着，通过一连串的问题"小朋友们，你们知道故事里的军人穿的是什么衣服吗？这衣服与你们穿的衣服有什么不一样的地方呢？他们为什么要穿这个衣服呢？"引发幼儿思考迷彩服的颜色与动物保护色的关系，引入"仿生学"的知识。

2. 分享交流。

要求幼儿交流日常生活中见到的物体和生物，教师随机在电子白板课件中调用素材，帮助幼儿更形象化地分享知识。在活动中幼儿突发奇想、生成问题，教师运用白板的特有功能(如用笔绘制、图库调用、在 wifi 条件下上网检索等)，灵活应对，增加教学的互动性，满足幼儿的好奇心。

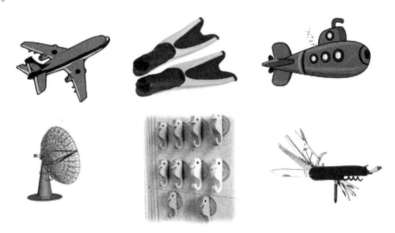

图 3-13-7　熟悉的物体

教师通过图片(如图 3-13-7 所示)，鼓励幼儿表达生活中这些熟悉的物体的结构、功能和工作原理，以及这些物体与哪些生物有关系，开阔幼儿的眼界，萌发幼儿对"仿生学"和生物世界的兴趣。

3. "碰碰对"游戏。

通过两组图片的呈现和配对，如图 3-13-8 所示，鼓励幼儿上台来完成游戏，找出物体与动物之间的关系。

图3-13-8 物体与动物之间的关系

参考资料

1. [美]R. M. 加涅等. 教学设计原理[M]. 皮连生等,译. 上海:华东师范大学出版社,1999.
2. [美]莱斯利·斯特弗,[美]杰里·盖尔. 教育中的建构主义[M]. 高文等,译. 上海:华东师范大学出版社,2002.
3. [美]美国温特贝尔特大学认知与技术小组. 美国课程与教学案例透视:贾斯珀系列[M]. 王文静等,译. 上海:华东师范大学出版社,2002.
4. 蔡永红. 当代美国另类评量的改革[J]. 比较教育研究,2000(02):18—22.
5. 陈柏华. 论课程行动研究——兼论头脑风暴法和中立主席法[J]. 外国教育研究,2001(04):32—37.
6. 陈志敏. 美国优秀教师的评估认证[J]. 中国民族教育,2011(01):41—43.
7. 高文,王海燕. 抛锚式教学模式(一)[J]. 外国教育资料,1998(03):3—5.
8. 顾小清. 国际化视野中的教师教育技术能力标准[J]. 中国信息技术教育,2008(04):16—19.
9. 胡小勇. 问题化教学设计——信息技术促进教学变革[D]. 上海:华东师范大学,2005.
10. 李克东. 新编现代教育技术基础[M]. 上海:华东师范大学出版社,2002.
11. 刘名卓,祝智庭. 微课程的设计分析与模型构建[J]. 中国电化教育,2013(12):127—131.
12. 刘高潮,郑小平,赵永恒. 信息技术与天文课程整合的一种有效形式:WebQuest 教学[J]. 北京师范大学学报(自然科学版),2005(03):294—296.
13. 黎加厚. 中国教师教育技术能力培训的国际化项目回顾[J]. 电化教育研究,2010(12):87—99.
14. 任长松. 走向新课程[M]. 广州:广东教育出版社,2002.
15. 任友群,闫寒冰,李笑樱.《师范生信息化教学能力标准》解读[J]. 电化教育研究,2018,39(10):5—14,40.
16. 闫寒冰,李笑樱,任友群. 师范生信息技术应用能力自评工具的开发与验证[J]. 电化教育研究,2018,39(01):98—106.
17. 施良方. 学习论[M]. 北京:人民教育出版社,2000.
18. 石中英. 知识转型与教育改革[M]. 北京:教育科学出版社,2001.
19. 汪霞. 对课程行动研究的思考[J]. 课程·教材·教法,2001(06):68—72.
20. 王文静. 基于情境认知与学习的教学模式研究[D]. 上海:华东师范大学,2002.
21. 吴庆麟等. 认知教学心理学[M]. 上海:上海科学技术出版社,2000.
22. 熊川武等. 实践教育学[M]. 上海:上海教育出版社,2001.
23. 闫寒冰,许林. 网上课程的设计策略[J]. 中国电化教育,2002(08):58—61.
24. 闫寒冰,李志颖. 网上课程中的学生自评与互评方法[J]. 中国电化教育,2002(07):64—67.
25. 闫寒冰. 以学生为中心教学的评价方法[J]. 全球教育展望,2001(11):8—12.
26. 闫寒冰. 学习过程设计[M]. 北京:教育科学出版社,2005.

27. 闫寒冰,魏非等.远程教学设计[M].上海:华东师范大学出版社,2008.
28. 李开城,李文光.教学设计理论的新框架[J].中国电化教育,2001(06):5—8.
29. 张华.课程与教学论[M].上海:上海教育出版社,2000.
30. 张建伟,陈琦.什么是建构性的学习和教学?[J].教师之友,2004(11):58—61.
31. 张建伟.从传统教学观到建构性教学观——兼论现代教育技术的使命[J].教育理论与实践,2001(09):32—36.
32. 王攀峰,张天宝.知识观的转型与课堂教学改革[J].教育科学,2001(03):28—30.
33. 张屹,祝智庭.建构主义理论指导下的信息化教育[J].电化教育研究,2002(01):19—23.
34. 章伟民.教学设计基础[M].北京:电子工业出版社,1998.
35. 祝智庭,顾小清,闫寒冰.现代教育技术——走进信息化教育(第三版)[M].北京:高等教育出版社,2010.